中外电子商务
教材比较研究

ZHONGWAI DIANZI SHANGWU JIAOCAI BIJIAO YANJIU

覃 征 帅青红 李忠俊 张 赟 编著

图书在版编目(CIP)数据

中外电子商务教材比较研究 / 覃征等编著. — 西安：西安交通大学出版社，2022.12
 ISBN 978-7-5693-2981-0

Ⅰ.①中… Ⅱ.①覃… Ⅲ.①高等教育-电子商务-教材-对比研究-世界 Ⅳ.①F713.36

中国版本图书馆 CIP 数据核字(2022)第 236454 号

书　　名	中外电子商务教材比较研究
编　　著	覃　征　帅青红　李忠俊　张　赟
责任编辑	刘莉萍
责任校对	祝翠华
封面设计	任加盟
出版发行	西安交通大学出版社 (西安市兴庆南路1号　邮政编码 710048)
网　　址	http://www.xjtupress.com
电　　话	(029)82668357　82667874(市场营销中心) (029)82668315(总编办)
传　　真	(029)82668280
印　　刷	西安五星印刷有限公司
开　　本	700mm×1000mm　1/16　　印张　15　　字数　245千字
版次印次	2022年12月第1版　　2022年12月第1次印刷
书　　号	ISBN 978-7-5693-2981-0
定　　价	120.00元

发现印装质量问题,请与本社市场营销中心联系。
订购热线:(029)82665248　(029)82667874
投稿热线:(029)82665249
读者信箱:37209887@99.com

版权所有　侵权必究

《中外电子商务教材比较研究》

编写指导委员会

主　任：刘　军

副主任：覃　征

成　员：帅青红　曹　杰　熊　励　张荣刚

　　　　潘　勇　李文立　叶琼伟　王国龙

出版社参与人员：

西安交通大学出版社　祝翠华　　人民邮电出版社　武恩玉

电子工业出版社　姜淑燕　　　　重庆大学出版社　马宁

化学工业出版社　王淑燕　　　　清华大学出版社　徐永杰

课题组参研人员

聂彦晨　何欣悦　李婧怡　叶观爱　唐碧冉

史莉萍　周鸿仪　张一可　马　楠　姚文豪

引言

以教育为切入点,在科技进步中谋发展之策。教育作为人类社会发展的重要基础和动力源泉,始终与世界大变局息息相关。在新一轮科技革命和产业革命加速演进的背景下,作为具有先导性的战略资源和手段,教育正面临全新的发展要求。立足百年未有之大变局,人工智能、大数据、云计算等新兴技术快速发展,为了更好地服务于大数据和人工智能发展的国家战略,电子商务学科进入智能化转型的关键节点。学科如何定位、学科优势和学科核心如何发挥成为重要的研究方向之一,本书旨在从教育视角对电子商务学科发展问题进行深入探索。

以需求为着力点,在抢抓机遇中务培养之实。近年来,中国数字技术与实体经济相融合,从事电子商务交易活动的企业数量显著增加;全国互联网用户规模大,网购用户占比高,但中国电子商务发展过程中的从业人员供需不平衡、不充分问题仍然存在。在电子商务领域,培养一批掌握现代信息技术的复合型人才成为重中之重。在专业人才培养方面,教学和教材决定了培养什么人、怎样培养人和为谁培养人等一系列根本问题。因此,建设一批能够满足电子商务专业人才培养需求的优秀教材,是电子商务学科发展的重要任务之一。

以教材为落脚点,在中外对比中行建设之举。党的十八大以来,党中央高度重视教材工作。习近平总书记亲自部署推动教材建设,对教材工作作出一系列讲话。教材是教学内容和教学方法的知识载体,是进行教学的基本工具,也是教师执教和学生学习的重要依据。因此,高质量教材对保证教学质量、培养高质量人才具有重要意义。电子商务专业跨越多个学科,具有较强的交叉性,成体系的高水平教材能够发挥对专业教学的规范和引领作用。因此,本书立足中外电子商务教材对比,从宏观视角拓展至微观视角,采用统计分析、个案分析等方法展开深入研究,为未来电子商务教材建设提供新思路。

综上所述,本书以教育方针为引领、以人才需求为基础、以比较研究为手段,深入剖析中外电子商务在人才培养和教材建设上的不同优势与特色,对未来中国电子商务系列教材建设提出可行性建议,进一步推进中国电子商务教材建设研究扎根中国大地、站稳中国立场、走向世界舞台。

前 言

国民经济和科学技术的高速发展促使新兴产业不断涌现,对专业人才的培养也提出了新的时代需求。为满足新兴产业的人才需求,中国高等院校纷纷开设相关专业,但部分新兴专业人才培养与社会需求之间的矛盾仍然存在。其中,教材开发滞后于相关产业发展是原因之一。电子商务作为高速发展的新兴产业,人才培养尤为关键。目前,中国已有超过600余所高校设立电子商务专业,但依然存在着两大问题:一是高校电子商务人才培养相对过剩,存在就业难的问题;二是高校电子商务人才能力有所欠缺,人才能力供需不匹配。电子商务专业课程体系和教材落后于人才培养的需求,导致产业发展与人才培养的矛盾日益突出。因此,迫切需要建设一批满足人才培养目标、具有中国特色的高水平电子商务专业系列教材。

为进一步助推电子商务人才培养,促进中国乃至世界电子商务变革创新,本书以电子商务教材建设为核心,从中外电子商务教材对比切入,从宏观视角拓展至微观视角,采用统计分析、个案分析等方法展开深入研究,以期为未来电子商务教材建设提供新的思路。本书的主要结构及内容如下所述。

第1章:中外电子商务课程设置。本章基于"三位一体"的育人理念,立足电子商务教育体系的"知识体系+能力培养+价值塑造",对中外电子商务课程设置情况进行了对比,并从课程方向、课程层次、课程分类三个层面对中外电子商务专业课程设置进行了细致分析,厘清了中外电子商务课程设置的特征与差异。

第2章:中外电子商务教材概况。本章立足于宏观视角,对电子商务教材发展历程进行了详细梳理,结合中外电子商务教材及相关书籍,从出版书籍类别、出版社、年代、版次、主流作者、数字教材(书籍)使用等方面的现状进行对比分析,总结中外电子商务教材建设异同,从宏观层面展现了中外教材的建设情况,并为第3章基于微观视角的深入研究作铺垫。

第3章:中外电子商务教材内容编写。本章从宏观视角切入,深入至微观视角,采用个案分析、统计分析以及对比分析等研究方法,对中外电子商务教材的编写思想、类型进行了深入探索,总结出中外电子商务教材在不同的国家教育背景下所形成的共性特征和个性特色;同时,本章还建立了一种具有系统性、科学性的教材分析方法,旨在为后续相关研究提供参考借鉴。

第4章:中国电子商务教材建设需求。本章以中国电子商务教材人才培养需求和中国电子商务教材编写需求为落脚点,首先分析电子商务产业在发展过程中对电子商务人才的知识、能力、素养要求,以及岗位需求情况,同时将电子商务人才需求划分为四类,即技能型需求、管理型需求、技术型需求,以及学术型需求,并对不同需求类型的典型岗位及职责进行分析,构建能力需求模型。同时,从时代需求、类别需求、内容需求三个方面剖析中国电子商务教材编写需求,为电子商务教材编写提供新的思路。

第5章:电子商务教材建设未来发展方向。本章着眼于电子商务教材未来的建设与发展,首先选取商业生态系统理论与社会经济活动过程理论作为基础理论代表并对其进行阐释;其次立足电子商务交叉领域新型理论体系建设,提出社交、直播,以及跨境电商相关教材建设建议;最后以新一代信息技术与电子商务的融合为出发点,分析电子商务未来学科发展的交叉融合性,提出可行发展方向,为电子商务未来教材建设与教育发展提供一定的借鉴和参考。

本书的编写得到了部分高校老师以及电子商务领域专家、学者的大力支持与帮助,他们提供了部分材料,同时与他们的交流也使编者深受启发,在此表示衷心感谢!在本书的撰写过程中,作者参考、借鉴了大量国内外的出版物与网上资料,或者由于文中体例限制而未加以注明,或者在参考文献中没有完全列出,在此谨向诸多学者、同仁表示由衷的敬意与感谢。由于中外电子商务教材研究的复杂性、不同地区的差异性,以及时效性等因素影响,加之资料的可获得性与数据收集的难度,本研究成果还有进一步完善与提高的空间,真诚地希望读者提出宝贵意见,以利于今后修改和订正,使之更臻完善。编者的联系邮箱:3035216254@qq.com。

课题组
2022 年 10 月

目 录

第 1 章　中外电子商务专业育人体系和课程设置 …………………………… (1)
　1.1　中外电子商务专业育人体系 …………………………………………… (2)
　1.2　中外电子商务专业课程设置 …………………………………………… (7)
　1.3　本章小结 ………………………………………………………………… (16)

第 2 章　中外电子商务教材概况 ……………………………………………… (17)
　2.1　教材发展历程 …………………………………………………………… (18)
　2.2　中外电子商务教材情况调研对比分析 ………………………………… (42)
　2.3　本章小结 ………………………………………………………………… (69)

第 3 章　中外电子商务教材内容编写 ………………………………………… (71)
　3.1　中外电子商务教材编写总领思想 ……………………………………… (72)
　3.2　中外电子商务教材编写类别 …………………………………………… (91)
　3.3　中外电子商务教材内容分析 …………………………………………… (116)
　3.4　本章小结 ………………………………………………………………… (137)

第 4 章　中国电子商务教材建设需求 ………………………………………… (139)
　4.1　中国电子商务教材人才培养需求 ……………………………………… (140)
　4.2　中国电子商务教材编写需求 …………………………………………… (155)

  4.3　本章小结 ………………………………………………………………（164）

第5章　电子商务教材建设未来发展方向 ………………………………（165）
  5.1　电子商务基础理论建设 ………………………………………………（166）
  5.2　电子商务交叉领域新型理论体系建设 ………………………………（171）
  5.3　电子商务未来发展方向前沿理论教材建设 …………………………（183）
  5.4　本章小结 ………………………………………………………………（198）

全书总结 …………………………………………………………………………（199）

附录1　全书结构 ………………………………………………………………（201）

附录2　图表清单 ………………………………………………………………（202）

参考文献 …………………………………………………………………………（208）

第 1 章 中外电子商务专业育人体系和课程设置

知识图谱

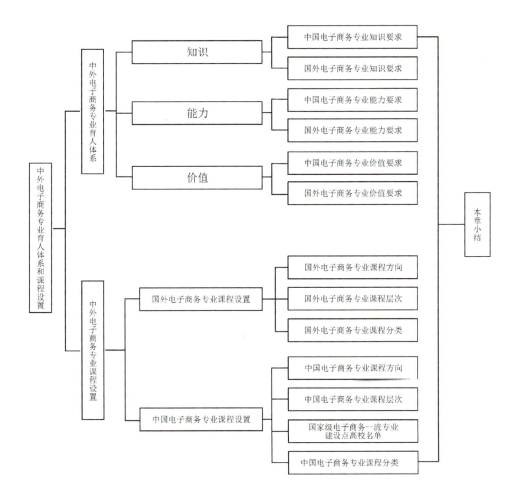

1.1 中外电子商务专业育人体系

《高等学校课程思政建设指导纲要》明确提出:"落实立德树人根本任务,必须将价值塑造、知识传授和能力培养三者融为一体、不可割裂[1]。"为此,本书提出电子商务课程要构建知识、能力与价值"三位一体"的教学模式[2]。电子商务课程教学中,知识、能力与价值三者并非简单的并列关系,而是彼此渗透、相互融合,统一于学生的成长与发展中[3]。其中,知识是实现能力提升和价值培育的基础与载体,能力培养是教学的核心与主要目标,也是连接知识与价值的桥梁,价值观则是知识传输与能力提升的导向与进一步升华,它关系到电子商务课程培育什么样的人才的问题[4]。

电子商务类专业本科教育需要不断整合资源,优化治理,采取"三位一体"的育人理念,构建"知识体系+能力培养+价值塑造"的教育体系,见图1-1。该体系通过以社会、企业模块课程及竞教结合等培养模式[5],将科研资源、学生创新及企业需求相融合,以多元互动的协同治理为保障,形成电子商务创新创业教育的全链条[6]。

图1-1 电子商务专业知识、能力与价值"三位一体"育人体系

---

[1] 高燕.课程思政建设的关键问题与解决路径[J].中国高等教育,2017(15):11-14.
[2] 李蕉,方霁.课程思政中的"思政":内核、路径与意蕴[J].思想教育研究,2021(11):108-113.
[3] 杨琰.知识·能力·素质·素养:教育价值追求的不同阶段转向[J].教育理论与实践,2018,38(28):13-16.
[4] 袁勤勇.产学结合开发面向新兴专业的教材:以"新一代高等学校电子商务实践与创新系列规划教材"为例[J].出版广角,2021(9):49-51.
[5] 薛晓霞.电子商务人才培养模式研究与实践[M].北京:北京交通大学出版社,2017.
[6] 杨捷,闫羽.当前我国一流本科课程建设研究的计量分析与展望[J].中国大学教学,2022(5):4-12,22.

由于中外在知识、能力与价值三个层面各具特色与重点,因此,本书对三个层面逐一进行总结与比较,以探究中外电子商务专业知识、能力与价值"三位一体"育人体系的异同。

1.1.1 知识

知识传授是根基。在科技飞速发展的当下,教师必须把握知识传授的关键,即在追踪电子商务专业发展规律和走向的基础上[①],让学生掌握创新的思维方法。为此,教师需要不断更新和变革教育、教学方式[②],以使电子商务专业学生具备扎实的专业知识与丰富的专业技能,具有应对复杂问题的底气和能力[③]。

1. 中国电子商务专业知识要求

在中国,教育部于2000年正式批准设置电子商务专业,属于电子商务类,基本修业年限为四年,授予管理学或经济学或工学学士学位。电子商务专业是以互联网等信息技术为依托、面向现代经济社会领域商务活动的新兴专业。

电子商务专业可以分为两个基本方向:电子商务经济管理类(以下简称"经管类")方向和电子商务工程技术类(以下简称"工程类")方向。经管类方向要求学生掌握互联网经济和商务管理相关的知识与技能,工程类方向要求学生掌握互联网技术和商务信息相关知识与技能[④]。

通过梳理电子商务国家级一流专业建设点的高校电子商务专业培养方案可知,中国高校电子商务专业对学生专业知识的要求为:一是掌握自然科学、社会科学和人文学科等通识类相关知识;二是掌握现代管理、网络经济和信息技术的基础理论和专业知识;三是掌握电子商务类专业理论与专门方法,能够将理论与实践紧密结合,解决实际问题;四是了解快速发展的电子商务新兴产业动态,注重产业技术创新和商业模式创新并及时掌握相关的理论与技术知识。

2. 国外电子商务专业知识要求

国外电子商务专业的课程因学校特色和研究方向的不同而有所差异[⑤],以

---

① 商玮,童红斌.电子商务基础[M].北京:电子工业出版社,2018.
② 齐佳音,张国锋,吴联仁.人工智能背景下的商科教育变革[J].中国大学教学,2019(Z1):58-62.
③ 丰佳栋.知识动态能力视角的电商平台大数据分析价值链战略[J].中国流通经济,2021,35(2):37-48.
④ 教育部高等学校教学指导委员会.普通高等学校本科专业类教学质量国家标准(下)[M].北京:高等教育出版社,2018:889-895.
⑤ 韩双淼,谢静.国外教育研究方法的应用特征:基于2000—2019年34本教育学SSCI收录期刊的文献计量分析[J].高等教育研究,2021,42(1):68-76.

提供工商管理硕士(Master of Business Administration,MBA)学位的课程为例,提供者多为商学院①,主要是训练专业经纪人如何评估有效的电子商务应用在企业中所产生的成本与效应;而提供理学硕士(Master of Sciense,MS)学位的课程则由计算机或系统工程学院提供,强调程式设计训练②。两个方向下的电子商务课程设置基本相同,但侧重的方向不同。国外电子商务专业主要学习利用市场理念、经济结构、经济学和计算机科学发展新的经济,或者通过使用网络及相关信息技术促进现有经济发展,并且都会融入电子商务的基本知识。

MBA 和 MS 学位课程与商科都是相通的。国外大部分高校将电子商务与其他商科课程相融合,通过涉及不同领域,如会计、经济、金融、市场营销、管理等,将学生引入电子商务专业教育和电子商务专题学习中。虽然 MBA 和 MS 学位课程中电子商务知识的比重不同,但它们都讲授电子商务的基本架构和如何设计出可以应用在商业活动的程式,以帮助学生根据需求及未来规划选择合适的学位。

1.1.2 能力

能力培养是关键。能力培养是价值塑造和知识传授的归宿。在本科阶段教育教学中,高校应将能力培养放在核心地位,要尽可能地为学生提供解决问题的方法和工具箱。当然,能力培养并非一蹴而就,高校要为培养学生的创新能力提供宽松的环境,使学生在实践奋斗中走向成功③。

1. 中国电子商务专业能力要求

习近平总书记在全国教育大会上明确提出:"要在增强综合素质上下功夫,教育引导学生培养综合能力,培养创新思维。"能力培养需要坚持理论与实践相结合,学生应在面对实际问题时找到知识的价值④。

在中国,电子商务专业对学生的能力要求为:一是具备独立自主获取本专

---

① 王晶晶,兰玉杰,杜晶晶.全球著名商学院工商管理硕士人才培养模式的比较及其启示[J].教育与现代化,2010(2):84-90.
② 苏芃,王小芳.国外大学本科荣誉学位发展、现状及借鉴[J].清华大学教育研究,2017,38(4):73-77,86.
③ 孔祥维,王明征,陈熹.数字经济下"新商科"数智化本科课程建设的实践与探索[J].中国大学教学,2022(8):31-36.
④ 江怡.如何摆正教与学的辩证关系:对一流本科课程建设的反思[J].中国大学教学,2020(11):11-16.

业相关知识的学习能力;二是具备将所获取的知识与实践融会贯通并灵活应用于电子商务实务的能力;三是初步具备基于多学科知识融合的创意、创新和创业能力;四是具备良好的外语听、说、读、写能力;五是具备良好的计算机操作与互联网应用能力。

2. 国外电子商务专业能力要求

国外电子商务专业通过研究如何利用市场营销观念、商业策略、经济学理论和计算机技术来开发新的商业,以及如何通过运用互联网和相关信息技术转化目前存在的商业模式等,使学生对电子商务创造新商业机会的逻辑和提高现有商务表现的机理有所了解,从而帮助学生了解利用互联网进行商务活动的整个过程以及各个环节,并掌握商务活动的模式以及营销手法。同时,学生还可以发现解决传统商业问题的技术方案,比如,研究如何利用计算机使客户定制产品的运送变得更有效率等[1]。

在国外,电子商务专业对学生的能力要求为:一是让学生对因特网和包括电子商务在内的相关技术有一定理解[2];二是识别商业机会和分析因特网技术能带给组织的盈利能力;三是引导商业需求,开发技术、应用,发展电子商务战略;四是培养学生对目前各行业实践和电子商务机会的理解能力;五是培养学生理解电子商务技术和识别技术战略的能力。

1.1.3 价值

价值塑造为导航。随着当代科学技术高速发展,科技对社会和生活的影响越来越突出。许多高校瞄准科学前沿问题进行谋篇布局,实施了一系列必要举措。进入全球化时代,在全球意识形态激烈交锋的现代社会,各高校需要高度重视人才培养的价值取向问题,使更多本科学生拥有丰富广博的知识,具备应对现实、创造价值的能力。需要注意的是,这一切必须以价值塑造为目标导航[3]。

1. 中国电子商务专业价值要求

在专业知识传授和能力培养的实践中,要时刻将价值塑造作为贯穿始终

---

[1] 赵叶珠,程海霞.欧洲新学位制度下"商科"能力标准及课程体系[J].中国大学教学,2016(8):89-93.
[2] Center for Educational Effectiveness. Generalized observation and reflection platform(GORP).[EB/OL].(2020-12-05)[2022-09-25]. https://cee.ucdavis.edu/tools.
[3] 孔祥维,王明征,陈熹.数字经济下"新商科"数智化本科课程建设的实践与探索[J].中国大学教学,2022(8):31-36.

的主线,做到价值塑造有机自然地成为知识传授和能力培养的重要组成部分。

对于电子商务人才的价值塑造,要明晰"为什么做",才能"做得更好"。电子商务专业通过开展覆盖本科基础课程的课程思政建设工作,凸显了育人本质,梳理了价值塑造、能力培养、知识体系"三位一体"的创新创业人才培养目标和以独立、首创、勇气、包容、责任、家国情怀为核心的价值塑造[①]。

中国电子商务专业在教育与教学中,要求学生树立科学的世界观和方法论,有正确的人生观和价值观,有高尚的人格品德,遵纪守法,热爱祖国,自觉践行社会主义核心价值观;具有较高的网络文化素养和网络行为文明素质,具备电子商务领域相关的诚信与信用素养以及信息安全和保密素养;具有强烈的社会责任感和正确的职业伦理观。总体而言,电子商务专业的学生在价值塑造方面应具备以下四个方面的能力和素养:一是较高的思想政治素质和良好的道德、人文、科学及职业素养;二是较高的网络文明、电子商务诚信与信用、信息安全与保密素养;三是良好的人际沟通素质和团队合作素质;四是国际化视野和基本的创新精神及创业意识。

2. 国外电子商务专业价值要求

国外的电子商务教学侧重于研究大数据在商业和企业中的战略使用,通过分析商业问题建立商业情报,增强企业的竞争优势[②],为科学进步和社会发展贡献力量[③]。在恪守学术界的道德规范和国际标准的基础上,国外高校为教师和学生创造了开展自由培训及研究的空间,其开设的电子商务专业不仅可以灵活地适应市场,还可以结合学生自身的优势,形成自己的特色[④];通过以市场为导向,培养与市场需要相适应的人才,满足用人单位、高校和学生的需求,并根据实际情况作出相应的调整。用人单位、高校和学生三方之间的交流与合作,有助于将符合需求的学生推向市场[⑤]。

---

① 梅萍,韩静文.建党百年来高校思政课教师队伍建设的历程、经验与启示[J].大学教育科学,2022(4):54-63.

② Brendan Cantwel,Simon Marginson,Anna Smolentseva,et al. High participation systems of higher Education[M]. Oxford:Oxford University Press,2018:15-107.

③ Huang C,Yang C,Wang S,et al. Evolution of topics in education research:a systematic review using bibliometric analysis[J]. Educational Review,2019,72(1):1-17.

④ Adrianna J. Kezar,Elizabeth M. Holcombe. Barriers to organizational learning in a multi-institutional initiative[J]. Higher Education,2020(79):1119-1138.

⑤ 别敦荣,齐恬雨.国外一流大学本科教学改革与建设动向[J].中国高教研究,2016(7):7-13.

1.2　中外电子商务专业课程设置

1.2.1　国外电子商务专业课程设置

1. 国外电子商务专业课程方向

国外电子商务专业课程设置有以下三种途径。

一是把电子商务设计成独立的学位课程。目前提供电子商务学位课程的学位有电子商务学士学位、主修电子商务的硕士学位、电子商务硕士学位和电子商务证书项目。目前提供电子商务学位教育的大学也有很多种方式的教学目标，典型的大学有哈佛大学、麻省理工学院、斯坦福大学、纽约大学、西北大学和范德比尔特大学。这些学校提供的电子商务教育特别重视电子商务技术层面的内容，而不重视技术对商业流程的影响[①]。

二是把电子商务内容融入商科课程之中。在国外，有些学校将电子商务教育拓展到了所有商务课程之中，涉及不同领域，如会计、经济、金融、市场营销、管理等。这种途径可使学生学习到电子商务教育和电子商务专题的相关知识。

三是提供独立的电子商务课程。这种途径除了关注电子商务专题、强调电子商务的重要性外，还能保证学院有足够的时间提供高质量的电子商务内容。商学院和其他学院的会计专业也能提供独立的主修或辅修电子商务课程。这种途径能使商学院提供更广泛的电子商务教育，包括一般的管理技能和因特网基础技术知识[②]。

2. 国外电子商务专业课程层次

国外高校大多设置电子商务硕士课程，通过充分整合自身教学资源、结合教学优势，在强势专业中添加相关课程，同时推行高校合办等方式对电子商务专业学生进行有效培养。在国外学者看来，电子商务学科的教育与教学工作，在本科阶段难以得到充分实践，因此应该对具有一定知识储备的研究生开展更加深入的教学，进而保证电子商务教学的实用性及有效性[③]。

---

① 战双鹏,李盛兵.美国常春藤大学本科教育的基本特征[J].高等教育研究,2019,40(5):92-99.
② 林姬佺,卓泽林.美国本科STEM教育改革系统性策略:基于美国大学协会《本科STEM教育计划》分析[J].比较教育研究,2021,43(2):90-97.
③ 波特·埃里斯曼.全球电商进化史[M].李文远,译.杭州:浙江大学出版社,2018.

在国外,电子商务专业是一个融合计算机科学、市场营销学、管理学、经济学、法学于一体的新兴交叉学科,各国大学电子商务专业的课程会因为学校特色和研究方向有所差异。

3. 国外电子商务专业课程分类

电子商务专业作为新兴交叉学科,其课程的设置会根据不同的生态背景进行变化调整。由于世界上国家众多,各个国家电子商务专业教学发展情况不平衡,因此,本节选取美国、英国、荷兰为代表国家,并对其典型高校的电子商务专业知识体系与课程进行总结。根据不完全统计汇总,国外电子商务专业知识体系与建议课程如表1-1所示。

表1-1 国外电子商务专业知识体系与建议课程对应表

知识领域	建议课程
电子商务基础	introduction to e-business
	mobile commerce
	e-negotiation
电子商务经济管理	venture capital
	business transformation/reengineering
	management information systems
	e-commerce marketing
	strategic management
	entrepreneurial management
	new venture initiation
电子商务支付	e-payment
	finance for e-business
	finance & financial management
电子商务技术	business application development(programming)
	internet technology
	computer networking and communications
	data mining
	big data
	systems analysis and design

续表

知识领域	建议课程
电子商务法律与法规	law of electronic commerce
电子商务实践	e-commerce strategy
	worldwide web design
	practicum project
	dissertation

1.2.2 中国电子商务专业课程设置

1. 中国电子商务专业课程方向

在电子商务人才培养上,教育部在《普通高等学校本科专业目录(2020年)》[①]中设置电子商务类专业,包括电子商务、跨境电子商务、电子商务及法律三个本科专业。目前,全国已有634所高校开设电子商务类专业,其中536所高校开设电子商务专业,占比85%;78所高校开设跨境电子商务专业,占比12%;20所高校开设电子商务及法律专业,占比3%,具体分布如图1-2所示。

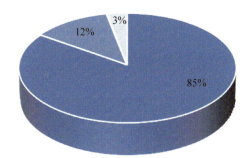

图1-2 电子商务专业类别分布

2. 中国电子商务专业课程层次

在培养层次上,中国的电子商务教育主要集中在本科阶段。因为中国教育界普遍认为,本科四年拥有较为充裕的学习时间来夯实相关理论基础,搭建电子商务专业的理论知识框架,进而使学生形成结合自身优势的理论体系。

---
① 教育部.普通高等学校本科专业目录(2020年版)[J].考试与招生,2022(6):60-75.

在硕士研究生培养方面,中国更加注重培养应用型硕士,如工程管理硕士、工程硕士,研究型培养主要集中在博士生培养阶段①。

中国开设电子商务专业的高校可根据专业培养目标与方向授予毕业生管理学、经济学或工学学士学位。在以上的634所高校中,授予毕业生管理学、经济学、工学学士学位的高校分别有539、32、63所,分别占比约85%、5%、10%,具体如图1-3所示。

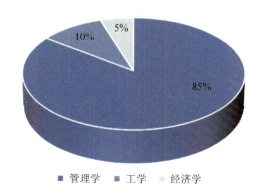

图1-3 电子商务专业获得学位分布

3.国家级电子商务一流专业建设点高校名单

表1-2和图1-4为2019—2021年获批国家级电子商务一流专业建设点的高校情况。

表1-2 国家级电子商务一流专业建设点高校名单(2019—2021年)②

2019年		2020年	
高校名称	专业名称	高校名称	专业名称
北京交通大学	电子商务	南京大学	电子商务
北京邮电大学	电子商务	武汉大学	电子商务
中央财经大学	电子商务	武汉理工大学	电子商务
对外经济贸易大学	电子商务	西安交通大学	电子商务
东华大学	电子商务	大连海事大学	电子商务

---

① 中华人民共和国教育部高等教育司.教育部高等教育司2021年工作要点[EB/OL].(2021-02-24)[2022-09-17].http://www.moe.gov.cn/s78/A08/tongzhi/202102/W020210205296023179639.pdf.

② 数据来源:电子商务类专业教学指导委员会。

续表

2019 年		2020 年	
高校名称	专业名称	高校名称	专业名称
上海财经大学	电子商务	南昌大学	电子商务
合肥工业大学	电子商务	郑州大学	电子商务
厦门大学	电子商务	北京工商大学	电子商务
华中师范大学	电子商务	北京联合大学	电子商务
湖南大学	电子商务	南京邮电大学	电子商务
天津商业大学	电子商务	浙江万里学院	电子商务
河北科技大学	电子商务	安徽大学	电子商务
东北财经大学	电子商务	安徽财经大学	电子商务
吉林财经大学	电子商务	阳光学院	电子商务
上海商学院	电子商务	江西财经大学	电子商务
浙江师范大学	电子商务	山东财经大学	电子商务
杭州师范大学	电子商务	河南科技大学	电子商务
浙江工商大学	电子商务	洛阳师范学院	电子商务
闽江学院	电子商务	河南财经政法大学	电子商务
河南工业大学	电子商务	武汉工程大学	电子商务
广东财经大学	电子商务	湖北工业大学	电子商务
成都信息工程大学	电子商务	湖南人文科技学院	电子商务
西昌学院	电子商务	广州大学	电子商务
云南财经大学	电子商务	五邑大学	电子商务
西安科技大学	电子商务	广州南方学院	电子商务
西安邮电大学	电子商务	西北政法大学	电子商务及法律
		西安财经大学	电子商务
2021 年			
高校名称	专业名称	高校名称	专业名称
北京外国语大学	电子商务	厦门理工学院	电子商务
北京物资学院	电子商务	福州外语外贸学院	电子商务
首都经济贸易大学	电子商务	南昌航空大学	电子商务
天津大学	电子商务	山东大学	电子商务
天津财经大学	电子商务	山东工商学院	电子商务
燕山大学	电子商务	河南大学	电子商务

续表

2021年			
高校名称	专业名称	高校名称	专业名称
山西财经大学	电子商务	中南财经政法大学	电子商务
大连理工大学	电子商务	湖北经济学院	电子商务
大连东软信息学院	电子商务	武汉东湖学院	电子商务
哈尔滨工业大学	电子商务	武汉工商学院	电子商务
上海对外经贸大学	电子商务	湘潭大学	电子商务
东南大学	电子商务	华南理工大学	电子商务
中国矿业大学	电子商务	华南师范大学	电子商务
南京财经大学	电子商务	重庆邮电大学	电子商务
南京审计大学	电子商务	重庆师范大学	电子商务
徐州工程学院	电子商务	重庆工商大学	电子商务
湖州师范学院	电子商务	电子科技大学	电子商务
浙江财经大学	电子商务	成都理工大学	电子商务
宿州学院	电子商务	西南财经大学	电子商务
华侨大学	电子商务	西安电子科技大学	电子商务
福州大学	电子商务	新疆财经大学	电子商务

图1-4 国家级电子商务一流专业建设点高校名单

注：以上排序按照地理位置划分，不分先后。

4. 中国电子商务专业课程分类

中国电子商务类专业的课程体系包括国家和学校规定的思想政治理论课程、通识课程、基础课程和专业课程。专业课程包括理论教学课程和实践教学课程,其中实践教学课程包括实习环节。

由于统计的不完全性,本书选取部分电子商务国家级一流专业建设点的高校进行研究,其中选取5所985高校,分别为大连理工大学、电子科技大学、武汉大学、西安交通大学、厦门大学(按首字母排序);8所211高校,分别为北京交通大学、北京邮电大学、东华大学、对外经济贸易大学、合肥工业大学、华中师范大学、上海财经大学、西南财经大学(按首字母排序)。通过整理总结,得出中国电子商务专业知识体系与建议课程对应表,如表1-3所示,其中涵盖电子商务基础、电子商务经济管理、电子商务工程技术和电子商务综合4个知识领域。每个知识领域涵盖若干个相关的知识模块,全部共计16个知识模块。每个知识模块可根据其内容设置1门或若干门相应的课程。

表1-3 中国电子商务专业知识体系与建议课程对应表

知识领域	知识模块	建议课程
电子商务基础	管理学	管理学
		会计学
		统计学
		运筹学
	经济学	经济学
		计量经济学
		信息经济/网络经济/数字经济
	信息技术	网络技术
		数据库管理
		程序设计基础

续表

知识领域	知识模块	建议课程
电子商务经济管理	网络营销	市场营销
		网络营销
		消费者行为学
	网络交易与贸易	网络零售
		网络贸易
		国际贸易
	电子商务运营与管理	电子商务管理
		供应链与物流管理
		电子商务组织与运营
		企业资源计划
		客户关系管理
		商务智能
	网络金融与支付	互联网金融
		电子支付
电子商务工程技术	应用开发技术	网页设计与制作
		高级程序设计
		移动开发技术
	系统设计与实施	网站建设与管理
		管理信息系统
		电子商务系统分析与设计
		现代物流技术
	数据处理与分析	数据仓库
		大数据分析
	电子商务安全	电子商务安全

续表

知识领域	知识模块	建议课程
电子商务综合	电子商务概述	电子商务概论/电子商务原理
		电子商务案例分析
	电子商务法律与法规	电子商务法律与法规
	电子商务服务	电子商务服务
	互联网创新与创业	网络创业与创业管理
	互联网前沿专题	云计算
		社交化电子商务/社会化电子商务
		移动电子商务
		跨境电子商务
		物联网
		"互联网+"战略与实施

实验、实训、实习类教学形式包括课程实验、课程设计、项目实训、专业实习、毕业论文(设计)等相关环节,如表1-4所示。

表1-4 实践教学类课程的教学内容、相关课程及项目

教学内容	相关课程及项目
基础实践教学	包括大学计算机基础、C语言程序设计、网络数据库、计算机网络、面向对象程序设计、办公软件实操等课程的基础实践教学,还有利用寒、暑假进行的社会实践
专业实践教学	主要包括计算电子商务概论、电子商务网站设计、数据分析、管理信息系统、会计学原理、运筹学、金融学、企业经营实务模拟、会计电算化、网络营销与策划、淘宝店铺装修、电商摄影与图片处理等课程的专业实践教学;结合校外实习基地的企业和单位,进行生产和专业实习与实训、电子商务专业技能训练、电子商务系统实训、电子商务案例分析、电子交易参观实习和毕业实习

1.3　本章小结

教育是培养人才的必要途径,优质课程更是保证教育教学质量的关键。本章对中国与国外的电子商务课程设置进行了分类比较,提出电子商务专业育人体系,并从知识、能力、价值三个层面进行对比,并在此基础上从课程方向、课程层次、课程分类三个方面进行深入研究。

在对电子商务专业育人体系的比较中,基于知识方面的对比发现,中国高校在建设电子商务专业时,主要根据不同侧重点分别授予管理学、工学、经济学学位,而国外电子商务专业则主要由商学院提供管理学学位,或由计算机或系统工程学院提供理学学位;在能力方面,中外电子商务发展要求相差不大,都十分注重计算机等技术能力和应用实践能力;在价值方面,中国更加强调社会主义核心价值观,不仅对专业能力有一定的要求,并且也要求学生树立正确的价值观,国外则更多地关注如何满足市场的人才需求。中外电子商务课程的方向、层次、分类等方面的设置也根据育人体系中知识、能力、价值等方面的不同而有所区别。

总之,由于政治文化等差异,中外电子商务课程设置的重点有所不同,但都十分注重技术方面和商业管理方面知识的传授。究其根本,这是基于社会实际状况的需要作出的合理调整。本章通过对不同环境下的电子商务课程设置进行对比分析,为读者提供了一种电子商务课程设置的分析模式,以供相关课程研究人员、专家学者进行参考借鉴,同时也为电子商务课程体系的发展提供了新思路。

第 2 章　　中外电子商务教材概况

知识图谱

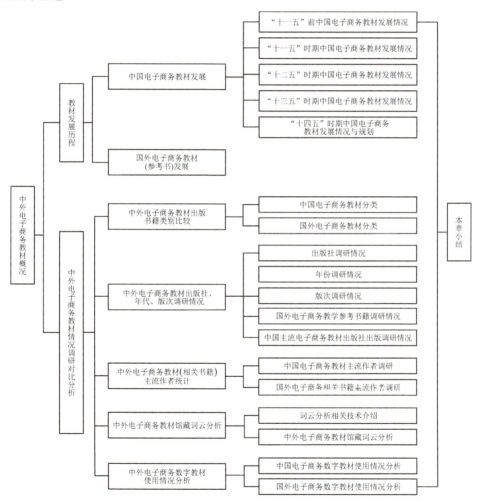

近年来，基于全球互联网技术和通信技术的提高，各国电子商务市场规模持续扩大，电子商务实现了快速发展。电子商务作为数字经济的突出代表，在促消费、保增长、调结构、促转型等方面展现出前所未有的发展潜力，为大众创业、万众创新提供了广阔的发展空间。一方面，具有强大生命力的电子商务代表着世界贸易发展的方向，是大势所趋。另一方面，全球化电子商务的发展和渗透使现代社会对电子商务专业人才的需求变得更加旺盛。为了迎合社会发展需求，向社会输送更多优秀人才，电子商务类专业应当受到足够的重视，并不断加快专业建设与发展。

教育作为功在当代、利在千秋的德政工程，是民族振兴、社会进步的重要基石。加强人才培养需要切实提高高等教育专业教学质量，而要提高教育教学质量，则应当重视和强化教育之基——教材。本章将基于电子商务教材发展与现状两个层面，梳理中外电子商务教材在历史发展和当前现状两个层面的不同特色。

2.1　教材发展历程

2.1.1　中国电子商务教材发展

"中华人民共和国国民经济和社会发展五年规划纲要"这一长期规划作为中国国民经济规划的重要部分，是一定时期内国家发展目标设定的指南和相应的政策导向，体现了有效市场和有为政府的结合，具有促进发展目标实现、弥补市场失灵、有效配置公共资源、推动全面协调可持续发展的重要功能。规划科学是最大的效益，规划失误是最大的浪费，规划折腾是最大的忌讳。本节将以中国五年规划为依据划分时间阶段，分别梳理"十一五"前、"十一五""十二五""十三五"以及"十四五"时期中国高校电子商务教材发展情况。

1. "十一五"前中国电子商务教材发展情况

1997年，国内第一家垂直B2B电子商务商业网站中国化工信息网正式在互联网上提供服务。自此，中国开启了电子商务发展征程。1999年，基于培养21世纪优质人才的迫切需求，中共中央、国务院在印发的《关于深化教育改革，全面推进素质教育的决定》①中对高等教育的发展也提出了相关要求。2001年教育部印发《关于"十五"期间普通高等教育教材建设与改革的意见》②,指出各有关部门需要认真抓好高等学校教材建设工作,使高等教育教材建设更好地适应经济建设、科技进步和社会发展的需要,更好地适应教学与改革的需要,为提高高等教育教学质量作出新贡献,这也为电子商务进入教育教学指明了方向。

中国早期的电子商务专业教育通过公共选修、专业选修课的形式开设相关课程。随后为适应市场需求,探索电子商务专业人才培养的途径和模式,使电子商务专业人才的培养规范化、规模化,教育部高等教育司(以下简称"高教司")于2000年在1998年印发的《普通高等学校本科专业目录》③基础上增设电子商务专业,并于2000年底和2001年初分两批批准了北京邮电大学、对外经济贸易大学、东北大学等13所高校试办电子商务本科专业。

(1) 教材建设情况变化。

在电子商务专业走上正轨的同时,电子商务专业教材建设也在这一时期开始发展进步,并经历了三大变化,如图2-1所示。

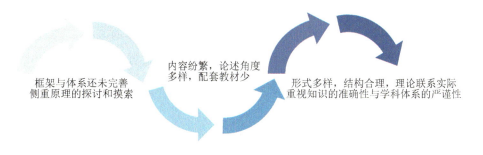

图2-1 "十一五"前中国电子商务教材建设情况变化

---

① 中共中央办公厅.中共中央国务院关于深化教育改革全面推进素质教育的决定[J].中华人民共和国国务院公报,1999(21):868-878.

② 中华人民共和国教育部.教育部关于印发《关于"十五"期间普通高等教育教材建设与改革的意见》的通知(已失效)[EB/OL].(2001-02-06)[2022-09-14]. http://www.moe.gov.cn/srcsite/A08/s7056/200102/t20010206_162632.html.

③ 中华人民共和国教育部.普通高等学校本科专业目录(1998年颁布)(已失效)[EB/OL].(1998-07-06)[2022-09-14]. http://www.moe.gov.cn/srcsite/A08/moe_1034/s3882/199807/t19980706_109699.html.

中国在电子商务理论研究领域形成的早期著作是1997年西南财经大学出版社出版的《中国电子商务》。此时,电子商务相关的教材书籍更多侧重介绍和描述,主要是对电子商务相关基础知识进行综合的概述和讲解,其理论框架与体系尚未完善,内容上侧重原理的探讨和摸索。

随着电子商务专业不断向规范化、专业化发展,2001年6月初教育部高教司在南京审计学院召开了"高等院校电子商务本科专业建设专题研讨会",就电子商务本科专业的人才培养目标、专业要求、特色核心课程等问题达成共识。电子商务教材的建设在这一阶段表现出趋于理性的特征,教材内容纷繁,包括电子商务概论、电子商务基础、电子商务教程、电子商务应用、电子商务导论、电子商务实务及电子商务原理等,论述角度多样,但配套的相关教材较少。

2003年教育部允许有条件的高等学校招收电子商务方向的硕士和博士研究生,这也标志着电子商务教育在中国已经进入了高质量的发展阶段。2005年,教育部启动"全国高校电子商务专业人才培养模式研究"项目,确定电子商务本科专业的人才培养目标是"面向世界、面向未来、面向现代化",为国家培养德、智、体全面发展的具备现代经济、管理理论和信息技术等多种知识和电子商务综合技能的,能从事网络环境中企业、事业和社会的商贸购销、商务管理或商务技术支持等现代化商务实践、研究和教学等工作的复合型、专业化人才。此时,随着电子商务教学的广泛开展,电子商务教材形式愈发多样化,教材结构趋于合理化,理论知识与实际联系较为紧密,集中体现了教育思想与教育理念,更加重视知识的准确性与学科体系的严谨性。

(2)教材特色。

经过以上分析,我们可以总结得出"十一五"前中国电子商务教材具有以下四个方面的特色,如图2-2所示。

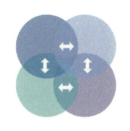

图2-2 "十一五"前中国电子商务教材的四个特色

一是以中国电子商务发展作为电子商务学科研究的基础。"十五"期间中国电子商务在经历了探索和理性调整后,步入了务实发展的轨道,取得了较为突出的成绩,中国电子商务进入快速发展的机遇期,电子商务教材也随着中国电子商务领域的发展不断更新。

二是以计算机网络技术和经营管理活动为基础。由于此阶段中国各行业信息化程度还不够高,信息基础设施建设较为薄弱,电子商务的发展程度较低,故中国电子商务教材建设仍在发展中。

三是电子商务教材改变单一的内容和结构,逐渐向不同的方向发展。在这一阶段,电子商务教材更注重对国内外电子商务经营模式最新案例的分析,并尝试将电子商务和网络信息技术进行有机结合,努力开展立体化教学建设。

四是电子商务教材建设呈现出团队合作和继往开来的特点。电子商务教材是经过编写团队不断努力得到的结果,教材建设还将继续通过调动编者创造性和积极性的方式推动电子商务教材发展。此外,电子商务教材还将在种类和数量上继续扩展。

2. "十一五"时期中国电子商务教材发展情况

这一时期,电子商务给世界贸易格局和经济增长方式带来了巨大的变革,成为 21 世纪主要的经贸方式之一。与此同时,电子商务的进一步深入发展需要大批量高层次的复合型专业人才。为加强对高等学校人才培养工作的宏观指导与管理,推动高等学校的教学改革和教学建设,进一步提高人才培养质量,教育部聘请有关专家在"十一五"的开端之年成立了第一届教育部电子商务教学指导委员会。"十一五"期间,中国出台了《中共中央宣传部 教育部关于加强和改进高等学校哲学社会科学学科体系与教材体系建设的意见》[1]《关于进一步加强高等学校本科教学工作的若干意见》[2]《国务院办公厅关于加快电子商务发展的若干意见》[3]《教育部关于进一步深化本科教学改革全面提高教学质量

---

[1] 中华人民共和国教育部.中宣部 教育部关于加强和改进高等学校哲学社会科学学科体系与教材体系建设的意见[EB/OL].(2005-05-08)[2022-09-14].http://www.moe.gov.cn/jyb_xxgk/gk_gbgg/moe_0/moe_495/moe_1079/tnull_12345.html.

[2] 中华人民共和国教育部.教育部关于印发《关于进一步加强高等学校本科教学工作的若干意见》和周济部长在第二次全国普通高等学校本科教学工作会议上的讲话的通知[EB/OL].(2005-01-07)[2022-09-14].http://www.moe.gov.cn/srcsite/A08/s7056/200501/t20050107_80315.html.

[3] 中华人民共和国国务院办公厅.国务院办公厅关于加快电子商务发展的若干意见[EB/OL].(2005-01-08)[2022-09-14].http://www.gov.cn/zhuanti/2015-06/13/content_2879020.htm.

的若干意见》①等重要文件,传达了以育人育才为中心,坚持科学发展观,扎实构建学科体系、强化教材体系建设,加强高等学校教育教学的重要精神。

结合国家发展和改革委员会、国务院信息化工作办公室联合发布的《电子商务发展"十一五"规划》②,教育部高等学校电子商务专业教学指导委员会根据高校开展电子商务本科专业人才培养的现状,组织专家在大量调研和前期工作成果的基础上编制了《普通高等学校电子商务本科专业知识体系》③,其完整地介绍了知识体系的专业建设需求、基本定义、总体框架、实践要求、与课程体系的关系、在专业评估中的作用,以及内容分类描述等,并在2008年3月开始试行,为电子商务教材在这一时期的发展奠定了基础。

综上所述,中国电子商务教材在"十一五"时期的建设成果包括以下五个方面内容,如图2-3所示。

图2-3 "十一五"时期中国电子商务教材建设成果

一是电子商务教材类别及内容多样化。在中国电子商务步入发展期的背景下,为达到高等学校人才培养目标,全面提高高等学校本科教学质量,进而满足社会对电子商务领域用人的需求,电子商务教材总量大幅增长,种类更加繁多,基本适应了教育教学的需要。

二是电子商务教材精品化。中国电子商务教材建设贴合经济建设和科学

---

① 中华人民共和国教育部.教育部关于进一步深化本科教学改革全面提高教学质量的若干意见[EB/OL].(2007-02-17)[2022-09-14]. http://www.moe.gov.cn/srcsite/A08/s7056/200702/t20070217_79865.html.

② 国家发展改革委,国务院信息办.关于印发电子商务发展"十一五"规划的通知[EB/OL].(2007-06-01)[2022-09-14]. https://www.ndrc.gov.cn/xxgk/zcfb/ghwb/200706/t20070620_962073.html?code=&state=123.

③ 教育部高等学校电子商务专业教学指导委员会.普通高等学校电子商务本科专业知识体系[M].北京:高等教育出版社,2008.

技术的发展情况,同时紧跟中国电子商务快速成长的步伐。教材编写人员联系电子商务学科专业建设与教育教学改革,对教材内容进行不断的修改公示,采用更丰富的表现形式、更生动的教学内容编撰出版了一大批电子商务教材。

三是参与电子商务教材建设各方的主动性提高。教材的建设需要依靠社会各方的努力。这一阶段中国电子商务教材的建设充分调动了各大高校、各个机构的参与积极性,也鼓励各大出版社参与其中,吸引更多优秀人才投入教材建设工作,有效推动了电子商务教材建设的进程。

四是电子商务教材管理更加完善。按照"坚持分类指导、坚持多样性、坚持新编与修订相结合、坚持突出重点"的原则,教育行政部门积极开展教材评审、评价和选用机制的研究工作,健全、完善教材评审、评价和选用机制,建设并维护普通高等教育教材网,实时采集和更新优秀教材的出版信息,推广使用优秀教材,推进了优质教育资源进课堂。

五是教材的国际化进一步被推进。这一阶段,教育行政部门根据实际需要适当引进急需短缺的境外高水平电子商务教材并加强审核把关,加强了国外电子商务教材的引进、消化和使用,推动了中国电子商务教材的国际化进程,使其与国际主流教材建设保持同步,瞄准电子商务专业的国际先进水平,拓宽了学生的国际视野,增强了学生的国际竞争力。

然而,"十一五"时期中国电子商务教材建设也存在一些不足。比如,教材编写激励机制不完善,部分高水平教师编写电子商务教材精力投入不足;电子商务专业属于新兴专业,教材建设仍不完备、不均衡;电子商务实践教学教材缺乏;电子商务教材质量监管制度不够健全,电子商务教材评价选用机制有待进一步完善,少数学校选用低水平教材的现象仍然存在;电子商务数字化教材缺乏等。

3. "十二五"时期中国电子商务教材发展情况

2007年初,教育部、财政部启动实施"高等学校本科教学质量与教学改革工程",该工程从六大方面入手,结合《国家中长期教育改革和发展规划纲要(2010—2020年)》[1]《国家中长期人才发展规划纲要(2010—2020年)》[2]文件所

---

[1] 国家中长期教育改革和发展规划纲要工作小组办公室.国家中长期教育改革和发展规划纲要(2010—2020年)[EB/OL].(2010-07-29)[2022-09-14]. https://www.moe.gov.cn/srcsite/A01/s7048/201007/t20100729_171904.html.

[2] 新华社.国家中长期人才发展规划纲要(2010—2020年)发布[EB/OL].(2010-06-06)[2022-09-14].http://www.gov.cn/jrzg/2010-06/06/content_1621777.htm.

传达的精神以及规划目标,进一步提升了高等教育质量。在《教育部高等教育司 2011 年工作要点》①《高等学校"十二五"科学和技术发展规划》②等文件的指导下,中国全面落实"十二五"期间高校电子商务教材建设,坚持以育人为本,在大力提升人才培养水平、大力增强科学研究能力、大力服务经济社会发展、大力推进文化传承创新等方面进行积极有益的探索,进一步完善具有中国特色的电子商务教材体系建设,不断为社会主义现代化建设提供强有力的人才保证和智力支撑。

"十二五"时期中国电子商务教材的编写以以下四个方面内容为指导(图 2-4),并取得了积极的进展。

图 2-4 "十二五"时期中国电子商务教材编写指导思想

一是全面推进,突出重点。教育行政部门以国家、省(区、市)、高等学校三级电子商务教材建设为基础,全面推进,提升教材整体质量,狠抓主干基础课程教材、专业核心课程教材建设,补全实验实践类教材,同时加强电子商务数字化教材建设。

二是明确责任,确保质量。为保证教材编写和出版质量,电子商务教材的编写者应具有教学、科研或行业教学经验,出版社对教材质量有监督检查责

---

① 教育部高等教育司.关于印发《教育部高等教育司 2011 年工作要点》的函[EB/OL].(2011-02-17)[2022-09-14]. http://www.moe.gov.cn/srcsite/A08/s7056/201102/t20110217_115148.html.

② 中华人民共和国教育部.教育部关于印发《高等学校"十二五"科学和技术发展规划》的通知[EB/OL].(2012-03-14)[2022-09-14]. http://www.moe.gov.cn/srcsite/A16/s7062/201203/t20120314_172768.html.

任,实行出版社负责制。

三是锤炼精品,改革创新。教育行政部门鼓励对电子商务优秀教材不断修订完善,将学科和行业的新知识、新技术、新成果写入教材,及时反映人才培养模式和教学改革最新趋势,传授获取知识和创造知识的方法。

四是分类指导,鼓励特色。为满足多样化的人才培养需求,电子商务专业需要特色鲜明、品种丰富,并具有原创性、育人成效显著的教材。

在"十二五"本科国家级规划电子商务教材建设过程中,各个高等教育行政部门基于《教育部关于切实加强和改进高等学校学风建设的实施意见》[1]《教育部关于国家精品开放课程建设的实施意见》[2]《教育部办公厅 财政部办公厅关于做好2014、2015年高等学校本科教学改革与教学质量工程工作的指导意见》[3]等文件所传达的精神,进一步强化了对电子商务教材建设的宏观指导和管理工作,对电子商务教材建设工作提出要求。一是鼓励编写、出版适应不同类型高等学校教学需要的不同风格和特色的电子商务教材;二是积极推进高等学校与电子商务行业合作编写专业实践教材;三是鼓励编写、出版不同载体和不同形式的电子商务教材,包括纸质教材和数字化教材,授课型教材和辅助型教材;四是鼓励开发电子商务中外文双语教材;五是积极探索与国外或境外合作编写或改编优秀电子商务教材。

此外,高等学校电子商务教材建设还提出三个主要方面的建设任务,如图2-5所示。

一是各级教育行政部门强化对教材建设的宏观指导与管理。教育行政部门需持续加强对电子商务教材建设的宏观指导和支持,以国家、省(区、市)、高等学校三级教材建设为基础,调动各方参与教材建设的积极性,在深入研究分析电子商务本科教材建设现状及面临形势的基础上建立以提高电子商务高等

---

[1] 中华人民共和国教育部.教育部关于切实加强和改进高等学校学风建设的实施意见[EB/OL].(2011-12-02)[2022-09-14]. http://www.moe.gov.cn/srcsite/A16/kjs_xfjs/201112/t20111202_172770.html.

[2] 中华人民共和国教育部.教育部关于国家精品开放课程建设的实施意见[EB/OL].(2011-10-12)[2022-09-14]. http://www.moe.gov.cn/srcsite/A08/s5664/moe_1623/s3843/201110/t20111012_126346.html.

[3] 教育部办公厅,财政部办公厅.教育部办公厅 财政部办公厅关于做好2014、2015年高等学校本科教学改革与教学质量工程工作的指导意见[EB/OL].(2014-05-14)[2022-09-14]. http://www.moe.cn/srcsite/A08/s5664/moe_1623/s3843/201405/t20140514_169464.html.

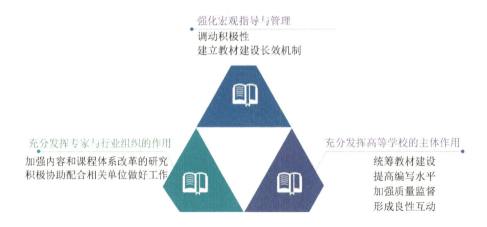

图 2-5 "十二五"时期中国电子商务教材建设任务

教育质量为核心的电子商务教材建设长效机制。

二是充分发挥高等学校在教材建设中的主体作用。高等学校应统筹教材建设工作,促进电子商务教材建设与专业人才培养相结合,提高编写团队水平,吸引行业人士参与教材建设,开发适用性和实践性强的优秀电子商务教材,实行教材立项、阶段检查、目标审核制,加强教材质量监督,以形成良性互动,确保优秀电子商务教材资源进入课堂。

三是充分发挥专家与行业组织在教材建设中的作用。教育部高等学校电子商务类专业教学指导委员会应加强教学内容和课程体系改革的研究,其他各级教材研究组织机构要充分发挥参谋、助手和纽带作用,协助和配合各级教育行政部门和高等学校做好电子商务教材建设工作。

"十二五"期间,《教育部 2012 年工作要点》[1]《教育部 2013 年工作要点》[2]《教育部 2014 年工作要点》[3]《2015 年教育信息化工作要点》[4]中均强调,要深入

---

[1] 中华人民共和国教育部. 教育部关于印发《教育部 2012 年工作要点》的通知[EB/OL]. (2012-01-20)[2022-09-14]. http://www.moe.gov.cn/srcsite/A02/s7049/201201/t20120120_170524.html.

[2] 教育部. 教育部关于印发《教育部 2013 年工作要点》的通知[EB/OL]. (2013-01-24)[2022-09-14]. http://www.moe.gov.cn/srcsite/A02/s7049/201301/t20130124_170522.html.

[3] 中华人民共和国教育部. 教育部关于印发《教育部 2014 年工作要点》的通知[EB/OL]. (2014-01-23)[2022-09-14]. http://www.moe.gov.cn/srcsite/A02/s7049/201401/t20140123_163889.html.

[4] 教育部办公厅. 教育部办公厅关于印发《2015 年教育信息化工作要点》的通知[EB/OL]. (2015-02-15)[2022-09-14]. http://www.moe.gov.cn/srcsite/A16/s3342/201502/t20150215_189356.html.

贯彻落实中央领导同志关于全面提高高等教育质量的重要讲话精神,深入贯彻落实科学发展观,深入贯彻实施教育规划纲要,坚持优先发展教育,全面实施素质教育,更好地为打造中国经济升级版、全面建成小康社会提供强有力的人才支撑和智力支持,为实现教育现代化和构建学习型社会提供有力支撑。全面提高高等教育质量工作会议也强调要按照教育规划纲要要求,转变观念、真抓实干、开拓进取,推动我国高等教育实现由大到强的历史新跨越[①]。

"十二五"本科国家级规划教材在认真贯彻落实《国家中长期教育改革和发展规划纲要(2010—2020年)》的基础上,按照面向现代化、面向世界、面向未来的要求,适应全面建成小康社会、建设创新型国家的需要,坚持育人为本,以改革创新为动力,以促进公平为重点,以提高质量为核心,进一步转变思想观念,创新优秀教材遴选机制,实施规划教材精品战略,"选""编"结合,以"选"为主[②]。在这一时期,教育部高等学校电子商务专业教学指导委员会共组织专家评审、确定两批"十二五"时期普通高等教育本科国家级规划教材供高等学校选用。

另外,由于数字化转型升级,多媒体数字设备逐渐丰富。从2013年开始,中国大学资源共享课正式上线[③],同时教育部"教育信息化工作要点"和"教育信息化与网络安全工作要点"将数字产品研发列为重点任务。为促进和规范数字教材发展,教育部已启动数字教材相关调研工作,并批准高等教育出版社实施精品视频公开课建设项目、精品资源共享课建设项目、精品开放课程共享平台项目等[④]。现各高校已能够根据教学需求,有效整合各种媒体资源,生动形象地呈现知识内容和创设教学情境,进而使电子商务静态数字教材在这一阶段出现并蓬勃发展。电子商务静态数字教材以文本、图形等形式存在,强调

---

① 教育部.全面提高高等教育质量工作会议强调 转变观念 真抓实干 开拓进取 推动我国高等教育实现由大到强的历史新跨越[EB/OL].(2012-03-24)[2022-09-14].http://www.moe.gov.cn/jyb_xwfb/gzdt_gzdt/moe_1485/201203/t20120324_132987.html.
② 中华人民共和国教育部.教育部关于"十二五"普通高等教育本科教材建设的若干意见[EB/OL].(2011-04-28)[2022-09-14].http://www.moe.gov.cn/srcsite/A08/moe_736/s3885/201104/t20110428_120136.html.
③ 新华社.教育部:首批120门中国大学资源共享课正式上线[EB/OL].(2013-06-26)[2022-09-14].http://www.gov.cn/jrzg/2013-06/26/content_2434763.htm.
④ 中华人民共和国教育部.教育部关于批准实施"十二五"期间"高等学校本科教学质量与教学改革工程"2012年建设项目的通知[EB/OL].(2012-01-20)[2022-09-14].http://www.moe.gov.cn/srcsite/A08/s5664/moe_1623/s3845/201201/t20120120_130542.html.

纸质教材内容的数字化还原,具有可检索、易于传播、更新及时等特点,有助于文章文献的数字化存储、检索与阅读学习。同时电子商务富媒体数字教材开始得到应用。

4. "十三五"时期中国电子商务教材发展情况

"十三五"时期,为贯彻党中央、国务院关于加强和改进新形势下大学教材建设的意见,全面加强党的领导,落实国家事权,加强普通高等学校教材管理,打造精品教材,切实提高教材建设水平,国家根据《中华人民共和国教育法》《中华人民共和国高等教育法》等法律法规,以及《教育信息化"十三五"规划》[①]等文件,基于《习近平新时代中国特色社会主义思想进课程教材指南》[②]《新时代学校思想政治理论课改革创新实施方案》[③],修订颁布普通高中课程方案和各学科课程标准、中等职业学校公共基础课课程方案和课程标准、普通高等学校专业类教学质量国家标准、研究生核心课程指南,制定了《普通高等学校教材管理办法》[④],积极推进高校电子商务教材和专业研究、教学的一体化建设和改造,加速形成支撑国际一流、服务中国特色高水平本科教学的电子商务教材框架体系,着力开拓高等学校提质发展教育事业的新格局。

在《高等学校"十三五"科学和技术发展规划》[⑤]的指导下,"十三五"时期电子商务教材建设紧紧围绕立德树人的根本任务,推动学科领域科学家和领军人才编写专业基础课程和核心课程教材,完善专业课程教材内容定期更新机制,丰富教学方法和教学技术,实现高等教育内涵式发展,形成了六大成果建设,如图2-6所示。

---

① 中华人民共和国教育部. 教育部关于印发《教育信息化"十三五"规划》的通知[EB/OL].(2016-06-07)[2022-09-14]. http://www.moe.gov.cn/srcsite/A16/s3342/201606/t20160622_269367.html.

② 国家教材委员会. 国家教材委员会关于印发《习近平新时代中国特色社会主义思想进课程教材指南》的通知[EB/OL].(2021-07-23)[2022-09-14]. http://www.moe.gov.cn/srcsite/A26/s8001/202107/t20210723_546307.html.

③ 中共中央宣传部,教育部. 中共中央宣传部 教育部关于印发《新时代学校思想政治理论课改革创新实施方案》的通知[EB/OL].(2020-12-22)[2022-09-14]. http://www.moe.gov.cn/srcsite/A26/jcj_kcjcgh/202012/t20201231_508361.html.

④ 中华人民共和国教育部. 教育部关于印发《中小学教材管理办法》《职业院校教材管理办法》和《普通高等学校教材管理办法》的通知[EB/OL].(2019-12-19)[2022-09-14]. http://www.moe.gov.cn/srcsite/A26/moe_714/202001/t20200107_414578.html.

⑤ 中华人民共和国教育部. 教育部关于印发《高等学校"十三五"科学和技术发展规划》的通知[EB/OL].(2016-11-24)[2022-09-14]. http://www.moe.gov.cn/srcsite/A16/moe_784/201612/t20161219_292387.html.

图 2-6 "十三五"时期中国电子商务教材建设的六大成果

一是新的教材指导和工作体系初步确立。党中央和国务院明确教材建设是国家事权。2017年7月,国家教材委员会正式成立①。教材建设是事关未来的战略工程、基础工程,教材体现国家意志,我们需要深化改革创新,加强完善教材各环节管理,使教材建设规范有序。国家教材委员会在中央教育工作领导小组的领导下,负责指导和统筹全国教材工作,加强统一领导和管理,在教材建设中具有管总、把关、协调等职能,从立德树人出发,严谨求实、精编细选,使教材经得起实践、人民和历史的检验。顺应国家教材委员会和教材局的成立,新一届教育部高等学校电子商务类专业教学指导委员会(以下简称"高校电商教指委")也在"十三五"期间成立。2018年11月,2018—2022年教育部高等学校教学指导委员会正式成立②,下设教指委111个,包括教育部高等学校电子商务类专业教学指导委员会,这是中国成立的第三届高校电商教指委,第一届高校电商教指委于2005年成立③。高校电商教指委由来自全国高等学校的41名教授组成,刘军教授任主任委员,其是国家层面研究、咨询、指导、推进本科教育的专家组织,包含对电子商务教材建设情况做调研、为电子商务教材

---

① 国务院办公厅.国务院办公厅关于成立国家教材委员会的通知[EB/OL].(2017-07-03)[2022-09-14]. http://www.moe.gov.cn/jyb_xxgk/moe_1777/moe_1778/201707/t20170706_308824.html.

② 教育部.建设高水平专家队伍 振兴新时代本科教育 2018—2022年教育部高等学校教学指导委员会成立会议召开[EB/OL].(2018-11-01)[2022-09-14]. http://www.moe.gov.cn/jyb_xwfb/gzdt_gzdt/moe_1485/201811/t20181101_353413.html.

③ 教育部高等教育司.关于推荐新一届教育部高等学校教学指导委员会委员的通知[EB/OL].(2005-04-18)[2022-09-14]. http://www.moe.gov.cn/srcsite/A08/s7056/200504/t20050418_124825.html.

建设提供方向的教材组,以满足电子商务专业发展的需求和社会发展的需求为目的,能够对高校的电子商务教材建设分类和优秀教材选择作出指导,推动了新的电子商务教材指导机制和工作体系的初步确立。

二是新的教材规划和管理制度体系构建。"十二五"到"十三五",我国高等教育发展方式正在发生深刻的变革,即从以规模扩张和空间拓展为特征的外延式发展,转变为以提高质量和优化结构为核心的内涵式发展①。党中央、国务院高度重视大学教材建设,并提出了明确要求,即必须强化党对教材工作的领导,加强大学教材建设整体规划,全面提高教材质量,切实发挥教材育人功能。基于2020年国家教材委员会印发的《全国大中小学教材建设规划(2019—2022年)》②《普通高等学校教材管理办法》,中国电子商务教材建设开始向着打造精品教材、切实提高教材建设水平的大方向整体推进。"十三五"期间,国家教材委员会建立了教材建设国家奖励制度,即设立全国教材建设奖,由国家教材委员会主办、教育部承办,每四年颁发一次,对各级不同类别的优质教材和作出突出贡献的先进集体、先进个人给予奖励③。电子商务教材在国家教材建设奖励制度推动的基础上开展评比,着眼于强导向、建机制、促建设,充分调动各领域的积极作用,促使电商教材建设水准提高。

三是新的教材把关体系有效运行。"十三五"以来,在习近平新时代中国特色社会主义思想引领下,教育系统认真贯彻落实党中央、国务院决策部署,坚决落实立德树人根本任务,党对教育工作的领导得到全面加强,德智体美劳全面培养的教育体系更加完善,教育事业中国特色更加鲜明④。中共中央、国务院2020年印发的《深化新时代教育评价改革总体方案》指出,"有什么样的评价指挥棒,就有什么样的办学导向"⑤。因此,在教材建设方面,中国始终坚持

---

① 光明日报.转变方式,推进高等教育内涵发展和质量提升[EB/OL].(2016-02-25)[2022-09-14].http://www.moe.gov.cn/jyb_xwfb/s5148/201602/t20160225_230509.html.

② 人民日报.全国教材建设规划和四个教材管理办法印发:为学生打好成长底色[EB/OL].(2020-01-09)[2022-09-14].http://www.gov.cn/zhengce/2020-01/09/content_5467703.htm.

③ 国家教材委员会.国家教材委员会关于开展首届全国教材建设奖评选工作的通知[EB/OL].(2020-10-27)[2022-09-14].http://www.moe.gov.cn/srcsite/A26/s8001/202012/t20201211_504993.html.

④ 教育部发展规划司."数"看"十三五":教育改革发展成就概述[EB/OL].(2020-12-01)[2022-09-14].http://www.moe.gov.cn/fbh/live/2020/52692/sfcl/202012/t20201201_502591.html.

⑤ 新华社.中共中央 国务院印发《深化新时代教育评价改革总体方案》[EB/OL].(2020-10-13)[2022-09-14].http://www.moe.gov.cn/jyb_xxgk/moe_1777/moe_1778/202010/t20201013_494381.html.

教材"凡编必审""凡选必审",建立健全全流程把关机制,全面加强政治性、思想性、科学性审核;在把好教材编写关方面,严格各级各类教材编写要求、人员条件等,规范"谁来编、怎么编";提高电子商务教材编写人员资质门槛,突出思想政治素质和学术专业水平要求,从源头上把好教材质量关。在电子商务教材编写要求上,中国强调坚持正确的政治方向和价值导向,全面落实立德树人根本任务,推进"五育"并举。在把好选用使用关方面,中国坚持教材"凡选必审",明确教材选用主体、选用原则、选用程序,规范"谁来选、怎么选",确保凡是进入课堂的教材都经过严格选用审核。在"十三五"期间,中国还开展了高等学校教材调查统计工作[①]。按照《全国大中小学教材建设规划(2019—2022年)》总体安排,国家积极推动高校贯彻落实《普通高等学校教材管理办法》《学校选用境外教材管理办法》[②],加大教材选用、使用检查力度,会同市场监管、出版管理等部门,严肃查处违规选用教材行为,严肃查处在价值导向、科学性等方面存在问题的教材。

四是新的教材保障体系不断完善。各方对电子商务教材建设经费投入大幅度增长。由国家、地方、高校、出版单位等多方面支持的教材建设经费保障机制已形成。地方和高校按规定将教材建设支出列入本级预算,给予专门保证,积极指导教材编制出版单位加强电子商务教材开发、编著、应用培训、跟踪检测等方面的费用支持。教材团队的基本保障机制不断完善。国家坚持培养和培训并举,强化教材团队培养,依托重要研发平台、重点研发基地、高水平学科专业建设,培育形成高层次的编审研究队伍和骨干力量。中国在2017年设立课程教材研究所[③],又于2019年认定了首批国家教材建设重点研究基地,为探索建立评估、激励机制,扎实推进各项工作,建成专门研究课程教材的专业智库而不断努力[④]。国家教材委员会不断完善鼓励政策,把教材编审作为工作

---

① 国家教材委员会办公室.关于开展全国大中小学教材调查统计工作的通知[EB/OL].(2019-10-31)[2022-09-14].http://www.moe.gov.cn/srcsite/A26/moe_714/201911/t20191115_408462.html.

② 教育部.国家教材委员会、教育部印发全国教材建设规划和四个教材管理办法 部署推进大中小学教材建设[EB/OL].(2020-01-07)[2022-09-14].http://www.moe.gov.cn/jyb_xwfb/gzdt_gzdt/s5987/202001/t20200107_414564.html.

③ 中华人民共和国教育部.教育部关于设立课程教材研究所的通知[EB/OL].(2017-12-27)[2022-09-14].http://www.moe.gov.cn/srcsite/A04/s7051/201801/t20180123_325313.html.

④ 中华人民共和国教育部.教育部关于首批国家教材建设重点研究基地认定结果的通知[EB/OL].(2019-02-11)[2022-09-14].http://www.moe.gov.cn/srcsite/A26/s8001/201902/t20190225_371059.html.

量统计、业绩考核、岗位评聘、职称评定的重点,把优质教材列为组织评比国家重要人才项目的重要内容,体现把优质教材视为关键工作、把参与教材建设视为重大优先工作的评价取向。教材建设的基础支撑持续加强。电子商务学科建立了国家课程教材编审专家信息库,为中国电子商务重点课程建设提供了稳定的人力资源保障,推动了教材管理信息化建设,先后建立了教材网上评估体系、教材基础数据系统、教材教学质量监控平台、教材信息管理服务平台,教材管理信息化向全域化、整体过程发展。

五是教材价值导向全面树立。加强价值引领,促进学科教学和思政教育的相互交融。通过"马工程"专业课教材、思政课程教材的发布,具有中国特点、中国风貌、中国气派的思想政治社科教育教材体系逐步形成。电子商务教材建设应把牢政治方向,把习近平新时代中国特色社会主义思想特别是关于教材建设的重要论述贯穿始终,体现在电子商务教材建设的各个环节,努力实现润物细无声的教育目标。考虑中国实际情况,体现中国民情。电子商务教材根据中国特色做了细分,根植于中华大地、总结中国经验、体现中国特点的电子商务教材将逐步问世。紧随社会发展,服务于国家需要。电子商务教材建设应与"新工科""新医科""新农科""新文科"的"四新"建设发展相匹配。"新工科"指针对新兴产业的专业,如人工智能、智能制造、机器人、云计算等,也包括传统工科专业的升级改造,以继承与创新、交叉与融合、协调与共享为主要途径,培养多元化、创新型卓越工程人才,为未来提供智力和人才支撑[①]。"新医科"主要是适应新一轮科技革命和产业变革的要求,提出从治疗为主到兼具预防治疗、康养的生命健康全周期医学的新理念,强力推进医科与多学科深度交叉融合[②]。"新农科"重点是以现代科学技术改造提升现有的涉农专业,并且要布局适应新产业、新业态发展需要的新型的涉农专业[③]。"新文科"是相对于传统文科进行学科重组及文理交叉,即把新技术融入哲学、文学、语言等课程

---

① 光明日报.立足新时代 培养一流"新工科"卓越人才[EB/OL].(2017-10-31)[2022-09-14].https://news.gmw.cn/2017-10/31/content_26652677.htm.
② 中华人民共和国教育部.对十三届全国人大四次会议第4656号建议的答复[EB/OL].(2021-09-01)[2022-09-14].http://www.moe.gov.cn/jyb_xxgk/xxgk_jyta/jyta_gaojiaosi/202201/t20220106_592726.html.
③ 中华人民共和国教育部.关于政协十三届全国委员会第三次会议第2563号(工交邮电类250号)、B061号提案复的函[EB/OL].(2020-09-15)[2022-09-14].http://www.moe.gov.cn/jyb_xxgk/xxgk_jyta/jyta_kjs/202009/t20200927_491781.html.

中,为学生提供综合性的跨学科学习,加强学科与社会的结合,用中国理论科学阐释中国制度、中国道路,壮大和弘扬文化软实力①。电子商务属于"新文科"与"新工科"的交叉学科。基于中国国家重大战略与学科发展前沿的目标,电商教指委将陆续开展反映新领域、新学科、新技术的新型技术交叉学科的教材和教学资源的开发、构建,以支持跨学科人才培养②。

六是高校电子商务教材建设情况持续向好。"十三五"期间高校电子商务教材建设具有四大特征。①电子商务教材数量持续增长,类型更加丰富,优秀教材比例提高。电子商务教材在这一阶段的建设中出版了大量的实践实训教材和理论知识与实践结合的教材,以优质教材、精品教材、规划教材为示范,以适应人才需要为引导,以行业科技进步和专业发展为驱动,以满足高等教育分类发展需要为核心,实施规划教材精品策略。②抢抓新技术带来的历史机遇,创新发展数字化教材。"十三五"时期,中国共有1000多所院校开通慕课,慕课的总量与应用规模均稳居全球首位。与慕课相匹配的新形态教材突破了纸质教材的限制,增加可视性较强的动态图例,补充创新实验案例,并针对学生个性化发展需求拓展内容,提高了教材表现力与吸引力,强化了育人功能,因此得到了快速发展。③电子商务教材建设融入专业、课程一体化建设与改革,有效保障了培养质量。专业、课程与教材一体化建设与改革已经成为"十三五"期间一流专业、一流课程建设和高等教育深化教学改革与提高教学质量的重要保证。基于教育部发布的《普通高等学校本科专业类教学质量国家标准》,教材编写与选用已纳入一流专业和一流课程建设指标以及质量监管系统。④价值导向全面树立,育人功能持续增强。教育部高等学校电子商务类专业教学指导委员会(教材组)致力做好电子商务的编写工作,出版高水平的教材,满足电子商务专业发展的需求和社会发展的需求,在2019年评选出16本电子商务规划教材。

总的来说,"十三五"期间,电子商务教材建设坚持以提升整体质量为首要目标,以打造精品教材为引领,持续拓展、细化教材品种,加强电子商务专业课

---

① 光明日报.新工科 新医科 新农科 新文科 指向科技经济前沿 瞄向未来发展需求[EB/OL].(2020-12-29)[2022-09-14]. https://news.gmw.cn/2020-12/29/content_34501013.htm.

② 教育部教材局.坚持加强党的领导 整体构建"五大体系"全面推进大中小学教材建设:"十三五"期间教材建设总体情况介绍[EB/OL].(2020-12-24)[2022-09-14]. http://www.moe.gov.cn/fbh/live/2020/52842/sfcl/202012/t20201224_507267.html.

程教材建设,推进教材编审用。随着信息技术日益普及,为适应信息技术与教育教学深度融合的需要,满足互联网时代学习特性的需求,电子商务教材将继续建设信息技术与教育教学深度融合、多种介质综合运用、表现力丰富的新形态教材。

5. "十四五"时期中国电子商务教材发展情况与规划

当今世界,百年未有之大变局正加速演进,国际力量对比出现新变化,全球抗疫催生多极新格局,人们思想活动的独立性、选择性、多变性、差异性明显增加,青少年文化认同、国民身份认同等面临新挑战。随着中国参与国际竞争、全球治理的日益深入,其对培养担当民族复兴大任的时代新人提出新的要求。党的十八大以来,在以习近平同志为核心的党中央坚强领导下,我国高等教育与时代同行,建成世界规模最大的高等教育体系,培育了一大批高素质专业人才[①]。"十三五"期间,我国高校新增教材数量达到了 4.3 万余种[②]。党的十九届五中全会提出"建设高质量教育体系"的目标,为"十四五"期间教育的发展指明了方向、提供了遵循。

"十四五"期间中国电子商务教材的建设方向主要应把握以下五个重点内容,如图 2-7 所示。

一是把握好中国电子商务教材建设的方向。推进新时代中国电子商务教材建设,发挥好教材育人作用,首要任务是加强党的全面领导,夯实各地教育部门的领导职责,牢牢把握党对教材建设的领导权,确保党的教育方针落实到电子商务教材建设的各个方面。《教育部教材局 2021 年工作要点》[③]强调始终以习近平新时代中国特色社会主义思想为指导,认真贯彻习近平总书记关于教材工作的重要指示批示精神。在选题、选材方面,教材编写团队应以贯彻落实习近平新时代中国特色社会主义思想为基本遵循,以突出体现社会主义办学方向,以培育学生社会主义核心价值观等意义重大的主题为重点;同时紧盯

---

① 教育部高等教育司. 历史性成就,格局性变化:高等教育十年改革发展成效[EB/OL]. (2022-05-17)[2022-09-14]. http://www.moe.gov.cn/fbh/live/2022/54453/sfcl/202205/t20220517_627973.html.
② 教育部高等教育司. 价值引领 质量为本 改革创新 监督保障:"十三五"期间高校教材建设有关情况介绍[EB/OL]. (2020-12-24)[2022-09-14]. http://www.moe.gov.cn/fbh/live/2020/52842/sfcl/202012/t20201224_507266.html.
③ 教育部教材局. 关于印发《教育部教材局 2021 年工作要点》的通知[EB/OL]. (2021-02-26)[2022-09-14]. http://www.moe.gov.cn/s78/A26/tongzhi/202103/t20210302_516599.html.

图 2-7 "十四五"时期中国电子商务教材建设方向的五个重点

国家战略需求,关注世界发展和人类文明进步面对的共同挑战,牢牢抓住全面提高人才培养能力这个核心点,在民族复兴中带头发挥国之战略重器作用[①]。

二是电子商务教材建设要将立德树人作为核心。《中共中央关于制定国民经济和社会发展第十四个五年规划和二〇三五年远景目标的建议》在第十三篇"提升国民素质 促进人的全面发展"中提出,把提升国民素质放在突出重要位置[②]。习近平总书记也在全国教育大会上作出重要指示,即要深化教育体制改革,健全立德树人落实机制[③]。所以,"十四五"时期经济社会发展必须坚持以人民为中心,必须把立德树人贯穿教材建设的全过程,结合电子商务学科特点,以有机融入为主,注重发挥综合育人效应;同时要建立健全电子商务教

---

① 光明日报."十四五":高等教育立足当下 更将引领未来[EB/OL].(2020-11-22)[2022-09-14]. http://www.moe.gov.cn/jyb_xwfb/s5147/202011/t20201123_501229.html.

② 中国教育报."十四五"规划和2035年远景目标纲要提出建设高质量教育体系[EB/OL].(2021-03-13)[2022-09-14]. http://www.moe.gov.cn/jyb_xwfb/xw_zt/moe_357/2021/2021_zt01/yw/202103/t20210314_519710.html.

③ 教育部.深化新时代教育评价改革 全面提升本科教育教学质量:教育部教育督导局负责人就《普通高等学校本科教育教学审核评估实施方案(2021—2025年)》答记者问[EB/OL].(2021-02-07)[2022-09-14]. http://www.moe.gov.cn/jyb_xwfb/s271/202102/t20210207_512832.html.

材全流程把关机制,抓紧出台教材管理制度,把党的教育方针细化、具体化为学生发展的核心素养,遴选最能促进学生核心素养发展的教材内容,提供学生健康成长所必备的精神营养,努力开创电子商务教材工作新局面。

三是坚持新发展理念,打造精品教材。《中共中央关于制定国民经济和社会发展第十四个五年规划和二〇三五年远景目标的建议》明确提出,到2035年我国将基本实现社会主义现代化,建成教育强国,建设高质量教育体系[①],故"十四五"时期要以推动高质量发展为主题,从内涵、外延、工作措施等方面全面落实,把新发展理念贯穿发展全过程和各领域[②]。目前,中国电子商务教材体系中高质量的教材还不够多,长期以来,电子商务课程教材仍不够系统、完善,存在碎片化现象,缺乏顶层设计。应"十四五"期间对于教材建设的要求,国家需要加大对基础、核心课程教材的统筹力度,突出权威性、前沿性、原创性教材建设,打造培根铸魂、启智增慧、适应时代要求的电子商务精品教材,同时推动电子商务教材配套资源和数字教材建设,形成更多可听、可视、可练、可互动的数字化教材,建设一批编排方式科学、配套资源丰富、呈现形式灵活、信息技术应用适当的融媒体电子商务教材。

四是持续深化改革,努力突破当前中国电子商务教材高质量发展的体制壁垒。基于《中国教育现代化2035》的指导思想,全面贯彻党的十九大和十九届二中、三中全会精神,坚定实施科教兴国战略、人才强国战略,紧紧围绕统筹推进"五位一体"总体布局和协调推进"四个全面"战略布局,坚定"四个自信"[③]。针对当前教材工作体制建设仍面临的若干亟待解决的问题,比如,地方和高校在电子商务教材工作体系建设上参差不齐、教材队伍建设仍任重道远,"十四五"时期,学校必须以落实电子商务教材建设规划为契机,努力固基础、扬优势、补短板、强弱项,健全相关政策,强化机构、制度和机制建设,切实破除制约教材高质量发展的体制障碍,不断提升教材建设的动力与活力。

五是树立系统观念,加强电子商务教材建设力量。"十四五"时期经济社

---

① 新华社.中共中央关于制定国民经济和社会发展第十四个五年规划和二〇三五年远景目标的建议[EB/OL].(2020-11-03)[2022-09-14].http://www.gov.cn/zhengce/2020-11/03/content_5556991.htm.

② 光明日报.教育系统:奋力开创教育高质量发展新局面[EB/OL].(2020-11-08)[2022-09-14].http://www.moe.gov.cn/jyb_xwfb/s5147/202011/t20201109_498906.html.

③ 新华社.中共中央、国务院印发《中国教育现代化2035》[EB/OL].(2019-02-23)[2022-09-14].http://www.gov.cn/zhengce/2019-02/23/content_5367987.htm.

会发展必须坚持系统观念,加强全局性谋划、整体性推进,特别是要增强教育改革的系统性、整体性、协同性,实现教育发展规模、速度、质量、结构、效益、安全相统一[①]。教材建设必须以规划教材为引领,加强统筹安排,继续加强对教材编写审查团队的建设和管理,鼓励具有高级职称的专业带头人或资深专家领衔编写教材,支持中青年骨干教师参与教材建设,健全教材更新、调整机制和教材评价督查机制,为建设中国高质量电子商务教材体系奠定有力基础。

"十四五"时期,教育部把教材建设与使用列入高等教育教学质量监控体系,陆续将教材建设与使用列入高等院校本科教学工作考核合格评定、考核评价和"双一流"建设学校的质量考核等范畴,强化质量跟踪与监管。教育部高等学校电子商务类专业教学指导委员会(教材组)立足于要经得起历史的检查、要经得起社会的评价、要利于学科的未来发展三个要点进行了深入讨论,以务实的态度为国家负责,为未来学科专业发展负责,先后评审了教指委推荐教材和各大出版社推荐教材,并展开了两次教材工作会议,两次教材工作会议分别评选出21本(第二批)、29本(第三批)电子商务规划教材。教材录取工作达到了国际的高水平录取标准,为中国电子商务教材建设的高水平、知识的系统化打下了坚实基础。

总的来说,电子商务教材建设从"十一五"前的不充分、不丰富的电子商务教材储备;到"十一五"时期成立了第一届教育部电子商务教学指导委员会,对电子商务教材发展作出要求;再到"十二五"时期全面推进提升电子商务教材质量,补充电子商务教材内容;最终走向"十三五""十四五"时期建设精品电子商务教材,打造高质量教材体系,电子商务教材建设迎来了高效蓬勃的发展。未来高等教育专业教材建设与高校人才培养目标紧密联系,与学科专业设置、教学建设紧密联系,跟随教育发展与专业建设进程,将努力打造体现新学科、新知识、新方法,富有中国特色、符合社会要求的多种类型和多种形式的高质量电子商务教材[②]。各时期中国电子商务教材发展情况与规划如图2-8所示。

---

① 中国教育报.与时俱进的教育规划宜突出"五个"意识:高质量编制"十四五"教育规划系列评论之三[EB/OL].(2021-03-18)[2022-09-14].http://www.moe.gov.cn/jyb_xwfb/moe_2082/2021/2021_zl15/202103/t20210318_520490.html.

② 中国教育报.加快建设高质量教材体系[EB/OL].(2020-12-01)[2022-09-14].http://www.moe.gov.cn/jyb_xwfb/xw_zt/moe_357/jyzt_2020n/2020_zt25/bitan/202012/t20201201_502723.html.

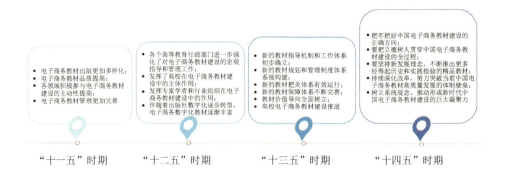

图 2-8　各时期中国电子商务教材发展情况与规划

2.1.2　国外电子商务教材(参考书)发展

基于国外并无权威组织机构对电子商务教材进行评定的情况,同时为了与中国电子商务教材发展梳理阶段相对应,本书基于哈佛图书馆中 1996 年至 2022 年期间出版收录的电子商务书籍的馆藏数据,以出版时间为划分依据(每五年为一个时间跨度),采用数据调查研究的方法梳理了国外电子商务书籍 25 年间的发展状况,并作出分析。

本书借鉴国外电子商务专业知识体系将国外电子商务相关书籍分为六大类:电子商务基础类、电子商务经济管理类、电子商务支付类、电子商务技术类、电子商务法律法规类、电子商务实践类,并对每个时间段每种类别的电子商务相关书籍的出版情况进行了深入分析与梳理,如图 2-9 和表 2-1 所示。

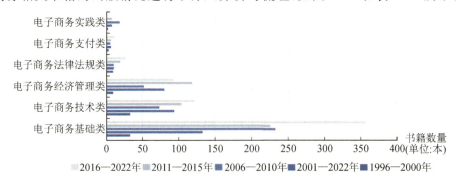

图 2-9　各时期国外电子商务相关书籍出版数量

表 2-1 各时期国外电子商务相关书籍出版数量　　（单位：本）

时期	电子商务基础类	电子商务技术类	电子商务经济管理类	电子商务法律法规类	电子商务支付类	电子商务实践类
2016—2022年	357	122	93	27	11	0
2011—2015年	226	104	119	19	6	7
2006—2010年	233	73	52	10	5	18
2001—2005年	133	94	80	10	6	7
1996—2000年	33	33	9	9	3	2

由图 2-9 和表 2-1 可知，国外电子商务书籍在 1996—2000 年期间的出版数量为 89 本，紧接着在 2001-2005 年期间出版数量迎来飞跃，达到 330 本，随后的三个五年期间电子商务书籍的出版呈稳步增长的情势，分别出版了 391 本、481 本和 610 本。

1.1996—2000 年

自 1997 年 7 月美国政府正式发布"全球电子商务政策框架"以来，全球范围内掀起了开展电子商务的热潮，电子商务日益成为 21 世纪经济活动的核心。这 5 年间，哈佛图书馆中记录的电子商务相关书籍只有 89 本（见图 2-10），包括 33 本电子商务基础类书籍，33 本电子商务技术类书籍，9 本电子商务经济管理类书籍，9 本电子商务法律法规类书籍，此外还存在少数电子商务支付与电子商务实践类书籍，分别为 3 本和 2 本。电子商务正处于起步阶段，无论在体系、组织、模式、技术，还是在法律、管理、政策等方面均未完全成熟，各国都处

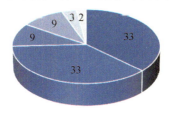

图 2-10　1996—2000 年国外电子商务书籍分类统计（单位：本）

于试点阶段,因此对于电子商务基础和电子商务技术的研究十分看重,这两类书籍从电子商务书籍类别和数量上占据较大比重。由于尚未深入研究理论,电子商务应用实践方面的书籍相对较少。

2. 2001—2005 年

这一阶段,国外电子商务持续蓬勃发展,与之对应的电子商务书籍也迎来了爆发式增长,在这 5 年期间哈佛图书馆记录出版的电子商务书籍共 330 本,其分类统计如图 2-11 所示。其中,电子商务基础类以 133 本排在电子商务类书籍数量第一的位置,接着是电子商务技术类书籍 94 本,电子商务经济管理类书籍 80 本,电子商务法律法规、支付、实践类的相关书籍仍非常少,分别有 10、6、7 本。与上一阶段相比,电子商务经济管理类书籍数量实现了飞跃,主要因为这一阶段企业间电子商务(即 B2B)兴起,企业之间通过电子商务的方式来进行交易,以节约成本和提高效率,同时制造商开始使用电子商贸技术来进行商业交易,电子商务技术仍是研究的重点和热点。

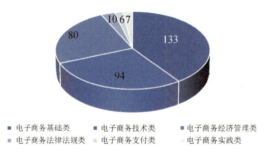

图 2-11 2001—2005 年国外电子商务书籍分类统计(单位:本)

3. 2006—2010 年

自 2005 年起,美国诸多大型传统企业相继转向电子商务,并试图通过互联网简化商业流程,以节约成本、提高效率。这 5 年内电子商务书籍数量稳步增加,且进入平稳发展阶段,较上一时期增长幅度不大,数量为 391 本,增长率为 18.48%,其分类统计如图 2-12 所示。在这 391 本电子商务书籍中,电子商务基础类书籍仍占比最多,共 233 本;电子商务技术类书籍与电子商务经济管理类稍有减少,分别有 73 本和 52 本;电子商务实践、电子商务法律法规和电子商务支付类的书籍都有了小幅度的增加,分别达到了 18、10、5 本。这也说明,此时电子商务发展逐渐成熟,对相关的各领域都有了一定的研究。

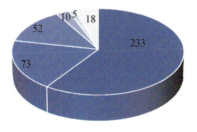

图 2-12 2006—2010 年国外电子商务书籍分类统计(单位:本)

4. 2011—2015 年

2011 年,互联网信息碎片化以及云计算技术愈发成熟,电子商务摆脱了将传统销售模式生搬上互联网的现状,以主动、互动等方式进行用户关怀,与用户进行深层次沟通,线上线下融合快速发展。此时,国外电子商务书籍建设稳步推进,在数量上持续增长,其分类统计如图 2-13 所示。其中电子商务基础类书籍出版 226 本,电子商务经济管理类书籍 119 本,同比增加 128.85%,占总数的 25%;电子商务技术类书籍也大幅增加,出版了 104 本,占总数的 22%;此外,电子商务法律法规类书籍数量也有增长,共出版 19 本。这一时期电子商务的快速发展也带动了各相关领域的协同进步。

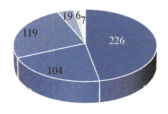

图 2-13 2011—2015 年国外电子商务书籍分类统计(单位:本)

5. 2016—2022 年

此时电商在整体上出现了线上线下深度融合、电商自有品牌方兴未艾、移动电商高速增长等趋势,全球电子商务发展整体仍处于快速增长阶段,电子商务书籍编撰与出版也正在快速增长,其分类统计如图 2-14 所示。电子商务基础类书籍的出版依然遥遥领先，以357本的数量占据电子商务书籍的59%，同时由于科学技术的快速发展，大数据、云计算、VR(Virtual Reality)、AR(Augmented Reality)、元宇宙等新技术运用更加广泛，有关电子商务技术的研究越发繁多，电子商务技术类书籍占总数的20%，甚至超过了电子商务经济管理类书籍的出版数量；另外，基于前二十年的飞速发展，电子商务相关法律法规也逐渐修订成型，27本电子商务法律法规类书籍在此期间出版。电子商务支付类书籍则出版了11本。

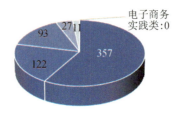

图2-14　2016—2022年国外电子商务书籍分类统计（单位：本）

2.2　中外电子商务教材情况调研对比分析

2.2.1　中外电子商务教材出版书籍类别比较

1. 中国电子商务教材分类

根据教育部高等学校电子商务类教学指导委员会(2018—2022)教材组对电子商务教材的分类，本书将中国电子商务教材分为电子商务基础类、电子商务物流类、电子商务信息技术类、电子商务金融支付类、电子商务法律类、跨境电子商务类、农村电子商务类以及电子商务国际化8大类。

(1) 电子商务基础类。

电子商务基础类教材涵盖电子商务的基本概念、基础知识、发展历程、基本模式，以及电子商务业务操作等，主要作用是通过教材内容引入，让学生由浅入深接触并了解电子商务，知道什么是电子商务，肩负着电子商务知识启蒙、电子商务行业导入、电子商务创业引导的重要使命。基础类教材是专业教学的基石，该类教材的质量好坏决定着专业教育后续的发展深度和广度。电子商务基础类教材内容一般包括什么是电子商务、如何使用电子商务、怎样开展电子商务等,教学重点包含知识要求、技能要求等。电子商务基础类代表性教材有《电子商务导论》《电子商务基础》《电子商务学基本原理》《电子商务学》《电子商务概论》等。

(2)电子商务物流类。

随着电子商务的发展,现代物流的重要性越来越得到人们的重视,电子商务对传统物流提出了挑战。电子商务物流类课程着眼于电子商务环境下物流的新进展、新观念和新动向,培养电子商务专业学生在物流管理方面的业务能力。因此,电子商务物流类教材以电子商务与物流之间的关系为切入点,内容主要包括电子商务和物流的基本概念和相互关系、物流活动的全过程、电子商务物流模式、物流技术与设备、物流供应链管理等。电子商务物流类代表性教材有《电子商务与物流》《电子商务物流实务》《电子商务物流管理》等。

(3)电子商务信息技术类。

基于互联网新兴技术的全方位发展,电子商务信息技术类课程在专业教学中变得更加重要。同时,社会发展对电子商务人才在技术方面的需求也更强烈,这就要求教师提高在电子商务信息技术方面的教学。电子商务信息技术类教材一般包括电子商务技术基础知识、网络基础知识、Internet应用技术、信息安全技术、电子支付技术与编程技术等内容。电子商务信息技术类代表性教材有《电子商务网站建设》《C语言程序设计》《计算机网络》等。

(4)电子商务金融支付类。

电子商务金融与支付是网络经济的重要组成部分,也是推动电子商务迅速发展的动力,深入理解和掌握电子商务金融支付的相关知识在新经济时代具有重要意义。该类教材以互联网金融基础、第三方支付、网上银行、电子货币等为主要内容,深入介绍电子商务领域中的金融支付知识。电子商务金融支付类代表性教材有《电子支付与安全》《电子支付与结算》《互联网金融》等。

(5)电子商务法律类。

信息技术通过电子商务对传统的商业模式产生了深度影响。在电子商务领域,这些技术和产业发展速度不一致,从而产生了法律空白、法律盲区、法律滞后甚至法律障碍,随着电子商务各领域的不断发展,电子商务法律也逐渐发展起来。电子商务法律主要研究计算机科学、管理学、经济学、法学等方面的基本知识和技能,进行电子商务行业各种法律问题和纠纷的处理、仲裁等。该类教材在电子商务理论的基础上介绍电子商务法的基本原理和知识,包括电子商务经营主体法律、电子商务合同法、电子签名法、电子支付法、电子商务环境下的税收法律等,以提高学习者的电子商务法律意识和素养。电子商务法律类代表性教材有《电子商务与法律》《电子商务法》《电子商务法律法规》等。

(6)跨境电子商务类。

中国跨境电商在20年间从无到有、从弱到强,经历了从萌芽到成长,从扩展到成熟的四个阶段,已经成为中国外贸发展的新引擎。为了培养跨境电子商务人才,高校跨境电子商务教育亦要跟上步伐。通过学习该类教材,学生可了解跨境电子商务的模式和特点、跨境电子商务平台的操作方法和规则、国际物流与支付知识、跨境电商运营规则等。跨境电子商务类代表性教材有《跨境电子商务》《跨境电子商务基础》《跨境电子商务物流管理》等。

(7)农村电子商务类。

随着互联网的发展,农村电子商务成为带动农村产业融合和经济社会发展的新型发展模式,农村电子商务基础设施更为完善,市场规模不断扩大,交易产品种类不断增加,产品结构更为完整,为促进乡村振兴起到了重要作用。但农村电商产业中,电商的运营管理人员、电商的实践人才、战略人才,包括农业创新型人才都极度稀缺。农村电子商务类教材建设目的就是要培养农村电子商务产业需要的人才,故该类教材内容一般包括农村电子商务基础、农村电子商务物流、农产品电商化、农村电商品牌策划等。农村电子商务类代表性教材有《农村电子商务》。

(8)电子商务国际化类。

全球电子商务蓬勃发展成为世界经济的亮点和新增长点,中国电子商务国际化进程也逐渐加快。掌握分析国际贸易和相关问题的基本方法,认识当前国际贸易领域的最新发展,才能对电子商务国际化有清晰的认知和独到的见解。该类课程教材内容一般包含国际贸易基础、外贸企业管理系统操作、国际贸易营销、网上交易等知识板块。电子商务国际化类代表性教材有《电子商务与国际贸易》《国际电子商务教程》等。

高校电商教指委委员编写电子商务类教材涵盖上述8大类教材,其中电子商务基础类教材57本,占比最多;其次是电子商务信息技术类和电子商务金融支付类教材,分别有12本和11本;最少的是电子商务国际化类、农村电子商务类和电子商务法律类教材,目前还未有教材出版。

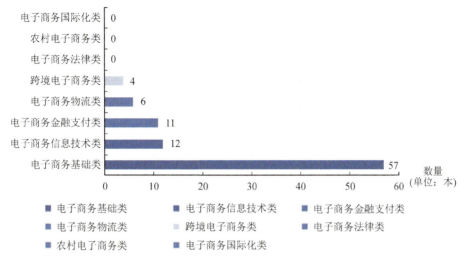

图 2-15　高校电商教指委委员编写电子商务类教材柱形图

2. 国外电子商务教材分类

哈佛大学图书馆 1996 年至 2022 年收录的电子商务相关书籍(而非国内称呼的标准教材)共计 1904 本。由于中外电子商务发展生态的不同,课题组经过对国外现有教材的调查和深入研究,参考国外电子商务专业知识体系,将国外电子商务教材分为六大类,分别是：电子商务基础类、电子商务经济管理类、电子商务支付类、电子商务技术类、电子商务法律法规类和电子商务实践课程类。各类别教材数量统计如图 2-16 所示。

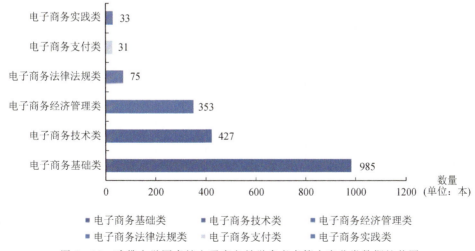

图 2-16　哈佛大学图书馆电子商务教学参考书籍内容分类数据柱状图

（1）电子商务基础类。

国外的电子商务教育起步较早，美国多所知名大学都设立了电子商务相关研究专题，并联合电子商务相关领域的师资力量共同撰写电子商务基础类书籍，开设电子商务专业课程。在哈佛大学图书馆收录的与电子商务相关的1904本书籍中，电子商务基础类教材占比51.73%，共985本。从整体上来说，这一类书籍涵盖的内容与中国电子商务基础类教材的内容差别不大，仍然重点关注从宏观上讲述电子商务的基础知识以及各领域的发展情况。

（2）电子商务经济管理类。

电子商务作为以互联网为依托进行商品和服务交易的新兴经济活动，极大提高了经济运行的质量和效率，改变了人类的生产生活方式，受到国外各大金融机构的重视。因此，经济管理与电子商务所结合的领域成为重点研究方向之一。电子商务经济管理类书籍在1996—2022年间一共出版353本，占比18.54%，未来该类书籍出版数量仍将继续增长。

（3）电子商务支付类。

由于移动设备的普及和移动通信技术的发展，移动支付解决方案在全球范围内的使用持续增加，并推动非现金交易数量增长。电子商务支付方式随着互联网技术的升级迭代，已经演变到网上支付这一阶段，其极大简化了交易流程，打破了时空限制，更加符合未来发展需求。国外对于电子商务支付的相关研究并不多，相关书籍只占总量的1.63%。

（4）电子商务技术类。

科学技术是第一生产力，国外对于电子商务技术的发展非常重视。只有掌握了技术创新能力，企业才能具有竞争力和发展后劲。因此，电子商务企业和电子商务行业，都应加强科技攻关，加快培养电子商务技术类人才。由于对于电子商务技术的重视，国外现已有427本电子商务技术类书籍收录于哈佛图书馆中，占比22.43%，仅次于电子商务基础类书籍。

（5）电子商务法律法规类。

与中国电子商务法律法规类教材相似，国外的电子商务法律法规书籍同样是在电子商务的进步发展中完善的，其致力于完整地呈现现有电子商务法律法规，为学习者提供系统的、全面的电子商务领域法律知识。此类书籍数量处于稳步增长的状态，但增长速度并不快，在哈佛图书馆中只存有75本。

(6)电子商务实践类。

为适应市场经济和科学技术的发展,电子商务人才素质知识和能力的要求,为培养学生的实践操作技能,提高学生的综合素质,电子商务实践类课程受到国外各大高校的重视。该类课程教材主要注重单项技能的培养,以自学、创新、实践操作能力的提高为重点,采用实验、实训、实习等多种实践教学形式,强化学习者的各方面能力,培养高素质的电子商务人才。

2.2.2 中外电子商务教材出版社、年代、版次调研情况

同"中国电子商务教材分类"中的内容一致,本节也将中国电子商务教材初步分为八大类,并对中国两类教育规划下的电子商务教材进行出版社、出版年份和版次的调研分析。由于"十一五"时期国家规划教材的数量、内容、政策和数据的获得性与"十二五""十三五"时期悬殊,故"十一五"时期教材暂不参与此处的调研。

1. 出版社调研情况

(1)"十二五""十三五"时期普通高等教育本科国家级规划电子商务类教材出版社调研情况。

据统计,"十二五""十三五"时期普通高等教育本科国家级规划电子商务类教材分别由14个出版社出版,各出版社出版的电子商务类教材数量统计如图2-17所示。清华大学出版社和浙江大学出版社负责出版的教材数量最多,

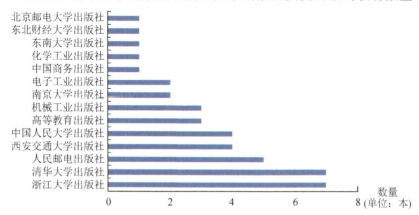

图2-17 "十二五""十三五"时期普通高等教育本科国家级规划
电子商务类教材出版社调研情况

均达到了7本,其次是人民邮电出版社出版5本,西安交通大学出版社和中国人民大学出版社各出版4本,高等教育出版社和机械工业出版社各出版3本,南京大学出版社和电子工业出版社各出版2本,中国商务出版社、化学工业出版社、东南大学出版社、东北财经大学出版社、北京邮电大学出版社各出版1本电子商务规划教材。14个出版社共出版电子商务规划教材42本。

(2)高校电商教指委委员编写电子商务类教材出版社调研情况。

将同一年份多版次教材出版情况考虑在内,前三届高校电商教指委共计撰写出版了145本教材,各出版社出版电子商务类教材的数量占比如图2-18所示。其中东北财经大学出版社出版25本,电子工业出版社出版22本,高等教育出版社出版21本,是负责教材出版最多的三家出版社。这三家出版社出版的电子商务类教材占所有出版电子商务类教材的46.9%。

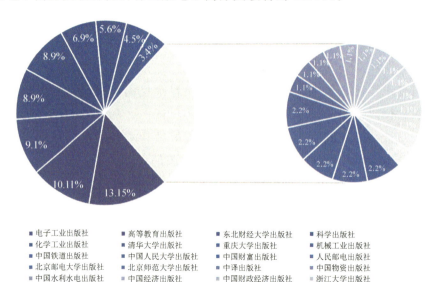

图2-18 前三届高校电商教指委委员编写电子商务类教材出版社调研情况

另外,将不同年份出版的多版次的同一教材记为一本,通过筛选剔除,前三届电商教指委委员编写电子商务类教材共计90本,分别由28家出版社负责出版。其中,电子工业出版社、高等教育出版社各自负责出版了14本、10本教材,其次是东北财经大学出版社(9本)、科学出版社(8本)和化学工业出版社(8本),这五家出版社共计出版了49本电商教材,占比接近一半。此外,所有出版社中有接近一半的出版社仅负责了1~2本教材的出版。

2. 年份调研情况

(1)"十二五""十三五"时期普通高等教育本科国家级规划电子商务类教材年份调研情况。

考虑到"十二五""十三五"时期内列入规划的教材为特定版次书目,时间跨度略大于"十二五""十三五"所覆盖的十年(2010—2020年),故本节将规划教材的出版时间划分在2010—2022年,42本规划教材出版年份如图2-19所示。

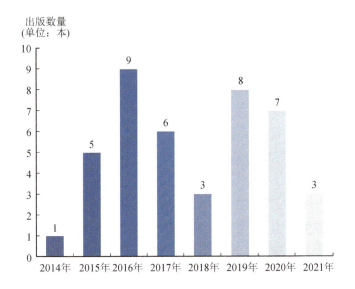

图2-19 "十二五""十三五"时期普通高等教育本科国家级规划电子商务类教材出版数量
(不同年份出版的多版次同一教材记为一本)

从图2-19可以看出,"十二五""十三五"时期规划教材出版最多的年份为2016年,最少的年份是2014年,中间度过了2015年。在这一年里电子商务行业组织数量、企事业单位专家人数都大幅增加,深入推动了产教融合,强化了校企合作资源配置能力、技术技能积累能力和协同协作能力,在推动电子商务技术技能人才培养创新方面取得了一定成绩。同时,在《国务院关于印发深化标准化工作改革方案的通知》①《国务院关于大力发展电子商务加快培育经济新动力的意见》②《国务院办公厅发布关于印发贯彻实施质量发展纲要 2016 年行动计划的通知》③等相关文件的推动下，2015 年，中国电子商务新业态发展与相关标准化进程得到了极大的促进。

据图 2-19 中的数据，2019 年和 2020 年出版的电子商务教材数量仅次于 2016 年的出版数量，分别出版了 8 本和 7 本，而 2019 年和 2020 年均在"十三五"规划时期。这说明，从 2016 年进入"十三五"时期后，电子商务教育有了长足发展。2015 年、2016 年教育部还同有关部门连续举办了两届中国"互联网+"大学生创新创业大赛。2016 年举办的第六届全国大学生电子商务"创新、创意及创业"挑战赛有 1000 多所高校、1.6 万余支队伍参与④。由此可见，2016 年以来，电子商务教育更加受到重视，同年出版的 9 本规划教材也是积极响应国家人才培养政策号召的重要体现。2018 年教育部根据《教育部关于成立 2018—2022 年教育部高等学校教学指导委员会的通知》，成立了 2018—2022 年教育部高等学校教学指导委员会，其致力于在"新时代、新文科、新经管"的背景下，为建设好电子商务本科而努力，这也进一步推动了电子商务教育事业的发展。

此外，入选"十二五""十三五"国家级规划的电子商务教材均是经过不断修订、悉心打磨而成的。因此，考虑到教材存在不同年份出版的多版次情况，本节统计了上述 42 本规划教材各版次共 89 本教材的出版年份，如图 2-20 所示。

（2）高校电商教指委委员编写电子商务类教材年份调研情况。

据统计，前三届教育部高等学校教学指导委员会委员共计 37 人，所编写电商教材出版时间跨度为 2000 年至 2020 年。将不同年份出版的多版次电子商务教材考虑在内，共有 145 本教材，各时期电子商务类教材出版数量统计如图

---

① 国务院.国务院关于印发深化标准化工作改革方案的通知[EB/OL].(2015-03-26)[2022-09-14]. http://www.gov.cn/zhengce/content/2015-03/26/content_9557.htm.

② 中华人民共和国国务院.国务院关于大力发展电子商务加快培育经济新动力的意见[EB/OL]. (2015-05-07)[2022-09-14]. http://www.gov.cn/zhengce/content/2015-05/07/content_9707.htm.

③ 国务院办公厅.国务院办公厅发布关于印发贯彻实施质量发展纲要 2016 年行动计划的通知[EB/OL]. (2016-04-19)[2022-09-14]. http://www.gov.cn/zhengce/content/2016-04/19/content_5065730.htm.

④ 教育部.关于政协十二届全国委员会第五次会议第 2526 号（教育类 233 号）提案答复的函.[EB/OL]. (2017-10-16)[2022-09-14]. http://www.moe.gov.cn/jyb_xxgk/xxgk_jyta/jyta_zcs/201803/t20180306_329005.html.

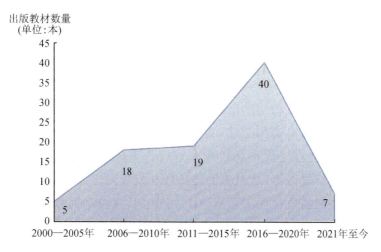

图 2-20 "十二五""十三五"时期普通高等教育本科国家级规划电子商务类教材出版数量
（按时间分类，考虑不同年份出版的多版次情况）

2-21 所示。其中 2011 年出版教材数量最多，共 20 本，其次是 2015 年（13 本）和 2017 年（13 本）。随着教育部对电子商务专业教育的重视，高校电商教指委委员编写出版的教材数量总体呈现上升趋势，由图 2-21 可见，2011—2015 年期间出版的电商教材数量高达 66 本。

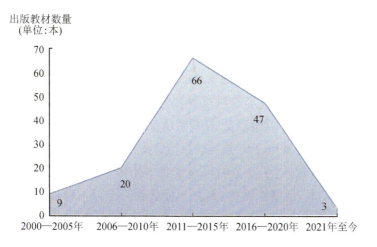

图 2-21 前三届电商教指委委员编写电子商务类教材出版数量
（按时间分类，考虑不同年份出版的多版次情况）

2011年7月,中国教育部和财政部决定实施高等学校本科教学质量与教学改革工程(以下简称"本科教学工程"),以邓小平理论和"三个代表"重要思想为指导,全面落实科学发展观,全面贯彻党的教育方针,以质量标准建设为基础,建立中国特色的人才培养国家标准。"本科教学工程"启动"万种新教材建设项目",加强新教材和立体化教材建设,鼓励教师编写新教材,积极做好高质量教材推广和新教材选用工作,为高校优化专业布局和调整人才培养结构提供指导,主要目的在于促进高校专业结构合理化、强化教学建设培养、提高大学生实践与创新能力等,从而满足经济社会发展对应用型人才、复合型人才和拔尖创新人才的需要。也正是从2011年开始,高校电商教指委充分响应了教育部的号召,十年间笔耕不辍,撰写的电子商务教材为高校电子商务教学质量的提升和本科生的培养作出重大贡献,更值得注意的是,电子商务物流类、信息技术类、金融支付类、跨境电商类教材几乎全部出自这十年间。电子商务技术的蓬勃发展、教育部的重视,以及高校电商教指委的高瞻远瞩共同促进了电商与其他学科的交汇融合,也更满足了教育部对于复合型人才和应用型人才的需求。

3. 版次调研情况

(1)"十二五""十三五"时期普通高等教育本科国家级规划电子商务类教材版次调研情况。

版次是书籍发行的次数,当内容有所修正、删改或增加,书籍则需要重新印刷再次出版。对于入选国家级规划的教材而言,根据专业发展和技术进步进行多次打磨修正是这些教材的常态,而该类教材的版次则成了精心打磨的证明,在一定程度上更反映了教材质量和适用性的高低。

考虑教材的不同年份出版的多版次情况,"十二五""十三五"时期普通高等教育本科国家级规划电子商务类教材版次统计如图2-22所示。

由图2-22可知,电子商务类国家级规划教材中只出版了第一版的教材占比51%,共有24本,是最常见的,而这一批教材一半以上都在"十三五"时期出版,且内容涵盖广泛,这些都说明这一时期高校电子商务教材建设表现出了"数量持续增长、类型更加丰富"的特点。

其中,出版数量高达四至六版的七本电商教材中共有五本是电商基础类教材。基础类教材引领学生入门,并为深入研究奠基,版次多意味着基础类教材在不断地进行改革创新。同时,多版次教材的时间跨度往往较长,例如《电

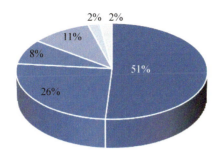

图 2-22 "十二五""十三五"时期普通高等教育本科国家级规划电子商务类教材版次统计
（考虑不同年份出版的多版次情况）

子商务概论》(周曙光)第一版距第五版的面世间隔 17 年。由此可见，这些基础类教材具备深刻的前沿性、时代性，经过时间的考验和师生的认可历久弥新，更贴近新时代的电商教学要求。

(2)高校电商教指委委员编写电子商务类教材版次调研情况。

考虑到教材在不同年份出版的多版次情况，前三届高校电商教指委委员编写的电子商务类教材版次统计如图 2-23 所示。

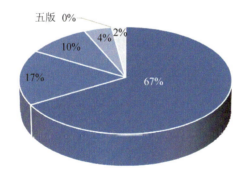

图 2-23 前三届高校电商教指委委员编写电子商务类教材版次统计
（考虑不同年份出版的多版次情况）

由图 2-23 可知，前三届高校电商教指委委员编写的教材大部分只出版了第 1 版，这部分教材占所有教材的 67%，共 60 本，而这些教材的出版时间均在

2011年至2020年间,还须进一步随时代进步和行业发展被修订打磨,接受时代和各高校的考验。出版了2~6版的教材所经历的时间跨度大,其中大部分电子商务信息技术和金融支付类教材出版了两版以上。电子商务金融支付类教材共计11本,其中有2本最高有两个版次、3本最高有三个版次、2本最高有四个版次。由此可以看出,伴随适应互联网的发展而异军突起的金融支付技术一同进步的还有电子商务金融支付类教材。前三届教指委较为注重电子商务与金融支付的学科交叉,充分做到了与时俱进。

4. 国外电子商务教学参考书籍调研情况

(1)出版社调研情况。

通过哈佛大学图书馆的数据可知,1996—2022年间国外共有1904本电子商务类书籍出版,而出版电子商务相关书籍排名前三的出版社均为世界知名的出版社,分别是施普林格出版社(Springer)、培生教育集团(Pearson)和麦格劳-希尔教育集团(McGraw-Hill Education)。1996—2022年间三大出版社出版的电子商务类相关书籍数量如图2-24所示。

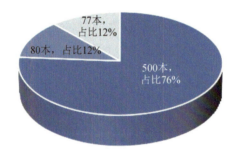

图2-24 1996—2022年间三大出版社出版的电子商务类相关书籍数量

施普林格出版社于1842年5月10日在柏林成立,是世界著名的科技期刊、图书出版公司,每年出版6500余种科技图书和约2000余种科技期刊。根据哈佛图书馆的书籍数据,施普林格出版社在1996—2022年间累计出版了500本国外电子商务相关书籍,是出版数量最多的出版社,这也可见施普林格出版社出版的电子商务领域的书籍权威性很强。

培生教育集团是全球知名的英国教育集团,已有逾175年的历史,是全球最大的教育公司及书籍出版商,集团旗下的出版社拥有多个教育品牌,出版业务遍布各个领域。培生教育集团在1996—2022年间累计出版了80本国外电子商务相关书籍,仅次于施普林格出版社,也在电子商务领域表现出很强的社会影响力。

麦格劳-希尔教育集团成立于1888年,是一个跨国界、全球性的出版机构,业务遍及全球三十多个国家和地区,出版物涉及大中小学教材、学术相关书籍,以及大众畅销书等各个领域。该出版社在1996—2022年间累计出版的77本国外电子商务相关书籍被哈佛图书馆收录。

(2) 年份调研情况。

由于本书"2.1.2 国外电子商务教材(参考书)发展"部分是按年份梳理的,几乎等同于对国外电子商务相关书籍的年份调研,与本部分内容重合,因此该部分内容详见本书"2.1.2 国外电子商务教材(参考书)发展"。此外,国外电子商务相关书籍发展迅速,以 Kenneth W. Clarkson 撰写的 West's Business Law: Text, Cases, Legal, Ethical, International, and E-Commerce Environment[1] 为例,从第一版1984年面世,5年后1989年就再版到第四版,1994年出版第六版,之后每三年再版一次,到2003年出版第九版,2004年修订到第十版。由此可以看出,国外电子商务发展时间早,发展速度快。

5. 中国主流电子商务教材出版社出版调研情况

国内主流电子商务教材出版社主要有7所,分别是:高等教育出版社、电子工业出版社、人民邮电出版社、清华大学出版社、重庆大学出版社、西安交通大学出版社和机械工业出版社(华章分社)。

据以上7家出版社自行提供并分类的数据,我们对各出版社出品的电子商务类教材数量进行统计,结果如图2-25所示。7家出版社在2000—2022年期间,一共出版电子商务类教材1243本,电子工业出版社和清华大学出版社的出版数量最多,分别占电子商务类教材总出版数量的24.7%和24.46%,高等教育出版社、人民邮电出版社和重庆大学出版社出版数量差别不大,出版数量最少的是西安交通大学出版社和机械工业出版社(华章分社),仅占8.29%和4.59%。

---

[1] Kenneth W. Clarkon. West's business law: text, cases, legal, ethical, international, and e-commerce environment[M]. 8th ed. Reference and Research Book News,2000,15.

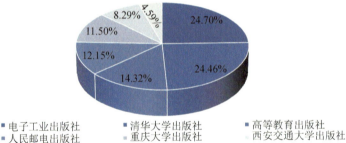

图 2-25 国内主流电子商务教材出版社出品数量统计饼状图

我们将这 1243 本电子商务类教材按照前文的电子商务教材内容进行分类,结果与上文分析结果趋同,如图 2-26 所示,主流出版社的电商教材类产出书目中,电子商务基础类教材占据半壁江山,总计 700 本,这与中国对电子商务基础教育的重视息息相关,而教材数量排在第二的是电子商务信息技术类教材,共计 263 本,占比达到 21%,未来这一数量还将继续增加。

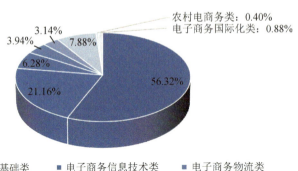

图 2-26 国内主流电子商务教材出版社内容分类饼状图

结合电商教材出版时间来看,主流出版社各时期出版电子商务教材数量及内容统计如图 2-27 和表 2-2 所示。主流出版社在"十三五"时期出版电子商务教材最多(405 本),并且具有随时间逐渐增长的趋势。由于电子商务专业是新兴专业,在"十二五"之前出版的教材数量相对较少,而随着中国对高校电子商务专业教育的重视，国内主流出版社也对电子商务领域的教材加以关注。同时，跨境电子商务类、电子商务金融支付类及信息技术类对于互联网技术有所要求的教材，随着时间推移和社会发展也在逐渐问世或者更新。与上文分析结果类似的是，国内主流出版社在农村电商领域出版教材的数量有待提升，至今仅有 5 本相关教材出版。

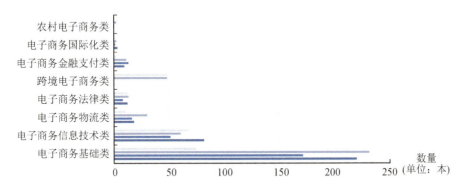

图 2-27　国内主流出版社各时期出版电子商务教材数量及内容分类

表 2-2　国内主流出版社各时期出版电子商务教材数量及内容分类

（单位：本）

时期	电子商务基础类	电子商务信息技术类	电子商务物流类	电子商务法律类	跨境电子商务类	电子商务金融支付类	电子商务国际化类	农村电子商务类
十四五	75	68	11	13	49	3	2	1
十三五	232	61	31	14	49	12	3	3
十二五	172	52	17	9	0	14	2	0
十二五前	221	82	19	13	0	10	4	1

接下来，本书将就上述 7 家出版社中出版电子商务类教材数量前三的出版社出版情况分别进行统计分析。数据相对稍少的人民邮电出版社、重庆大学出版社、西安交通大学出版社和机械工业出版社（华章分社）的分析结果与此三家出版社类似，因而不再赘述。

(1) 清华大学出版社。

作为全国教材管理工作先进集体和全国百佳图书出版单位的清华大学出版社,在2000—2022年期间共出版304本电子商务教材,其各类别占比如图2-28所示。除占据出版数量最多的电子商务基础类教材外,清华大学出版社对于电子商务技术类教材十分青睐,出版数量占比22.2%,其余类型的电子商务类教材出版比例都在5%以下,出版数量较少。

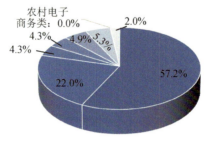

图2-28 2000—2022年清华大学出版社电子商务类教材出版数量占比统计

在出版的304本电子商务教材中,各类别教材在不同时期的出版数量统计情况如图2-29、表2-3所示。

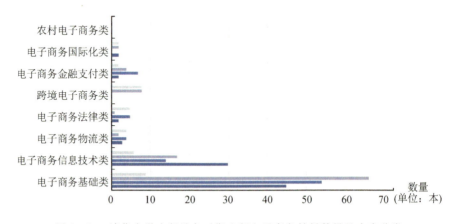

图2-29 清华大学出版社各时期出版电子商务教材数量及内容分类

表 2-3 清华大学出版社各时期出版电子商务教材数量及内容分类

(单位:本)

时期	电子商务基础类	电子商务信息技术类	电子商务物流类	电子商务法律类	跨境电子商务类	电子商务金融支付类	电子商务国际化类	农村电子商务类
十四五	9	6	4	5	8	2	2	0
十三五	66	17	2	1	8	4	2	0
十二五	54	14	4	5	0	7	0	0
十二五前	45	30	3	2	0	2	2	0

(2) 电子工业出版社。

电子工业出版社是工业和信息化部直属的科技与教育出版社,在2000—2022年期间共出版307本电子商务教材,教材内容分类如图2-30所示。同清华大学出版社一致,电子商务基础类教材仍是占据半数,但有所不同的是,除电子商务信息技术类教材外,电子工业出版社出版的教材中还包括15.6%的跨境电子商务类教材。

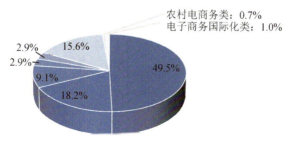

图 2-30 2000—2022 年电子工业出版社电子商务类教材出版数量占比统计

在出版的307本电子商务教材中,各类别教材在不同时期的出版数量统计如图2-31、表2-4所示。

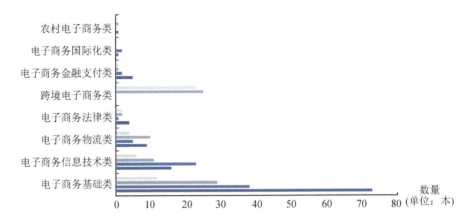

图 2-31 电子工业出版社各时期出版电子商务教材数量及内容分类堆积柱形图

表 2-4 电子工业出版社各时期出版电子商务教材数量及内容分类

(单位:本)

时期	电子商务基础类	电子商务信息技术类	电子商务物流类	电子商务法律类	跨境电子商务类	电子商务金融支付类	电子商务国际化类	农村电子商务类
十四五	12	6	4	2	23	1	0	0
十三五	29	11	10	2	25	1	0	1
十二五	38	23	5	1	0	2	2	0
十二五前	73	16	9	4	0	5	1	1

(3)高等教育出版社。

高等教育出版社是中华人民共和国教育部所属的出版全国高等教育、职业技术教育和成人教育教材的综合性的大型出版社,在 2000—2022 年期间共出版 178 本电子商务教材,教材内容分类如图 2-32 所示。

在出版的 178 本电子商务教材中,各类别教材在不同时期的出版数量统计如图 2-33、表 2-5 所示。

第 2 章 中外电子商务教材概况

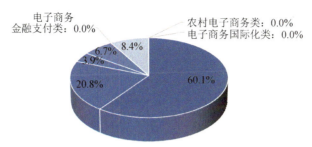

图 2-32 2000—2022 年高等教育出版社电子商务类教材出版数量占比统计

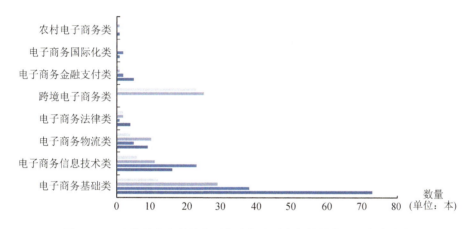

图 2-33 高等教育出版社各时期出版电子商务教材数量及内容分类

表 2-5 高等教育出版社各时期出版电子商务教材数量及内容分类

(单位：本)

时期	电子商务基础类	电子商务信息技术类	电子商务物流类	电子商务法律类	跨境电子商务类	电子商务金融支付类	电子商务国际化类	农村电子商务类
十四五	12	6	4	2	23	1	0	0
十三五	29	11	10	2	25	1	0	1
十二五	38	23	5	1	0	2	2	0
十二五前	73	16	9	4	0	5	1	1

总的来看,上述三家出版社都非常重视电子商务基础类教材以及电子商务信息技术类教材。显然,随着互联网技术的发展,电子商务信息技术类教材应当做到与时俱进,因为就国内主流教材统计数据来看,该类教材的出版数量虽然较为可观(共计263本,占比22%),却并没有随着时间推移而有明显的增加。国家规划教材和高校电商教指委委员编写的教材中并没有大量的电子商务信息技术类教材。这表明电商信息技术类教材引起了各出版社的重视,未来也将在数量和质量上进一步提升。

2.2.3 中外电子商务教材(相关书籍)主流作者统计

1. 中国电子商务教材主流作者调研(据不完全统计)

受到研究条件限制,研究者在中国权威的出版物数据服务平台(PDC)数据中心通过姓名搜索的方式,按照前三届高校电商教指委委员名单确定国内电子商务教材主流作者(共计106位),并统计这些主流作者出版的电子商务教材数量。

据统计,检索到的106位主流作者在二十余年中撰写了诸多对中国电子商务教育具有重要意义的相关教材,其中电子商务信息技术类和电子商务金融支付类教材占有重要地位。在电子商务信息技术类教材中,主流作者编撰的教材共计占到该类教材的75%;在电子商务金融支付类教材中,主流作者编撰的教材占到该类教材的45%左右。可见,截至本届高校电商教指委(2018—2022年),主流作者的研究领域和教材编写方向主要集中在信息技术和金融支付上,这也与上文中的对比分析结果趋同。随着主流作者们对学科交叉和信息技术的重视,电子商务法律以及电子商务国际化方面的教材将进一步增多。

2. 国外电子商务相关书籍主流作者调研(据不完全统计)

根据哈佛大学图书馆馆藏的1904本电子商务相关书籍数据,本节对国外电商相关书籍的主流作者进行了统计,统计结果如表2-6、图2-34所示。

表2-6 哈佛大学图书馆馆藏电子商务相关书籍主流作者(六位)主要涉猎领域
(考虑不同年份出版的多版次情况) (单位:本)

类别	电子商务基础类	电子商务技术类	电子商务经济管理类	电子商务支付类	电子商务实践类	电子商务法律法规
数量	33	6	6	2	1	0

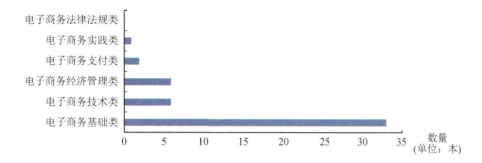

图 2-34　哈佛大学图书馆馆藏电子商务相关书籍主流作者(六位)主要涉猎领域
(考虑不同年份出版的多版次情况)

由表 2-5 可知,六位电子商务书籍主流作者所著著作中,电子商务基础类书籍占 69%,数量最多;其次是电子商务技术类和经济管理类,各有 6 本,占比 13% 左右。

综上可以看出,中国和国外的电子商务教材(相关书籍)的发展各有侧重,各具特色。

中国电子商务教材基于"十二五""十三五"规划期间的政策支持,教育部高等学校电子商务类专业教指委的引导,以及中国对于高等学校教育事业的重视,能够快速准确地把握电子商务教材的写作方向和内容,跟随时代发展撰写新教材。同时,经典电子商务教材也在历史实践的检验中反复修改完善。就电子商务教材写作内容而言,中国电子商务教育教学注重基础类教材建设,并大力支持建设交叉领域的教材内容,打造了电子商务与金融支付、信息技术结合的教材板块,但在电子商务法律、农村电子商务和电子商务国际化方面有待进一步加强。

国外的电子商务教材写作内容与中国电子商务教材写作内容类似,关注的重点也都相同,如基础类电商教材(相关书籍)均占比较大;随着时间推移,电子商务技术类书籍也得到了进一步建设。此外,在电子商务的实践与应用方面,国外分类中的"电子商务实践"相关书籍与国内分类的"电子商务基础类"中的电商案例和实操类教材相同,这类教材(相关书籍)数量较少。国外电子商务相关书籍在电商法律法规方面的书籍数量不多,这与中国情况相似。未来,中国需要在重视技术与基础方面教学的同时关注电子商务法律的发展和教育,因为新兴产业和专业离不开法律的约束和完善。

2.2.4 中外电子商务教材馆藏词云分析

1. 词云分析相关技术介绍

"词云"由美国西北大学新闻学院副教授、新媒体专业主任里奇·戈登(Rich Gordon)于2006年最先使用。"词云"是指通过形成"关键词云层"或"关键词渲染",对网络文本中出现频率较高的关键词进行可视化呈现。词云以词语为基本单位,更加直观和艺术地展示文本,它可以将文本中词语出现的频率作为一个参数来绘制词云,而词云的大小、颜色、形状等属性都可以进行设定[①]。Python 是一种开源的解释型脚本编程语言,具有语法简洁、生态丰富、多语言集成的特点,近年来得到了迅猛发展和广泛运用,因此,本节使用 Python 语言对中外电子商务馆藏教材进行词云分析。

Python 通过 jieba 库和 wordcloud 库完成关键词的抽取和云生成[②]。jieba 分词是一个 Python 中文分词组件,可以对中文文本进行分词、词性标注、关键词抽取等操作[③],文本分析适合采用精确模式分词。wordcloud 库则是 Python 词云制作的第三方库。实现简单词云分析的步骤如下:①导入 wordcloud 模块;②准备文本数据;③创建 wordcloud 对象;④根据文本数据生成词云;⑤保存词云文件。

2. 中外电子商务教材馆藏词云分析

综合考虑研究所需数据的获得性、丰富性和可靠性,本章采用的是清华大学图书馆官网(https://lib.tsinghua.edu.cn)和哈佛大学图书馆官网(https://library.harvard.edu)的馆藏数据。本节采用数据调查研究的方法,根据清华大学图书馆与哈佛大学图书馆的数据,得到1996—2022年电子商务教材和相关书籍,利用 Python 制作词云分析国内外教材建设情况并进行对比。

本节对清华图书馆搜集的电子商务教材和相关书籍的书名进行高频词统计,如表 2-7 所示。

---

① 严明,郑昌兴. Python 环境下的文本分词与词云制作[J]. 现代计算机(专业版),2018(34):86-89.
② 吴永聪. 浅谈 Python 爬虫技术的网页数据抓取与分析[J]. 计算机时代,2019(8):94-96.
③ 翟普. Python 网络爬虫爬取策略对比分析[J]. 电脑知识与技术,2020,16(1):29-30,34.

表 2-7 中文书名高频词

高频词	数量	高频词	数量	高频词	数量
电子商务	825	网站	51	现代	32
管理	185	跨境	50	计算机	31
教程	185	设计	49	国际贸易	29
概论	170	的	47	运营	29
应用	116	企业	46	移动	28
物流	107	支付	45	营销	28
网络	104	实验	44	智能	27
技术	103	管理信息系统	42	国际	26
实务	82	实践	41	数据库	26
商务	74	原理	39	导论	25
网络营销	72	法	39	创业	24
案例	67	电子	36	英语	23
理论	61	金融	35	开发	23
基础	57	分析	34	供应链	23
安全	56	建设	33	旅游	22

通过数据调查研究的方法，在得到清华大学图书馆和哈佛大学图书馆官网中 1996—2022 年出版的电子商务相关书籍的文本信息的基础上，本节采用中文分词库 jieba 对文本的标题和内容进行分词，并使用词表过滤，再通过 wordcloud 库用统计出来的高频词制作词云，最终分别得到清华大学图书馆、哈佛大学图书馆官网中电子商务相关书籍的词云图，分别如图 2-35、2-36 所示。

图 2-35 清华大学图书馆电子商务相关书籍词云图

图 2-36　哈佛大学图书馆电子商务相关书籍词云图

2.2.5　中外电子商务数字教材使用情况分析

随着互联网技术和数字技术的发展,数字教材的应用更加广泛,并逐渐被高等教育教学所接受,成为能够支撑起教育出版未来发展的核心产品。数字教材有别于传统教材,是利用多媒体技术将传统纸质内容进行数字化处理,将其转化为适用于各类电子终端的互动性教材,一般具有 4 个基本特征:教材数字化、学习互动化、平台网络化、知识立体化。在对数字教材使用情况的调查分析中,本书将电子商务数字教材分为纸质数字化教材、多媒体数字教材和集聚式数字教材三类。纸质数字化教材表现为静态的电子教材,例如 Pdf 版本的电子书等;多媒体数字教材是含有音频、视频、动画等的电子教材,例如学习视频等;集聚式数字教材是数字资源集聚的数据式教材,以学习终端为载体、以学习云平台为支撑,实现多主体、多维度、多层次的高效互动,例如慕课等。

1. 中国电子商务数字教材使用情况分析

鉴于数字教材研究所需数据的可获得性、权威性和全面性,本书通过全国图书馆参考咨询联盟(http://www.ucdrs.superlib.net/)获取电子商务数字教材中纸质数字化教材、多媒体数字教材相关数据,基于中国大学慕课(Massive Open Online Courses,MOOC)平台(https://www.icourse163.org/)获取集聚式数字教材有关数据。全国图书馆参考咨询联盟是在全国文化信息资源共享工程国家中心的指导下,由中国公共、教育、科技系统图书馆合作建立的公益性服务机构,拥有丰富的数字图书馆馆藏资源。中国大学 MOOC 是由网易与高等教育出版社携手推出的在线教育平台,于2014年正式上线,承接教育部国家精品开放课程任务,向大众提供中国知名高校的MOOC课程。

通过数据调查统计,全国图书馆参考咨询联盟1996—2022年出版的中国电子商务数字教材情况如图2-37所示,其中相关中文书籍共计5567本,相关音视频共计8187个,中国大学MOOC平台中电子商务相关慕课共计565个,其中70个为国家精品课。

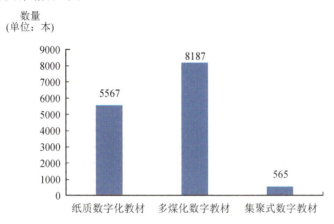

图2-37　1996—2022年期间中国电子商务数字教材出版情况

由于音视频和慕课的发布时间等数据难以获取,且纸质数字化教材在高等学校教学中使用频率最高,故本书仅对电子商务纸质数字化教材数据进行进一步分析。1996—2022年期间中国电子商务纸质数字化教材出版情况如图2-38、表2-8所示。

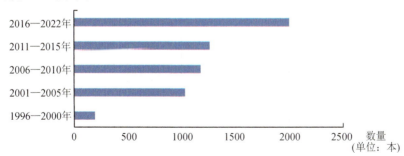

图2-38　1996—2022年期间中国电子商务纸质数字化教材出版情况

表 2-8　1996—2022 年期间中国电子商务纸质数字化教材出版情况

（单位：本）

年份	1996—2000	2001—2005	2006—2010	2011—2015	2016—2022
数量	194	1031	1177	1262	2003

由图 2-38 可以看出，中国纸质数字化教材在 1996—2000 年期间处于起步阶段，仅有 194 本电子书出版。在这一阶段，国家 863 计划智能计算机系统主题专家组设立"中国数字图书馆示范工程"，文化和旅游部与国家图书馆也启动了"中国数字图书馆工程"，基于此，中国开始大范围地发展数字化教材。2001—2005 年，中国电子商务相关电子书激增，出现了第一次数量上的飞跃，出版总数达到 1031 本，这与国家对数字化教材的推动密切相关。此后，纸质电子化教材蓬勃发展，电子商务相关电子书数量也稳步增长。2016—2022 年期间抢抓新技术带来的历史机遇，推出了一大批"纸质＋数字化"资源教材，以及融合互联网、人工智能等信息技术的虚拟现实、增强现实、配套移动软件等表现丰富的多介质教材，电子商务相关电子书也迎来了第二次数量上的快速增长，达到 2003 本。

其余两种电子商务数字教材均随着时代发展、科技进步呈稳步发展的趋势。总的来说，中国电子商务数字教材的发展与国家数字图书馆建设、数字化技术以及传播媒介的更新迭代息息相关。

2. 国外电子商务数字教材使用情况分析

为获得全面的国外电子商务数字教材（书籍）数据，本书采用 Worldcat 数据库中的数字图书数据。Worldcat 是 OCLC 公司（联机计算机图书馆中心）的在线编目联合目录，是具有综合性的图书馆馆藏信息数据库。通过检索，1996—2022 年期间全球出版的电子商务相关纸质数字化教材（书籍）共 6962本，多媒体数字教材共 267 个，由于国外没有慕课这一教学形式，集聚式数字教材在此暂不做分析。1996—2022 年期间国外电子商务纸质数字化教材出版情况如图 2-39、表 2-9 所示。

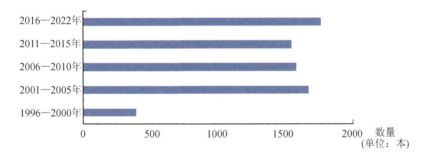

图 2-39　1996—2022 年期间国外电子商务纸质数字化教材出版情况

表 2-9　1996—2022 年期间国外电子商务纸质数字化教材出版情况

（单位：本）

年份	1996—2000	2001—2005	2006—2010	2011—2015	2016—2022
数量	392	1674	1582	1547	1767

从表 2-9 可以看出，在 1996—2000 年期间国外电子商务类纸质数字化教材很少，仅出版 392 本。随着电子商务的蓬勃发展与国外数字化工程的推进，2001—2005 年间电子商务纸质数字化教材数量实现突破，达到 1674 本，且在此后十余年中，电子商务纸质数字化教材数量保持稳定。国外电子商务相关多媒体数字教材较少，数字教材同样以纸质数字化教材为主，采用多媒体技术和数字内容产品的多媒体数字教材和集聚式数字教材仍在发展之中。

2.3　本章小结

本章立足于宏观视角，采用调研法、总结归纳法等研究方法对电子商务教材发展历程进行了详细梳理，并运用统计分析、对比分析等研究方法对中外电子商务教材建设现状的详细数据进行了量化统计，从数据的角度将中外电子商务教材（相关书籍）进行了深入的比较研究，研究结果将加强教材建设的整体规划，有利于全面提高教材质量，切实发挥教材育人功能。

具体而言，在中外电子商务教材发展历程方面，本章按照时间发展的逻辑，基于中国的战略阶段划分，梳理了中国"十一五"前、"十一五""十二五""十三五""十四五"五个时期电子商务教材的发展情况。为了使中外研究对比的时间节点划分具有可比性、合理性和科学性,本章相应地依照五年为一个时间跨度,对1996—2022年期间国外电子商务教材(相关书籍)发展情况进行分析并作出总结。在中外电子商务教材情况调研对比分析部分,本章采用了多角度进行分析以确保对比的全面性,最终选择了出版教材类别、出版详细信息、作者、高频词,以及电子教材使用五个角度对中外现有电子商务教材(书籍)作出统计分析,并总结国内外现有的电子商务教材(相关书籍)的异同点。本章系统地梳理了目前中外电子商务教材建设的基本情况,为中国的电子商务教材建设提供了基础数据支撑,同时也为电子商务专业高等教育发展提供了参考。

第 3 章　中外电子商务教材内容编写

知识图谱

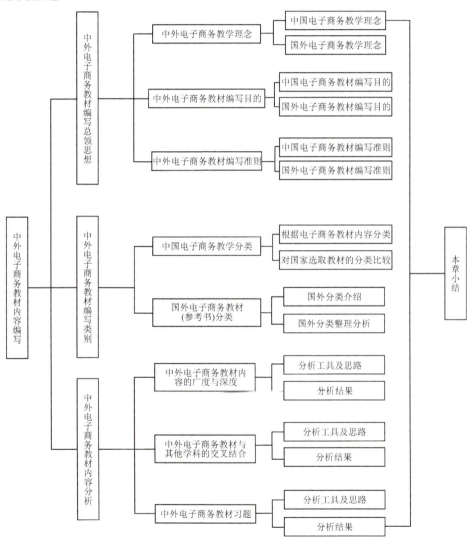

3.1 中外电子商务教材编写总领思想

教育是立国之本,是国家繁荣的象征。随着社会和经济不断发展,教育发挥着越来越重要的作用。教育不是一种自然存在,而是为培养人而人为建构的社会活动系统,它的核心问题是引导和规范人的发展,重点解决培养什么人和怎样有效培养人的问题[①]。同时,政治、经济、社会等因素通过教学理念和教材编写内容等诸多方面对教育的发展产生了深远的影响。

3.1.1 中外电子商务教学理念

1. 中国电子商务教学理念

作为对某一历史时期教育发展的理性认识,教学理念反映出教育的价值取向和理想追求,是教学改革和发展的重要价值引领航向和实践导向。中国教学理念在历史的发展进程中不断创新,并结合马克思主义理论逐渐形成了具有中国特色的社会主义理论体系,教学理念也日趋完善并富有现代性。党的教育方针是党的理论和路线方针政策在教育领域的集中体现,在教育事业发展中具有根本性的地位和作用。建党100年来,中国共产党不断发展、完善党的教育方针,围绕培养什么人、怎样培养人、为谁培养人这些根本问题,探索出适合我国基本国情的教育发展道路,为实现中华民族伟大复兴的中国梦奠定了坚实基础[②]。中国现代化教学理念发展历程如图3-1所示。

在新民主主义革命时期和社会主义建设初期,以毛泽东同志为主要代表的中国共产党人对教育方针进行了积极探索和实践。1949年10月1日,《中国人民政治协商会议共同纲领》确定"中华人民共和国的文化教育为新民主主义的,即民族的、科学的、大众的文化教育"的基本方针。在这一时期,毛泽东同志提出"好好学习,天天向上"[③]"我们的教育方针,应使受教育者在德育、智

[①] 王道俊,郭文安. 教育学[M]. 北京:人民教育出版社,2009.
[②] 中国教育部. 百年征程映初心:党的教育方针的历史变迁[EB/OL].(2021-05-27)[2022-09-13]. http://www.moe.gov.cn/jyb_xwfb/s5147/202106/t20210608_536492.html.
[③] 人民政协网."好好学习,天天向上"的由来[EB/OL].(2017-06-01)[2022-09-25]. https://www.rmzxb.com.cn/c/2017-06-01/1568326.shtml.

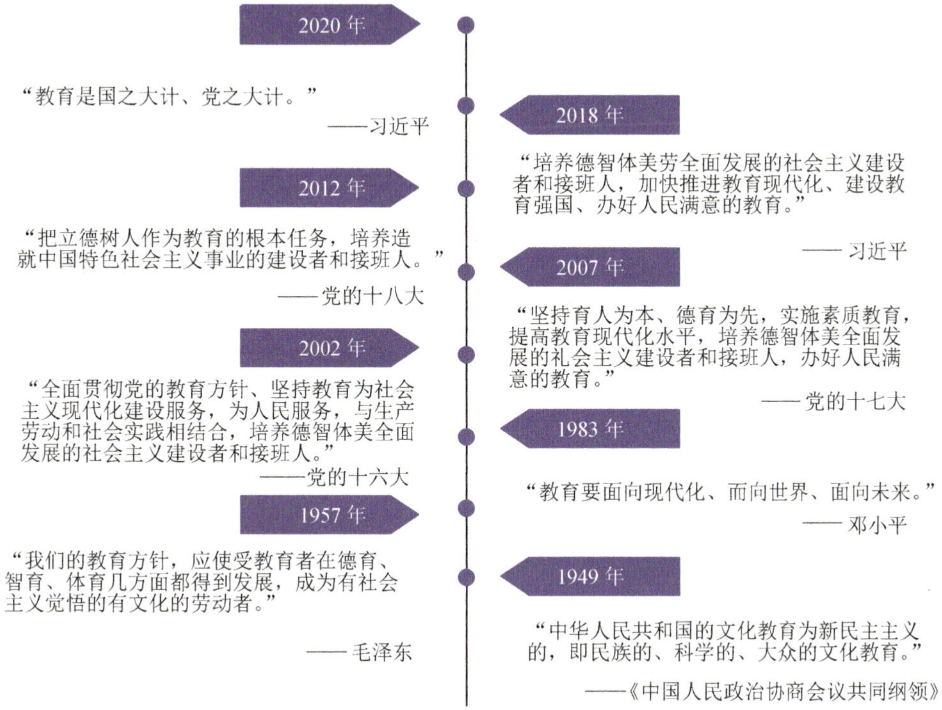

```
         ┌─ 2020年
"教育是国之大计、党之大计。"
                        ——习近平
                                    ┌─ 2018年
                            "培养德智体美劳全面发展的社会主义建设
                            者和接班人,加快推进教育现代化、建设教
         ┌─ 2012年           育强国、办好人民满意的教育。"
"把立德树人作为教育的根本任务,培养造                        ——习近平
就中国特色社会主义事业的建设者和接班人。"
                    ——党的十八大     ┌─ 2007年
                            "坚持育人为本、德育为先,实施素质教育,
                            提高教育现代化水平,培养德智体美全面发
         ┌─ 2002年           展的社会主义建设者和接班人,办好人民满
"全面贯彻党的教育方针、坚持教育为社会    意的教育。"
主义现代化建设服务,为人民服务,与生产                    ——党的十七大
劳动和社会实践相结合,培养德智体美全面
发展的社会主义建设者和接班人。"         ┌─ 1983年
                    ——党的十六大
                            "教育要面向现代化、面向世界、面向未来。"
         ┌─ 1957年                        ——邓小平
"我们的教育方针,应使受教育者在德育、
智育、体育几方面都得到发展,成为有社会    ┌─ 1949年
主义觉悟的有文化的劳动者。"
                            "中华人民共和国的文化教育为新民主主义
                    ——毛泽东    的,即民族的、科学的、大众的文化教育。"
                                ——《中国人民政治协商会议共同纲领》
```

图 3-1 中国现代教学理念发展历程

育、体育几方面都得到发展,成为有社会主义觉悟的有文化的劳动者"①"教育必须为无产阶级政治服务,必须同生产劳动相结合,劳动人民要知识化,知识分子要劳动化"②等重要理念。

在改革开放和社会主义现代化建设时期,以邓小平同志为主要代表的中国共产党人在开辟中国特色社会主义道路的进程中不断完善党和国家教育方针,推动教育改革开放迈上一个个新台阶。在这个时期,邓小平同志提出"教育要面向现代化、面向世界、面向未来"③的指导方针。"三个面向"体现出党对教育价值理性与工具理性、内部与外部、当下与未来关系的深刻认识,体现了

---

① 央视网.1957年2月27日关于正确处理人民内部矛盾的问题[EB/OL].(2002-09-16)[2022-09-25].https://www.cctv.com/special/756/1/50062.html.
② 中国教育报.新时代教育工作的根本方针[EB/OL].(2019-09-16)[2022-09-25].http://www.moe.gov.cn/jyb_xwfb/moe_2082/zl_2019n/2019_zl69/201909/t20190916_399243.html.
③ 广安日报.教育要面向现代化,面向世界,面向未来[EB/OL].(2017-02-08)[2022-09-25].http://cpc.people.com.cn/n1/2017/0208/c69113-29066863.html.

社会主义现代化建设对教育尤其是高等教育的客观要求。

在建设中国特色社会主义的实践中,以江泽民同志、胡锦涛同志为主要代表的中国共产党人,不断完善党和国家教育方针,推动教育改革开放迈上一个个新的台阶,为加快社会主义现代化建设和促进人的全面发展提供了有力支持。党的十三届七中全会在关于"八五"计划的建议中提出,"继续贯彻教育必须为社会主义现代化服务,必须同生产劳动相结合,培养德、智、体全面发展的建设者和接班人的方针,进一步端正办学指导思想,把坚定正确的政治方向放在首位,全面提高教育者和被教育者思想政治水平和业务素质。"[①]2002年,党的十六大报告提出:"全面贯彻党的教育方针,坚持教育为社会主义现代化建设服务,为人民服务,与生产劳动和社会实践相结合,培养德智体美全面发展的社会主义建设者和接班人。"[②]

2007年,党的十七大报告提出:"坚持育人为本、德育为先,实施素质教育,提高教育现代化水平,培养德智体美全面发展的社会主义建设者和接班人,办好人民满意的教育",首次提出了"育人为本、德育为先"[③]。2012年,党的十八大报告进一步强调"把立德树人作为教育的根本任务,培养造就中国特色社会主义事业的建设者和接班人。"将"立德树人"的定位置于"全面发展"之上,这是以习近平同志为核心的党中央继承、丰富和发展党的教育方针的集中体现,是对党的全面发展的教育方针的重大发展,是党的教育理论创新的最新成果[④]。

2018年,在全国教育大会上习近平总书记强调,"在党的坚强领导下,全面贯彻党的教育方针,坚持马克思主义指导地位,坚持中国特色社会主义教育发展道路,坚持社会主义办学方向,立足基本国情,遵循教育规律,坚持改革创新,以凝聚人心、完善人格、开发人力、培育人才、造福人民为工作目标,培养德智体美劳全面发展的社会主义建设者和接班人,加快推进教育现代化、建设教

---

① 中国教育报.百年征程映初心:党的教育方针的历史变迁[EB/OL].(2021-05-27)[2022-09-25].http://www.moe.gov.cn/jyb_xwfb/s5147/202106/t20210608_536492.html.

② 中国教育报.从党的教育方针看中国共产党的初心与使命[EB/OL].(2019-06-24)[2022-09-13].http://www.qstheory.cn/science/2019-06/24/c_1124662547.htm.

③ 新华社.胡锦涛在中共第十七次全国代表大会上的报告全文[EB/OL].(2007-10-24)[2022-09-25].http://www.gov.cn/ldhd/2007-10/24/content_785431_8.htm.

④ 中国教育报.立德树人是教育的根本任务:深入学习习近平总书记教育思想(三)[EB/OL].(2017-08-09)[2022-09-13].http://www.moe.gov.cn/jyb_xwfb/moe_2082/zl_2017n/2017_zl37/201708/t20170809_310862.html.

育强国、办好人民满意的教育。"①

2020年9月22日下午,习近平总书记在京主持召开教育文化卫生体育领域专家代表座谈会并发表重要讲话。习近平总书记指出:"教育是国之大计、党之大计。十四五时期,我们要从党和国家事业发展全局的高度,全面贯彻党的教育方针,坚持优先发展教育事业,坚守为党育人、为国育才,努力办好人民满意的教育,在加快推进教育现代化的新征程中培养担当民族复兴大任的时代新人。"②

第一次、第二次和第三次工业革命虽未诞生在中国,却对中国的技术创新和未来发展带来许多重要的启发和思考。在这个过程中,人才培养和教育教学理念对变革的重要性也更加明显。尤其是在数字经济时代,电子商务作为数字经济的重要组成部分,是数字经济最活跃、最集中的表现形式之一,也是增长最快的行业之一,对人才的需求非常强烈,电子商务人才培养也成为国民教育的重要任务之一。2021年5月28日,习近平总书记在中国科学院第二十次院士大会、中国工程院第十五次院士大会、中国科协第十次全国代表大会上的讲话中提到,"高水平研究型大学要把发展科技第一生产力、培养人才第一资源、增强创新第一动力更好结合起来,发挥基础研究深厚、学科交叉融合的优势,成为基础研究的主力军和重大科技突破的生力军。要强化研究型大学建设同国家战略目标、战略任务的对接,加强基础前沿探索和关键技术突破,努力构建中国特色、中国风格、中国气派的学科体系、学术体系、话语体系,为培养更多杰出人才作出贡献。"③

综上,到目前为止,中国已经形成了一个具有时代性、前瞻性、创新性的电子商务教学理念,主要体现在以下四个方面,如图3-2所示。

---

① 新华网.习近平在全国教育大会上强调坚持中国特色社会主义教育发展道路 培养德智体美劳全面发展的社会主义建设者和接班人[EB/OL].(2018-09-10)[2022-09-17].http://www.moe.gov.cn/jyb_xwfb/s6052/moe_838/201809/t20180910_348145.html.

② 新华社.习近平主持召开教育文化卫生体育领域专家代表座谈会强调全面推进教育文化卫生体育事业发展不断增强人民群众获得感幸福感安全感[EB/OL].(2020-09-22)[2022-09-17].https://www.chinacourt.org/article/detail/2020/09/id/5468227.shtml.

③ 新华社.习近平:更加重视科学精神创新能力批判性思维培养培育推进科技创新[EB/OL].(2021-06-01)[2022-09-09].http://www.cssn.cn/jjx_yyjjx/yyjjx_jsjjx/202106/t20210601_5337568.shtml.

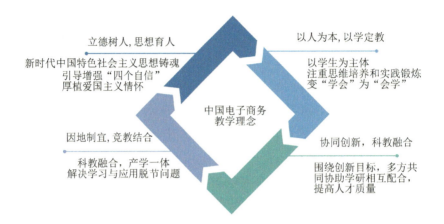

图 3-2 中国电子商务教学理念

(1) 立德树人,思想育人。

"立德"就是将"德"深入人心、根植人心的过程,促使人成为有道德有德行的人。"树人"力争将自然属性一致的人逐渐培养成具有不同知识体系、专业技能、能够满足不同领域需求且具有较高思想道德素养的个性化人才。立德树人是育人与育才相统一的过程,"立德"是"树人"的先决条件,"树人"是"立德"的价值旨归,人才培养的辩证统一决定了离开"立德"谈"树人"只能偏离方向,离开"树人"谈"立德"只能流于形式。育人是育才的前提,立德是育人的根本[1]。思想育人,就是要用习近平新时代中国特色社会主义思想铸魂育人,引导学生增强中国特色社会主义道路自信、理论自信、制度自信、文化自信,厚植爱国主义情怀,把爱国情、强国志、报国行自觉融入坚持和发展中国特色社会主义事业、建设社会主义现代化强国、实现中华民族伟大复兴的奋斗之中[2]。树立立德树人、思想育人的教学理念,培养具有优良的政治素质、高尚的职业道德、高格局和大视野的电子商务人才,更好地推动"乡村振兴"战略下的农村电商繁荣发展和"一带一路"倡议下的跨境电商转型升级。

---

[1] 光明日报.立德树人何以实现[EB/OL].(2019-07-31)[2022-09-09].http://theory.people.com.cn/n1/2019/0731/c40531-31265957.html.

[2] 人民日报.习近平主持召开学校思想政治理论课教师座谈会强调用新时代中国特色社会主义思想铸魂育人贯彻党的教育方针落实立德树人根本任务[EB/OL].(2019-03-19)[2022-09-09].http://politics.people.com.cn/n1/2019/0319/c1024-30982117.html.

(2) 以人为本，以学定教。

以人为本，主要是指以学生为主体，让大学生从被动知识接收到对现有知识的思考与探究方向转变，让大学生充分进行思考，探究知识的来源以及演化进程，从而让学生充分扮演主体者的角色，让教师从主导者转化为促进者[1]。以学定教，就是根据学习情况确定教学的起点、方法和策略。这种教学理念，实际上完成了教育教学价值取向从注重"教"到注重"学"的转变。由于电子商务学科具有明显的强交叉、强实践、强迭代等特征，因此，教师在学科教育过程中不应只关注"教—学"单一通道，即单向的知识概念传授，更应关注"学—教"的逆向反馈，即重视学生思维方式的自我培养、实践能力的自我锻炼，变"学会"为"会学"，通过树立以人为本，以学定教的教学理念，培养具有较强的实践业务能力、优秀的自我管理和自我学习能力的电子商务人才。

(3) 因地制宜，竞教结合。

2022年7月17日，在郑州举办的全国电子商务教育与发展联盟成立大会上，北京物资学院校长刘军教授在《中国电子商务教育发展进程与展望》专题报告中指出，截至2021年，中国电子商务本科专业布点数634个，其中工学63个，管理学539个，经济学32个；共设置电子商务专业536个，跨境电子商务专业78个，电子商务及法律20个[2]。同时，基于《中外电子商务教育与发展研究》中对中国高校电子商务专业建设的调研，电子商务专业授予学位、课程体系与人才需求匹配度结果如表3-1所示。

表3-1 中国高校电子商务专业建设问卷信息统计表

分类项	选项	频数/个	百分比/%
授予学位	工学学位	20	10.3
	经济学学位	12	6.2
	管理学学位	159	81.5
	其他	4	2

---

[1] 王英娜. 基于以人为本理念下高等教育教学管理模式分析[J]. 教育现代化，2020，7(37)：159-161.
[2] 河南财经政法大学电子商务与物流管理学院. 全国电子商务教育与发展联盟("50"人论坛)成立大会暨首届论坛"中国电子商务教育发展进程与展望"会议在我校隆重举行[EB/OL]. (2022-07-19)[2022-09-09]. http://dswl.huel.edu.cn/info/1018/4338.htm.

续表

分类项	选项	频数/个	百分比/%
课程体系与 人才需求匹配度	完全匹配	8	4.1
	十分匹配	90	46.2
	一般匹配	88	45.1
	不怎么匹配	9	4.6
	完全不匹配	0	0

由表 3-1 可知,对 195 所被调查高校中电子商务专业授予学位的调查发现,中国高校电子商务专业大部分授予管理学学位,各高校根据其电子商务专业建设的情况开设相应的电子商务课程,课程设置可以部分反映电子商务专业建设的现状和趋势。

因地制宜,是指根据不同高校人才培养方案的不同侧重点,更加有针对性地加强其他基础性学科的知识培养,培养专精电子商务某一领域的电子商务专业人才。根据专业特点,高校应建设一批校企教育平台,与高校所在地著名企业建立实习基地、联合实验室和创新基地,培养学生的创新、创造能力;明晰由创新驱动创业的途径,坚持"科教融合、产学一体",利用地缘经济优势,汇聚校友、企业资源,驱动校企协同育人由创新到创业的质的飞跃。

竞教结合,是指以培养学生创新能力,解决学生课堂学习与实际应用脱节等问题为目标导向,提出"竞教结合"的育人新模式。竞教结合课程的设立应将专业核心课程与"互联网+"大学生创新创业大赛等知名竞赛进行结合,实现课赛合一,以赛促创。将创新教育涉及的商业计划书、项目管理、商业模式、知识产权保护等引入课程设计和创新实践课程中,实现打通"比赛"与"课程"的全新教育模式。中国电子商务人才培养的代表性竞赛有中国"互联网+"大学生创新创业大赛、"挑战杯"中国大学生课外学术科技作品竞赛、"挑战杯"中国大学生创业计划竞赛,以及全国大学生电子商务"创新、创意及创业"挑战赛等,如图 3-3 所示。这些比赛旨在充分展现大学的教育实践,指导学生崇尚科学、追求真理、努力学习、迎接挑战,培养跨世纪的创新型人才。

(4)协同创新,科教融合。

协同创新,就是围绕创新的目标,多主体和多因素共同协助、相互补充、配

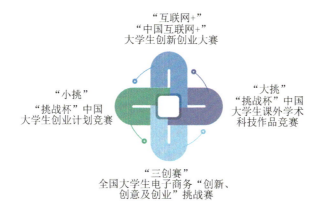

图3-3 中国电子商务人才培养典型竞赛

合协作的创新行为[①]。科教融合,通常是指大学与科研院所的相互配合、协同育人,通过发挥双方优势,提高人才培养质量[②]。习近平总书记在全国教育大会上提到,要提升教育服务经济社会发展的能力,调整优化高校区域布局、学科结构、专业设置,推进产学研协同创新,积极投身实施创新驱动发展战略,着重培养创新型、复合型、应用型人才;更加重视、充分发挥高校在强化基础研究和原始创新、突破关键核心技术中的重要作用;要推进科教融合,启动实施高等学校基础研究珠峰计划,加强协同创新平台建设,以高水平科学研究作为高等教育内涵式发展的战略支柱[③]。高校应通过树立优化布局、协同创新的教学理念,培养具有创新力、国际化视野和理念、熟悉市场运作和具备科技背景的电子商务人才。

2. 国外电子商务教学理念

国外教学理念与中国教学理念不同。就西方而言,西方的教学理念起源于古希腊。古罗马继承并发扬了古希腊的文明成果,其教育思想直接吸取了古希腊教育思想的精华,古罗马的教育家们都强调人的培养,把人的全面发展

---

① 华南理工大学新闻网.协同创新是提高自主创新能力和效率的最佳形式和途径[EB/OL]. (2011-09-26)[2022-09-09]. https://news.scut.edu.cn/2014/0504/c107a1029/page.htm.
② 教育部.科教融合 创新发展 建设新型研究型大学[EB/OL]. (2021-03-23)[2022-09-09]. http://www.moe.gov.cn/jyb_xwfb/moe_2082/2021/2021_zl22/202103/t20210323_521955.html.
③ 人民网.习近平出席全国教育大会并发表重要讲话[EB/OL]. (2018-11-20)[2022-09-09]. http://edu.qianlong.com/2018/1120/2953064.shtml.

视为教育的最高宗旨①。文艺复兴敲开了尘封的古希腊、古罗马文明的大门,人文主义思想作为当时的主流思想,同样引领着教育的方向,推动着教育领域内的改革。人文主义者开始探索新的办学模式,更新教育内容,改革教学方法,传播新发现的各方面知识。从培根的"知识就是力量"到夸美纽斯的泛智教育,从洛克的绅士教育到法国启蒙思想教育的洗礼,经裴斯泰洛齐、赫尔巴特的科学化努力,理性的人本主义教育思想渐趋成熟,这套体系建立在哲学、伦理学和心理学基础上,体现着教育的科学化追求,这种思想方法本身带有鲜明的理性倾向。

国外得益于第一次、第二次工业革命带来的机遇,科学和技术快速发展推动了社会的巨大飞跃。作为高等教育中与社会发展、市场需求结合最紧密的领域,传统的商科人才培养方式已无法满足社会对人才的需求,有别于传统商科的新商科教学理念应运而生。到目前为止,国外电子商务发展环境已经较为成熟,人才供需状况相对平衡。本节主要分析美国、德国、日本和英国的国外电子商务教学理念。这些国家逐步形成了相对成熟的电子商务教学理念,其教学理念主要体现在以下三个方面,如图3-4所示。

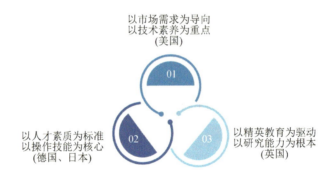

图3-4 国外电子商务教学理念

(1)以市场需求为导向,以技术素养为重点。

美国电子商务专业的教学理念始终以市场为导向,致力培养符合市场需求的人才。人才需求的标准由就业市场提出后,被教育管理机构、高校和学生及时捕捉,并针对自身作出调整,三者再通过彼此间的沟通和协调,最终将符

---

① 姜燕.谈西方人文主义教育思想的演变[J].科技展望,2015,25(31):233.

合市场需求的学生推向市场。

美国大学的商学院十分重视电子商务教育,在培养过程中以技术素养为重点。各著名院校均开设了 e-commerce 相关研究专题,特别是重点高校,它们往往把培养对象作为研究对象,注重对电子商务的基本理论和定量的研究。美国开设的电子商务专业反映了市场需求,并逐渐形成了自己的特色。

(2)以人才素质为标准,以操作技能为核心。

德国"双元制"教学理念以提高人才素质为基本标准,以操作技能为核心,以学校和企业的合作为基本[①]。也就是说,学校和企业都要承担起培养人才的责任,企业要制定专门的人才需求和标准,而教育活动和需要的工作技能则要通过校企合作来完成。德国"双元制"具有鲜明的特点,既有学校、公司、企业之间的密切配合,又有教学与生产的密切联系,具有一定的针对性。

日本高校电子商务专业的教学理念主要聚焦于国际化商业培训,重点是培养高端商业精英[②]。日本高校的国际商务培训有三种模式:第一类是独立设置国际商务或与之相适应的专业(如国际商务);第二类是在经营、工商管理等领域开设的国际贸易专业;第三类是不开设国际商务和国际贸易专业,而采取宽口径的人才培养,也就是说,在管理学、商学、商业管理等学科中增设一门国际贸易类的课程[③]。

(3)以精英教育为驱动,以研究能力为根本。

英国是一个典型的贵族社会,贵族精神对英国社会的发展产生了巨大影响,在几个世纪的教育发展中,英国的贵族精神无形中使其具有浓厚的精英性和贵族性。因此,与美、日等国相比,英国的"本硕连读"拔尖创新人才培养继承了典型的精英主义倾向。精英人才培养注重教育的系统性及完整性,强调各阶段教育要系统连贯,不造成时间及资源上的浪费[④]。在国外学者看来,电子商务学科的教育与教学工作在本科阶段难以得到充分实践并得以全面掌握,更应对具有一定知识储备的研究生展开更加深入的教学,进而保证电子商务教学的实用性及有效性。英国高校大多设置电子商务硕士课程,结合教学

---

① 伍慧萍.当前德国职业教育改革维度及其发展现状[J].比较教育研究,2021,43(10):38-46,54.
② 吴佳艳.日本电子商务市场发展现状、特点与启示[J].商业经济研究,2019(9):88-91.
③ 周梦洁.大数据时代日本 IT 人才培养研究[J].国际观察,2016(5):143-154.
④ 郑军,段少东.英国"本硕连读"拔尖创新人才培养的经验与启示:基于精英教育视角[J].教育与教学研究,2020,34(8):45-54.DOI:10.13627/j.cnki.cdjy.2020.08.006.

优势在强势专业中添加相关课程,同时推行高校合办等方式进行有效培养。英国众多顶尖高校为精英人才提供了广阔的电子商务发展平台,以高层次的师资资源、完善的精英教育模式、自由创新的学术氛围,承担起了培养优秀电子商务人才的使命①。

3.1.2 中外电子商务教材编写目的

基于传统、背景和发展的不同,中国在教学理念的各个层面与西方发达国家存在较为明显的差异。中国更加注重社会化,而西方发达国家更注重个性化。因此,中外教学理念的不同决定了教学目的的差异,教材编写上也存在不同的侧重。

1. 中国电子商务教材编写目的

教育是国之大计、党之大计。"培养什么人、怎样培养人、为谁培养人"是教育的根本问题,事关中国特色社会主义事业兴旺发达、后继有人,事关党和国家长治久安。课程教材集中体现党和国家意志,是育人的载体,直接关系人才培养方向和质量。推动我国教育改革创新发展和培养担当民族复兴大任时代新人,必须牢牢坚持以习近平新时代中国特色社会主义思想为指导,将其贯穿于教育教学全过程各环节②。教材建设是事关"两个大计"的战略工程、基础工程。青少年是国家的未来和希望,担负着实现中华民族伟大复兴中国梦的历史重任。他们的健康成长离不开教育的引导培育,离不开教材的基础支撑。实施什么课程、用什么教材决定了下一代学什么和信什么,关系到党领导的中国特色社会主义事业的巩固与发展,关系到中华民族伟大复兴目标的实现,关系到国家的繁荣昌盛、长治久安③。聚焦电子商务专业,中国电子商务教材编写主要基于以下三个目的,如图3-5所示。

(1)坚定文化自信,增强电商人才专业意识。

不同国家的教材,内容形式各有特色,但背后的共同烙印是文化,这是教

---

① 钞秋玲,王梦晨.英国创新人才培养体系探究及启示[J].西安交通大学学报(社会科学版),2015,35(2):119-123,128.
② 国家教材委员会.国家教材委员会关于印发《习近平新时代中国特色社会主义思想进课程教材指南》的通知[EB/OL].(2021-07-21)[2022-09-14].http://www.moe.gov.cn/srcsite/A26/s8001/202107/t20210723_546307.html.
③ 光明日报.中国特色高质量教材体系要坚定和彰显文化自信[EB/OL].(2021-12-07)[2022-09-13].http://www.moe.gov.cn/jyb_xwfb/s5148/202112/t20211207_585258.html.

图 3-5 中国电子商务教材编写目的

材建设之"魂",是潜移默化影响学生一生的深层次力量。习近平总书记指出"文化兴国运兴,文化强民族强。"没有高度的文化自信,没有文化的繁荣兴盛,就没有中华民族的伟大复兴。唯有自信的民族,才有光辉的未来。文化自信是更基础、更广泛、更深厚的自信,是更基本、更深沉、更持久的力量。中华民族五千多年文明发展中孕育的优秀传统文化,中国共产党带领人民在百年奋斗历程中孕育的革命文化和社会主义先进文化,为我们立德树人提供了宝贵资源,是我们推进教材建设高质量发展的深厚根基和力量源泉[1]。

党的二十大报告明确提出,党要牢牢掌握意识形态工作领导权。教育体现国家意志、具有民族性和鲜明的意识形态属性,教育工作必须坚持为人民服务、为中国共产党治国理政服务、为巩固和发展中国特色社会主义制度服务、为改革开放和社会主义现代化建设服务。教材是学校教育教学的基本依据,是解决培养什么人、怎样培养人这一根本问题的重要载体,直接关系党的教育方针能否落实、教育目标能否实现[2]。电子商务教材中涉及的知识点和思想传递,需要反映国家意志,从保障国家意识形态稳定、培养社会主义建设者和接班人的角度,做好电子商务教材的内容。因此,立足时代背景和现实需要,中国电子商务教材的编写工作就是为了体现中国特色,满足党和国家对电子商

---

[1] 中华人民共和国教育部.中国特色高质量教材体系要坚定和彰显文化自信[EB/OL].(2021-12-07)[2022-09-14]. http://www.moe.gov.cn/jyb_xwfb/s5148/202112/t20211207_585258.html.

[2] 中国教育报.加强教材建设 奠基教育强国[EB/OL].(2017-11-29)[2022-09-14]. http://www.moe.gov.cn/jyb_xwfb/moe_2082/zl_2017n/2017_zl73/201711/t20171129_320175.html.

务教学的基本需要,符合中国的基本意识形态,助力中国电子商务的稳步发展。

(2)加强队伍建设,增强电商人才研究意识。

做好电子商务教材建设工作,人才队伍是重要保障。国家要着力建设高素质专业化的电子商务教材编审队伍。按照政治立场坚定、学术专业造诣精深、实践经验丰富等标准,积极吸收相关领域学科专家、课程专家、教研人员、一线教师等不同方面的优秀力量组建电子商务教材编审队伍,把好人员入口关。依托重大研究项目、重大研究基地、高水平学科专业,造就一批电子商务教材编审"大先生",培养一批电子商务教材编审骨干,集聚一批青年后备力量,打造一批高水平团队。

电子商务教材建设是一项复杂的系统工程,需要遵循规律、坚持科学。教材建设要立足于服务学生全面发展,遵循学生身心发展规律、教育教学规律和人才成长规律,贴近不同年龄段学生的思想、学习、生活实际,将知识、能力、情感、价值观培养有机结合,增强电子商务教材的实效性和感染力,全面提升电子商务教材质量。编写人员需要增强研究意识,提高电子商务教材建设科学化水平。国家可按照立足创新、提高质量、服务发展的总体要求,建设机构开放、人员流动、充满活力的电子商务教材研究基地;依托有关教学科研机构,先行建设若干思想性要求高的电子商务课程教材研究基地,深入系统研究解决好学生"学什么、怎么学"等电子商务教材建设中的重大问题,为电子商务教材建设提供理论支持和决策依据,以高水平研究平台建设引领和带动电子商务教材建设健康发展。

(3)把握学科趋势,增强电商人才创新意识。

中国互联网发展经历四次浪潮,分别是萌芽探索时期、动荡发展时期、万物互联时期与人工智能时期。中国电子商务演进历程与互联网发展密不可分,整体发展可分为1996年至2002年的萌芽期、2003年至2007年的起步期、2008年至2012年的发展期、2013至2018年的高速发展期、2019年至今的变革创新期五大阶段。作为高等教育中与社会发展、市场需求结合最紧密的领域,传统的商科人才培养方式已无法满足社会对人才的需求,有别于传统商科的新商科教育应运而生。作为与社会发展和市场需求密切联系的高等教育领域,传统的商业类人才培养模式已经不能适应社会发展的需要,与传统的商业专业相区别的新型商业教育也随之出现。因此,电子商务教材建设需要紧密贴合经济建设和科学技术,与我国电子商务的发展现状相符合,紧密联系电子商务学科专业成长与教育教学改革。

电子商务教材的建设需要符合高校的人才培养方案,满足各类用人单位的人才需求。教材编写团队未来可通过有计划、有步骤地对电子商务教材进行新的编纂和修订,逐步使电子商务教材与中国电子商务的快速发展相适应,教材容量和教学课时设置同步配套,教材内容突出电子商务学科特点,积极适应案例式教学、探究式教学、体验式教学、互动式教学、混合式教学等多种新型教育教学模式的需求,打造一批适应新时代电子商务学科教育发展的数字教材。在电子商务教材选题和选材方面,需要坚持继承创新、与时俱进,既要汲取已有成功经验和做法,又要不断推进理念、内容、方法等改革创新,把握好改革节奏和力度,凝聚共识;既要使经典世代相传,又要及时反映思想文化建设特别是马克思主义中国化、经济社会发展和科技进步最新成果。教材编写团队要充分利用新技术、新手段,丰富教育教学资源,改革教材呈现方式,以便更好地满足教师和学生的教学需求,更好地服务于素质教育深入推进。

2. 国外电子商务教材编写目的

国外电子商务教材编写目的有以下三方面内容,如图3-6所示。

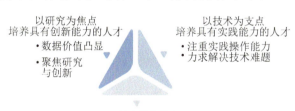

图3-6 国外电子商务教材编写目的

(1)以研究为焦点,培养具有创新能力的人才。

国外电子商务具有如下特点:第一,市场规模持续扩大,生态系统渐显;第二,地区差距逐渐缩小,市场重心转移;第三,企业并购趋于频繁,产业链条延伸；第四，智能场景运用增多，数据价值凸显①。在网络化、数字化、集成化、智能化为特征的数字化转型浪潮中夺得一席之地，需要强大的信息化建设基础与广泛的互联网技术应用，而这些正是国外电子商务发展的重要基础。国外电子商务发展领先迅速，电子商务商业模式和观念的改变难以预料。立足以上国外电子商务发展特点，国外电子商务教材的编写以培养更多复合型人才为目的，聚焦于研究与创新。

（2）以技术为支点，培养具有实践能力的人才。

在不断加强科技教育的大背景下，国外十分注重学生技术应用与实践操作能力的培养。目前，部分具备商科优势的高校在电子商务的教育与教学开展上倾向于管理与营销方向，大多院校电子商务教材的编写都紧跟时代发展，不断侧重技术开发方向，使电子商务专业学生能利用自身所学解决实践中的技术难题②。

（3）以市场为导向，培养符合市场需求的人才。

国外的电子商务教育是典型的市场导向型教育，首先由就业市场提出相应的人才需求，再通过学校及学生明确需求，并正确定位和及时调整，三方进一步协调交流后，最终培养并向市场推出满足要求的复合型电商人才。为了适应这种教学模式，国外的电子商务教材编写也以市场为导向，力求培养符合社会需求的专业人士。学生在校期间可更多地接触企业、研究案例，并运用所学来解决企业的实际问题③。

3.1.3　中外电子商务教材编写准则

不同国家和地区有着不同的政治制度、社会结构和文化背景，这也导致了价值判断标准的差异。通过对国内外部分顶级出版社教材出版情况的分析，本节总结出中外电子商务教材编写准则。

---

① 中国人大网.十二届全国人大常委会专题讲座第二十九讲 国内外电子商务的现状与发展[EB/OL].(2017-06-29)[2022-09-25].http://www.npc.gov.cn/zgrdw/npc/xinwen/2017-06/29/content_2024895.htm.

② 冯晓丽.兴趣-情境-创新：国外大学教材特点和功能的基本轨迹：以美国高校理工类教材为例[J].高教探索,2014,(2):93-95.

③ T. L. Bergman, A. Faghri, R. Viskanta. Frontiers in transport phenomena research and education: energy systems, biological systems, security, information technology and nanotechnology[J]. International Journal of Heat and Mass Transfer,2008(51):4599-4613.

1. 中国电子商务教材编写准则

中国电子商务教材编写准则包含以下五个方面内容,如图 3-7 所示。

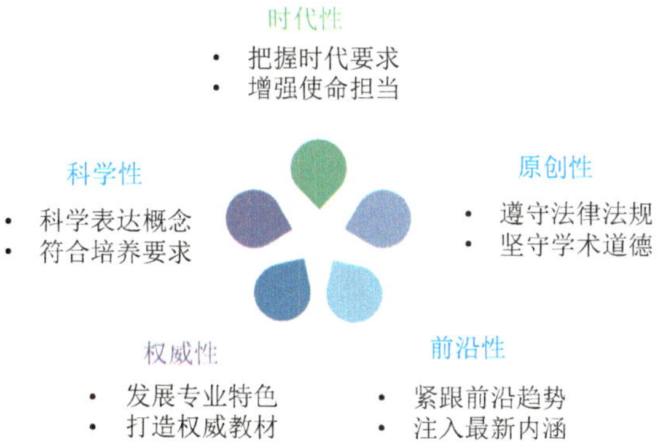

时代性
- 把握时代要求
- 增强使命担当

科学性
- 科学表达概念
- 符合培养要求

原创性
- 遵守法律法规
- 坚守学术道德

权威性
- 发展专业特色
- 打造权威教材

前沿性
- 紧跟前沿趋势
- 注入最新内涵

图 3-7 中国电子商务教材编写准则

(1) 时代性。

电子商务教材的建设需要注重时代性,要把握时代要求、增强使命担当[①]。2020 年 9 月 22 日,首届全国教材会议深刻分析了新时代教材建设面临的新形势新任务,从战略高度和长远角度作出了科学研判。电子商务教材建设必须要回应时代的声音。新时代电子商务教材建设要守住为党育人、为国育才这一初心,抓住铸魂育人这一根本,在举旗定向、确保人才培养的底色和成色上下功夫,在全面提质、支撑服务国家发展战略上下功夫,在守正创新、传递中华文化价值和精髓上下功夫,在突出特色与彰显中国精神、中国风格、中国气派上下功夫。对于这些新的任务和要求,电子商务教材编写团队必须要有清醒的认识,切实增强紧迫意识和使命担当,用更高的站位、更系统的思维、更长远的眼光,思考并谋划好电子商务教材工作[②]。

(2) 科学性。

电子商务教材的建设需要注重科学性,符合学校电子商务人才培养目标

---

① 人民日报.把握时代要求 恪守责任担当[EB/OL].(2020-07-20)[2022-09-25]. http://www.qstheory.cn/llwx/2020-07/20/c_1126259435.htm.
② 中华人民共和国教育部.教育部召开首届全国教材工作会议[EB/OL].(2020-09-24)[2022-09-14]. http://www.gov.cn/xinwen/2020-09/24/content_5546615.htm.

的要求①,能够科学系统地表达本专业的基本概念,符合专业培养计划和教学大纲的要求,符合教学规律和认知规律,利于培养学生的创新思维和创新能力,促进学生自主学习,服务学生全面发展,反映科研和教学研究的先进成果,注重理论与实践的结合,满足用人单位对电子商务人才的最新需求,确保学校教材质量的整体水平提升。

(3)权威性。

电子商务教材的建设需要把握权威性②,要以师资力量强、教学科研水平较高的高校和权威性的科研机构为重点,加强教材评审管理制度③,着力发展中国电子商务的专业特色,倾力打造一批具有国际影响力的高水平电子商务教材④,特别是加强对电子商务教材的输出,让中国电子商务教材走向世界。

(4)前沿性。

电子商务教材的建设需要注重前沿性⑤。随着科学技术的飞速发展,新的学术研究视野和方法不断涌现,各学科的知识体系不断渗透,相互融合。因此,电子商务教材体系的建设不能完全独立于其他学科,而是要拓宽研究的视野、观点和方法,逐步打造出适合新时代电子商务教育与发展的优秀教材,紧跟电子商务发展前沿趋势,注入时代发展的最新内涵,将学生带到学科发展和研究的前沿,不断更新研究成果,保证教材的时代性。

(5)原创性。

电子商务教材的建设需要注重原创性⑥。电子商务教材的内容必须遵循《中华人民共和国国家通用语言文字法》中规定的我国通行汉语文字标准,用

---

① 中华人民共和国教育部. 教育部关于一流本科课程建设的实施意见[EB/OL]. (2019-10-24)[2022-09-25]. http://www.moe.gov.cn/srcsite/A08/s7056/201910/t20191031_406269.html.

② 教育部教材局. 教育部教材局关于开展义务教育国家课程教材检查工作的通知[EB/OL]. (2018-09-14)[2022-09-25]. http://www.moe.gov.cn/s78/A26/tongzhi/201809/t20180918_349171.html.

③ 中华人民共和国教育部. 教育部与中国科学院会商科学教育工作[EB/OL]. (2022-03-18)[2022-09-25]. http://www.moe.gov.cn/jyb_zzjg/huodong/202203/t20220318_608745.html.

④ 人民日报. "十四五"期间分批建设1万种左右职业教育国家规划教材[EB/OL]. (2021-12-15)[2022-09-25]. http://www.moe.gov.cn/jyb_xwfb/s5147/202112/t20211215_587471.html.

⑤ 中华人民共和国教育部. 教育部部署"十四五"职业教育规划教材建设 加快构建中国特色高质量职业教育教材体系[EB/OL]. (2021-12-13)[2022-09-25]. http://www.moe.gov.cn/jyb_xwfb/gzdt_gzdt/s5987/202112/t20211213_586851.html.

⑥ 中华人民共和国教育部. 教育部关于印发《新时代马克思主义理论研究和建设工程教育部重点教材建设推进方案》的通知[EB/OL]. (2022-02-19)[2022-09-25]. http://www.moe.gov.cn/srcsite/A26/moe_714/202203/t20220308_605562.html.

词准确流畅,公式和表格标准化,编辑印刷质量达到国家标准;编写人员必须遵守我国专利立法的相关法律法规,坚守学术职业道德,坚持学术诚信①,杜绝一切侵犯知识产权的行为②。

2. 国外电子商务教材编写准则

在科学技术进步与创新的过程中,诸多领域都存在着共性研究。因此,中外电子商务教材编写的准则在一定程度上也具有共性,但这些共性准则存在于不同的国家、不同的高校或不同的专业,因此也具有一定的个性差异。所以,本书主要对国外典型的电子商务教材编写准则(见图3-8)进行论述,不再进行更加详细的划分和讨论。

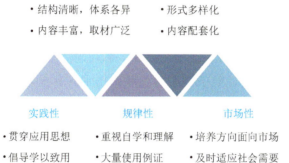

图3-8 国外电子商务教材编写准则

(1)多样性。

国外相对自由开放的高等教育环境使得电子商务教材大多具有自己的学派立场,具有客观性、综合性、开放性和包容性的特征。以国外电子商务教材的基本结构为例,国外电子商务教材多具有相对清晰而又体例各异的逻辑结构;或以问题为出发点,通过质疑某种观点形成全书;或以各种学术流派之间内部的逻辑关联为主线,并以此统领整本教材;或以各种理论流派的难易程度

---

① 中华人民共和国教育部.教育部印发《关于树立社会主义荣辱观进一步加强学术道德建设的意见》[EB/OL].(2006-05-10)[2022-09-25]. http://www.moe.gov.cn/jyb_xwfb/gzdt_gzdt/moe_1485/tnull_14819.html.

② 新华网.习近平在中央政治局第二十五次集体学习时强调全面加强知识产权保护工作 激发创新活力推动构建新发展格局[EB/OL].(2020-12-01)[2022-09-25]. http://www.moe.gov.cn/jyb_xwfb/s6052/moe_838/202012/t20201202_502826.html.

为根据,采用循序渐进的方式逐一展开述评①。此外,国外电子商务教材内容丰富,取材广泛,并配合有大量相关实例②。

(2)开放性。

国外电子商务教材的开放性主要体现在两个方面:一是电子商务教材形式多样化、内容配套化。随着科技知识日新月异、信息技术的不断发展,"为学服务"现代教材观和"学生学习主体"共识的不断形成,"好教材"的内涵发生着前所未有的深刻变化,"学材"理念已不断深入学子之心,形式多样化、内容配套化的电子商务教材已成为时代的鲜明特征。特别是国外优秀大学的电子商务教材,大力整合教学资源、优化教育要素配置,以形成教学能力为目标,充分利用现代信息技术手段,将单一的纸质电子商务教材发展为形式多样化、内容配套化的电子商务教材。二是国际化特征较为明显。国际化在电子商务教材上的体现则是从国际化人才培养的视角来编写相关知识③。如肯尼思·劳东所著的《电子商务——商务、技术、社会》(第13版)一书不仅涵盖商务和技术两个主题,还关注社会。电子商务和互联网技术具有重要的社会价值,企业管理者需要了解涉及电子商务的社会发展问题。在《电子商务——商务、技术、社会》(第13版)一书中,除专门一章介绍电子商务的社会和法律影响外,还会在每章中探讨与该章主题相关的电子商务社会问题,深入分析遍布全球的近百家电子商务公司实例。

(3)实践性。

与对学科知识的系统阐述相比,国外电子商务教材强调如何将知识运用到实践中,即引导学生掌握解决实际问题的途径和方法④。因此,应用的思想贯穿电子商务教材始终,或以实际案例作为开篇的引言,或在理论阐述之后附以应用的实例。习题的设计也体现了这一教材编写原则。教材从实际出发,倡导学以致用⑤。如加里·P.施奈德所著的《电子商务(原书第12版)》一书系

---

① 周嘉硕,杨玲.中外大学教材差异研究[J].首都经济贸易大学学报,2007(4):122-125.
② 张昊春,王洪杰,谈和平,等.美国与德国《工程热力学》教材的比较及启示[J].中国大学教学,2012,(2):86-88.
③ 王诗平.国外优秀大学教材建设特点研究[J].教育教学论坛,2019,(46):239-241.
④ 冯晓丽.兴趣-情境-创新:国外大学教材特点和功能的基本轨迹:以美国高校理工类教材为例[J].高教探索,2014(2):93-95.
⑤ 周嘉硕,杨玲.中外大学教材差异研究[J].首都经济贸易大学学报,2007(4):122-125.

统且详细地阐述了电子商务重要的商务问题和技术问题,包括电子商务网络基础、电子商务的业务战略、电子商务软硬件、电子商务安全、电子商务法律、电子支付系统,帮助读者深入理解并掌握电子商务的理论知识,运用电子商务理论知识解决电子商务实践问题。

(4) 规律性。

国外高校重视培养学生的自学能力和理解能力[1],因此在电子商务教材的编写中,编写人员会有意识地将教育学和心理学的研究成果运用到电子商务教材的设计中。首先,国外电子商务教材中经常使用大量的例证。这种编写思想源于这样的一种教学理念,即学生可能不记得概念,但却可以记住例证,例证可以帮助学生更好地理解概念。其次,电子商务教材中出现内容的复现。通过间隔重复,学生可以从不知到知之,从知之到熟知,从熟知到记忆[2]。

(5) 市场性。

电子商务专业是一个融合管理学、经济学、计算机科学、市场营销学等于一体的新兴交叉学科[3]。国外的电子商务教学以商业管理为主,其培养方向是面向市场,可以及时满足社会需要,并具有明确的培养目标。国外电子商务教材经常引用市场上的经典案例作为延伸阅读[4],以引出现实中电子商务的市场问题。因此,国外电子商务教材编写力求让学生学习利用市场营销、商业策略、经济学理论和计算机技术来开发新的商业、开拓新的市场,加强与供应商和客户的管理。

3.2 中外电子商务教材编写类别

自进入 21 世纪以来,电子商务教材得到了各国的重视,电子商务在世界范围内实现高速发展。在 20 多年的发展中,中国电子商务教材逐渐彰显出中国特色,国外电子商务教材也展现了各具个性的内容,形成了不同的电子商务教材体系。本节分类介绍中外电子商务教材,并且对教材的主流作者、出版

---

[1] A. Bejan, New century, new methods, exergy [J]. An International Journal, 2011(2).
[2] Cunningsworth, A. Choosing your coursebook [M]. Oxford: Heinemann, 1995.
[3] 陈伟斌. "双一流"建设背景下新兴交叉学科建设路径思考[J]. 中国大学教学, 2021(9): 80-86.
[4] 李辉. 高等教育内涵式发展视界下的教材建设路径: 基于美国大学教育教学改革的思考[J]. 高教探索, 2014(6): 128-131.

社、年份等数据进行了统计与分析,对电子商务教材编写的发展情况和趋势进行总结,为后续电子商务教材编写提供参考,以促进电子商务教育事业发展。

3.2.1 中国电子商务教材分类

1.根据电子商务教材内容分类

根据教材的内容具体相关领域的不同,本节将电子商务教材分为以下八种类别:电子商务基础类、电子商务信息技术类、电子商务物流类、电子商务金融支付类、电子商务法律类、跨境电子商务类、农村电子商务类以及电子商务国际化类。

(1)电子商务基础类。

电子商务基础类教材主要涉及电子商务基础课程知识,其中包含电子商务的基本知识、基本理论和方法以及业务操作流程。从内容方面考虑,基础类电子商务教材可为电子商务专业教学打下坚实基石,决定着电子商务这一学科能够走多久、走多远。

(2)电子商务信息技术类。

电子商务信息技术类教材旨在提高学生的技术水平。伴随着人工智能、现代物流等新兴技术的飞速发展,电商企业对信息技术和相应人才的标准和要求也变得更高。当前,中国高校电子商务专业学生就业与企业人力需求之间存在较大的不对称性,其中主要原因是高校电商专业学生们掌握的知识结构、能力与素质未能赶上电商的快速发展[1]。引入信息技术相关知识能够使大学生的学习能力满足当代社会发展的需求,因而电子商务信息技术类教材建设应该受到重视。

(3)电子商务物流类。

电子商务物流类教材主要涉及管理科学的主要原理,阐述如何对电商物流进行全面的组织、总体规划、协调控制和决策实施,使各项物流活动能够实现协调配合,从而降低物流研发成本、提高直接经济效益。电子商务物流类教材以电子商务和物流之间的关系为载体,从各方面介绍了电子商务环境下的物流系统、物流技术与设备、物流基本功能以及供应链管理等相关内容。

---

[1] 胡蕊,杜晓聪,王星星.信息技术对电子商务专业教学过程的优化[J].财富时代,2020(7):136.

(4)电子商务金融支付类。

电子商务金融支付类教材主要介绍了在以互联网为媒介的商务活动中完成的资金转移活动。电子支付改变了传统商务的交易模式,使商务活动在拥有了更快流通速度的同时降低了电子商务的支付成本,简化了电子商务的交易流程,从而提高了电子商务的交易效率、经济效益以及社会效益。这类教材和课程将金融支付作为重点,主要涉及网上银行、第三方支付,以及安全技术和协议等电子商务金融支付相关内容。

(5)电子商务法律类。

电子商务法律类教材的目的是将电子商务和法律二者结合,以"电商+法律"的模式培养出既懂电子商务,又对法律有一定了解的电子商务复合型人才或电子商务法律实务工作者。随着电子商务市场的快速发展,相关法律争议也逐渐增多,这就需要法律相关的电子商务人才来进行环境治理维护。

(6)跨境电子商务类。

跨境电子商务类教材的建设有助于培养具备国际视野的电子商务人才。近年来,跨境电商在全球范围内实现了快速发展,但同时也存在着真实性低、人才与行业供需不匹配的问题[①]。新时期背景下,促进跨境电商产业转型升级、加快构建外贸产业新格局都离不开跨境电商人才的培养。

(7)农村电子商务类。

农村电子商务类教材旨在为农村电子商务发展培养所需的人才。信息技术基础设施是农村电子商务发展的需要,也是相关专业人才和流通体系的支撑。近年来,政府投入大量资金建设农村基础网络设施和物流体系,并取得了一定成效。专业人才则成为当前农村电商进一步发展的主要限制因素[②]。农村电子商务类教材将有助于解决高校毕业生对农业、农产品以及农村电商的发展背景缺乏深刻理解等问题。

(8)电子商务国际化类。

电子商务国际化类教材主要为中国电商走向世界培养相关人才。互联网成为新时代的重要战略领域,电子商务则是将产品、服务推广至国际市场的主

---

① 张嘉恒.跨境电子商务物流模式的创新与发展趋势[J].中国商论,2022(16):22-24.
② 岳羽.新乡市农村电子商务发展影响因素及策略探析[J].山西农经,2022(16):94-96.

流方式①,中国的电子商务需要与世界相联系,与世界接轨。只有掌握了区域经济一体化、国际贸易的理论与政策、中外贸易情况等一系列电子商务国际化内容,相关电子商务人才才能准确分析国际贸易格局,认识电子商务领域的国际形势,从而明确中国电子商务的发展方向②。

2. 对国家选取教材的分类比较

为充分发挥教材在提高人才培养质量中的基础性作用,全面提升本科教育和教材质量,教育部先后颁布了《国家中长期教育改革和发展规划纲要(2010—2020年)》《国家中长期人才发展规划纲要(2010—2020年)》③等文件,从国家宏观管理的角度对各类专业教育作出权威性、指导性规划。根据教材的时代性特点,结合分类标准,本书将2010—2020年十年间的电子商务教材通过以下两种方式进行划分和比较。

(1)按国家教育规划各时期教材分类。

鉴于"十一五"时期教材选题数量和"十二五""十三五"时期悬殊,本节对各时期的电子商务教材进行单独列示,同时分为八个类别进行比较。

①"十一五"时期。

"十一五"时期,教育部颁布文件并决定制订普通高等教育"十一五"国家级教材规划以达到提高高等教育质量的目的。2006年8月8日,经出版社申报、专家评审、网上公示,教育部最后确定了9716种选题列入"十一五"国家级教材规划④。2008年1月2日,2025本教材选题又被推荐进入"十一五"国家级教材规划(补充)并予以公示。经过研究筛选,电子商务相关的教材选题共计91种⑤,如表3-2所示。

---

① 王洪.我国电子商务国际化进程中存在的问题及对策研究[J].开发研究,2014(4):142-144.
② 肖琦.基于"一带一路"视阈下电子商务专业国际化发展的分析[J].商场现代化,2021(18):45-47.
③ 中华人民共和国教育部.教育部关于"十二五"普通高等教育本科教材建设的若干意见.[EB/OL].(2011-04-28)[2022-09-17]. http://www.moe.gov.cn/srcsite/A08/moe_736/s3885/201104/t20110428_120136.html.
④ 中华人民共和国教育部.教育部关于印发普通高等教育"十一五"国家级教材规划选题的通知[EB/OL].(2006-08-08)[2022-09-17]. http://www.moe.gov.cn/srcsite/A08/moe_736/s3885/200608/t20060808_110210.html.
⑤ 中华人民共和国教育部.教育部关于印发普通高等教育"十一五"国家级教材规划补充选题的通知[EB/OL].(2008-02-13)[2022-09-17]. http://www.moe.gov.cn/srcsite/A08/moe_736/s3885/200802/t20080213_110208.html.

表 3-2 "十一五"时期普通高等教育本科国家级规划电子商务类教材一览表(按内容分类)

内容分类	教材名称	出版社
电子商务基础类	电子商务案例分析	北京大学出版社
	电子商务与企业管理	北京大学出版社
	电子商务原理	电子工业出版社
	电子商务概论	东南大学出版社
	电子商务概论	高等教育出版社
	电子商务概论	高等教育出版社
	电子商务管理	高等教育出版社
	证券电子商务	高等教育出版社
	电子商务案例分析	高等教育出版社
	电子商务概论	高等教育出版社
	电子商务	高等教育出版社
	电子商务概论	高等教育出版社
	高等学校电子商务系列教材	高等教育出版社
	企业电子商务管理	高等教育出版社
	电子商务概论	华南理工大学出版社
	电子商务概论	华南理工大学出版社
	电子商务案例	机械工业出版社
	电子商务基础	清华大学出版社
	电子商务基础教程	清华大学出版社
	电子商务创业实践教材	人民出版社
	电子商务概论	浙江大学出版社
	电子商务实验教程	中国人民大学出版社
	电子商务理论与实践	中国人民大学出版社
	电子商务案例分析	重庆大学出版社
	电子商务模拟实验教程	重庆大学出版社
	电子商务经济学	高等教育出版社
	电子商务设计实务	机械工业出版社
	电子商务案例分析	大连理工大学出版社
	电子商务概论	电子工业出版社

续表

内容分类	教材名称	出版社
电子商务基础类	电子商务项目运作	东南大学出版社
	电子商务实训	高等教育出版社
	电子商务	广东高等教育出版社
	电子商务概论	机械工业出版社
	电子商务概念	机械工业出版社
	电子商务	机械工业出版社
	电子商务认证	机械工业出版社
	电子商务概论	机械工业出版社
	电子商务基础	科学出版社
	电子商务	清华大学出版社
	电子商务案例	清华大学出版社
	电子商务	中国劳动社会保障出版社
	电子商务概论	中国水利水电出版社
	电子商务概论	东北财经大学出版社
	高等学校"电子商务"专业系列教材	电子工业出版社
	电子商务	科学出版社
	电子商务应用基础	清华大学出版社
	电子商务基础教程	清华大学出版社
	电子商务概论	高等教育出版社
	电子商务概论	湖南大学出版社
	电子商务概论	武汉理工大学出版社
电子商务物流类	电子商务物流管理与实施	高等教育出版社
	电子商务物流管理	科学出版社
	电子商务物流管理	重庆大学出版社
	电子商务物流管理	电子工业出版社
	电子商务与现代物流	中国财政经济出版社
	电子商务物流	机械工业出版社
	电子商务与物流	机械工业出版社

续表

内容分类	教材名称	出版社
电子商务信息技术类	电子商务安全	北京交通大学出版社
	电子商务信息系统分析与设计	北京邮电大学出版社
	电子商务技术基础	电子工业出版社
	电子商务信息系统分析与设计	高等教育出版社
	电子商务系统的分析与设计	高等教育出版社
	电子商务安全与保密	高等教育出版社
	电子商务安全与认证	高等教育出版社
	电子商务网站的规划设计与管理	高等教育出版社
	电子商务安全与管理	高等教育出版社
	电子商务系统建设与管理	高等教育出版社
	电子商务技术	机械工业出版社
	电子商务技术基础	清华大学出版社
	电子商务与企业信息化	清华大学出版社
	电子商务安全与管理	清华大学出版社
	电子商务信息系统分析与设计	清华大学出版社
	电子商务技术基础	中国人民大学出版社
	电子商务网站规划与管理	高等教育出版社
	电子商务网站建设	机械工业出版社
	电子商务系统分析与建设	中国人民大学出版社
	电子商务技术基础	清华大学出版社
	企业信息化与电子商务	清华大学出版社
	电子商务网站典型案例评析	西安电子科技大学出版社
	电子商务安全	重庆大学出版社
	电子商务网站建设与管理实训	清华大学出版社
	电子商务安全	机械工业出版社
	电子商务网站建设与实践	人民邮电出版社
电子商务金融支付类	银行电子商务与网络支付	机械工业出版社
	电子商务支付与安全	电子工业出版社

续表

内容分类	教材名称	出版社
电子商务法律类	电子商务法	科学出版社
	电子商务法	中国人民大学出版社
	电子商务法教程	高等教育出版社
	电子商务法	电子工业出版社
	简明电子商务法律	重庆大学出版社
	电子商务法教程	清华大学出版社
跨境电子商务类	—	—
农村电子商务类	—	—
电子商务国际化类	—	—

"十一五"时期普通高等教育本科国家级规划电子商务类教材按内容分类，各类别占比情况如图3-9所示。

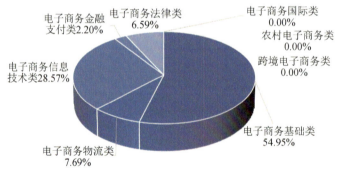

图3-9 "十一五"时期普通高等教育本科国家级规划电子商务类教材饼状图
（按内容分类）

由图3-9可知，在"十一五"时期的91本电子商务推荐教材中，电子商务基础类教材的数量为50本，在该时期的总数量中占54.95%；电子商务信息技术类教材数量为26本，占总数量的28.57%；电子商务物流类教材有7本，占总数量的7.69%；电子商务法律类教材有6本，占比为6.59%；电子商务金融支付类教材有2本，占比为2.20%。从数量上来看，国家在"十一五"时期对于电子商务教材的建设以基础类为主。此外,信息技术类教材成为第二关注要点。电子商务物流与法律类相关教材的数量较少,跨境电子商务、农村电子商务和电子商务国际化类教材发展较缓,这在一定程度上与中国电子商务所处的发展阶段有关。

②"十二五""十三五"时期。

"十二五"时期,中国颁布了《国家中长期教育改革和发展规划纲要(2010—2020年)》,旨在深化改善普通高等教育本科国家级规划教材,从各个方面提升本科教材质量,充分发挥教材在人才培养中的基础性作用。2012年11月,教育部确定1102种教材入选第一批"十二五"普通高等教育本科国家级规划教材[①]。2014年10月,根据《教育部关于"十二五"普通高等教育本科教材建设的若干意见》,在中央部(委)直属高校、省级教育行政部门推荐以及出版社补充推荐的基础上,经专家评审和网上公示,教育部又确定1688种教材入选第二批"十二五"普通高等教育本科国家级规划教材[②]。

"十三五"期间,中国正式出版的版权页标注"教材"字样的高校新增教材数量有4.3万余种[③]。总体来看,该时期高校教材建设的特征是品类丰富齐全、适用性强。这一时期"高校教材建设与选用"被纳入本科教学质量国家标准,"教材编写与选用"被纳入一流专业和一流课程建设指标。自2019年起,教育部面向全国高校开展一流专业和一流课程筛选,把优秀教材建设作为一流专业、一流课程建设的"硬指标",形成了"一流专业""一流课程"引领"一流教材"建设,"一流教材"建设支撑"一流专业""一流课程"的良性发展局面[④]。

根据国家"十二五""十三五"时期普通高等教育教材规划,我们从中筛选出42本电子商务相关的普通高等教育教材,并将其按照上述的八大内容版块进行分类。"十二五""十三五"时期普通高等教育本科国家级规划电子商务类

---

① 中华人民共和国教育部.教育部关于印发第一批"十二五"普通高等教育本科国家级规划教材书目的通知[EB/OL].(2012-11-27)[2022-09-17]. http://www.moe.gov.cn/srcsite/A08/moe_736/s3885/201211/t20121127_145008.html.

② 中华人民共和国教育部.教育部关于印发《第二批"十二五"普通高等教育本科国家级规划教材书目》的通知[EB/OL].(2014-10-20)[2022-09-17]. https://hudong.moe.gov.cn/srcsite/A08/moe_736/s3885/201410/t20141020_178340.html.

③ 封面新闻.教育部:"十三五"期间高校新增教材数量达4.3万余种[EB/OL].(2020-12-24)[2022-09-17]. http://www.moe.gov.cn/fbh/live/2020/52842/mtbd/202012/t20201224_507462.html.

④ 中国教育在线.教育部:将教材建设与选用纳入"双一流"高校考察范围[EB/OL].(2020-12-24)[2022-09-17]. http://www.moe.gov.cn/fbh/live/2020/52842/mtbd/202012/t20201224_507443.html.

教材信息如表3-3所示。

表3-3 "十二五""十三五"时期普通高等教育本科国家级规划电子商务类教材一览表
（按内容分类）

内容分类	教材名称	出版社
电子商务基础类	电子商务概论	机械工业出版社
	电子商务概论	机械工业出版社
	电子商务概论	清华大学出版社
	电子商务概论	清华大学出版社
	电子商务概论	清华大学出版社
	电子商务教程	浙江大学出版社
	电子商务概论微课版	人民邮电出版社
	电子商务基础与实务	中国人民大学出版社
	电子商务概论	西安交通大学出版社
	电子商务概论	西安交通大学出版社
	电子商务概论	南京大学出版社
	电子商务概论	北京邮电大学出版社
	电子商务	电子工业出版社
	电子商务概论	清华大学出版社
	电子商务导论	电子工业出版社
	电子商务概论	高等教育出版社
	电子商务概论	东北财经大学出版社
	电子商务概论	东南大学出版社
	电子商务概论	高等教育出版社
	旅游电子商务	清华大学出版社
	电子商务服务	清华大学出版社
	内容电商运营	浙江大学出版社
	电子商务实务教程	浙江大学出版社
	电子商务案例分析与创新应用微课版	人民邮电出版社
	互联网＋电子商务创新与案例研究	化学工业出版社
	电子商务案例及分析	高等教育出版社

续表

内容分类	教材名称	出版社
电子商务 物流类	电子商务物流	机械工业出版社
	电子商务物流实务	浙江大学出版社
	电子商务物流管理微课版	人民邮电出版社
电子商务信 息技术类	电子商务系统建设与管理	电子工业出版社
	电子商务系统的分析与设计	高等教育出版社
	电子商务管理	西安交通大学出版社
	电子商务管理	电子工业出版社
	电子商务安全与管理	高等教育出版社
电子商务 金融支付类	网络金融与电子支付	西安交通大学出版社
	电子支付与网络银行	中国人民大学出版社
电子商务 法律类	电子商务法律法规	清华大学出版社
	电子商务法	浙江大学出版社
	电子商务法	中国人民大学出版社
	电子商务法学	电子工业出版社
跨境电子 商务类	跨境电商Amazon立体化实战教程	浙江大学出版社
	跨境电商实务	浙江大学出版社
	跨境电子商务概论	人民邮电出版社
	跨境电商理论、操作与实务	人民邮电出版社
	跨境电子商务	中国人民大学出版社
	跨境电子商务运营与管理	南京大学出版社
农村电子商务类	—	—
电子商务 国际化类	国际电子商务	中国商务出版社

"十二五""十三五"时期普通高等教育本科国家级规划电子商务类教材按内容分类,各类别占比情况如图3-10所示。

由图3-10可知,在"十二五""十三五"时期的教材中,电子商务相关教材共42本。其中电子商务基础类教材有25本,占比为55.56%,是占比最大的一类电子商务教材;跨境电子商务类有6本,占比为13.33%,仅次于电子商务

图 3-10 "十二五""十三五"时期普通高等教育本科国家级规划电子商务类教材饼状图
（按内容分类）

基础类；电子商务信息技术类教材有 5 本，占比为 11.11%；电子商务物流类和法律类各有 3 本，占比为 6.67%；电子商务金融支付类有 2 本，占比为 4.44%；电子商务国际化类有 1 本，占比为 2.22%；农村电子商务类教材并没有出现在该时期的电子商务国家规划教材中。基于上述数据可知，电子商务基础类教材作为电子商务专业的基石，占比最大。随着中国在国际上的地位上升、影响力增大，跨境电子商务类教材的比重也会逐渐加大。电子商务信息技术类作为重要一环，依旧占据了较大比重。电子商务物流类和电子商务法律类的占比依旧不大。随着电子商务的发展速度加快、发展前景向好，各个类型的教材都将逐渐跟上时代步伐，并满足高校电子商务教育的时代性要求。

③"十四五"时期。

"十四五"时期，为深入贯彻全国教材工作会议精神，加强"十四五"期间高等教育规划教材建设，落实教育现代化政策，中国根据《教育现代化 2035 行动纲要》《教育事业发展"十四五"规划》等文件精神，结合高等教育发展实际，制定了《"十四五"期间高等教育发展规划》[①]。根据该规划，教育部高等学校电子商务类专业教学指导委员会本着满足电子商务专业发展和社会发展双需求的共识，分别在 2019 年 5 月、2021 年 6 月和 2021 年 12 月开展了三次电子商务教材工作研讨会。在研讨会中，教指委按照"同名教材不再次出版、不符合发展方向的教材不予通过、与电子商务无关的教材不予通过"三大基本原则，立足于"经得起历史的检查、经得起社会的评价、有利于学科的未来发展"三个要点，评选出了三批共计 65 本电子商务优秀教材，其教材信息如表 3-4 所示。

---

① 光明日报."十四五"：高等教育立足当下 更将引领未来[EB/OL].(2020-11-22)[2022-09-17]. http://www.moe.gov.cn/jyb_xwfb/s5147/202011/t20201123_501229.html.

表3-4 "十四五"时期普通高等教育本科电子商务类优秀教材一览表

(按内容分类)

内容分类	教材名称	第一主编所在单位
电子商务基础类	大宗商品电子商务(第二版)	对外经贸大学
	电子商务安全教程	西北政法大学
	电子商务创新与案例研究(第二版)	云南财经大学
	电子商务创业类案例分析	武汉工程大学
	电子商务导论(第二版)	清华大学
	电子商务概论(第6版)	清华大学
	电子商务基础实验与实践(第二版)	南京财经大学
	电子商务基础与应用(第十二版)	华东政法大学
	电子商务经济	北京交通大学
	电子商务客户关系管理	云南大学
	电子商务理论与实务	宁波大学
	电子商务企业发展案例分析	西南财经大学
	电子商务商业模式及案例	对外经济贸易大学
	电子商务税收	西北政法大学
	电子商务网络营销创新与实践	西华大学
	电子商务消费行为学	西安科技大学
	电子商务学	清华大学
	电子商务学基本原理	西南财经大学
	电子商务研究方法(从案例研究出发)	清华大学
	电子商务与网络营销(第二版)	对外经贸大学
	电子商务与运筹学	北京工商大学
	电子商务原理	西安交通大学
	电子商务运营管理	南开大学
	电子商务战略规划与运营	厦门大学
	电子商务专业英语	浙江万里学院
	互联网+电子商务理论创新与应用	云南财经大学
	旅游电子商务理论及应用(第二版)	云南大学
	企业电子商务管理(第四版)	华中师范大学
	社会化电子商务(第二版)	东南大学
	社会化电子商务导论	合肥工业大学
	数字营销	合肥工业大学
	网络营销	对外经济贸易大学
	移动电子商务	清华大学
	移动电子商务及应用(第二版)	宁波工程学院

续表

内容分类	教材名称	第一主编所在单位
电子商务物流类	大数据信息化管理	南京财经大学
	电子商务安全管理	西北政法大学
	电子商务大数据分析	南京财经大学
	电子商务管理	北京交通大学
	电子商务数据分析理论与实践	河南科技大学
	电子商务数据分析与商务决策	中国人民大学
	电子商务数据运营与管理	浙江师范大学
	电子商务体系架构与开发技术	大连理工大学
	电子商务系统分析与设计（第3版）	北京交通大学
	电子商务系统规划与设计	大连理工大学
电子商务信息技术类	电子商务物流	西昌学院
	电子商务与现代物流	西昌学院
	数字化供应链理论与实践	云南财经大学
电子商务金融支付类	电子商务支付（第二版）	西南财经大学
	电子支付安全	西安科技大学
	金融科技	西南财经大学
电子商务法律类	电子商务案例分析	浙江外国语学院
	电子商务法	西北政法大学
	电子商务法律法规概论	西北政法大学
	电子商务法与案例分析	西南财经大学
跨境电子商务类	跨境电子商务	上海大学
	跨境电子商务（第二版）	上海大学
	跨境电子商务创业实务（第二版）	江苏理工学院
	跨境电子商务供应链管理	河南财经政法大学
	跨境电子商务理论与实务	浙江工商大学
	跨境电子商务数据化管理	浙江师范大学
	跨境电子商务物流管理	河南财经政法大学
	跨境电子商务专业英语	哈尔滨工业大学

续表

内容分类	教材名称	第一主编所在单位
农村电子商务类	农村电子商务导论	四川农业大学
	农村电子商务概论	大连理工大学
	农村电子商务基础	四川农业大学

"十四五"时期普通高等教育本科电子商务类优秀教材按内容分类,各类别占比情况如图3-11所示。

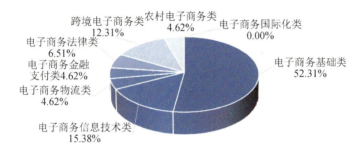

图3-11 "十四五"时期普通高等教育本科电子商务类优秀教材饼状图
(按内容分类)

由图3-11可知,在"十四五"期间选出的65本电子商务优秀教材中,电子商务基础类教材数量为34本,占比为52.31%,是占比最大的一类教材;电子商务信息技术类教材数量为10本,占比为15.38%,占比第二;跨境电子商务类教材数量为8本,占比为12.31%;电子商务法律类教材数量为4本,占比为6.15%;电子商务金融支付类、电子商务物流类、农村电子商务类的教材数量都为3本,占比为4.62%;电子商务国际化类教材数量为0。

从以上的数据可以看出,从"十一五"到"十四五",中国的电子商务教材都是以电子商务基础类为主,而电子商务信息技术类教材也一直占有着较大比重。究其原因,电子商务作为一门新兴学科,相关基础建设仍然是重点。此外,电子商务信息技术不仅是保障电子商务交易安全的关键,也是许多企业赖以崛起、抢占经济市场的有力依靠[①]。在这期间,跨境电子商务类教材的数量

---

① 杨晓茜,艾爽.基于网络计算机技术的电子商务信息安全[J].信息通信,2018(12):179-180.

较多,这在一定程度上与中国电子商务逐步走向世界相关;农村电子商务类教材的发展也体现着中国乡村振兴战略的进程不断加快。

(2)按教育部高等学校电子商务类专业教学指导委员会委员编写电子商务类教材分类。

除教育部高等学校电子商务类专业教学指导委员会作者外,1997年至2020年中国现存电子商务类出版物专著与教材超过16000本。教育部高等学校电子商务类专业教学指导委员会委员所有出版专著或教材共计约520余本,约占全部出版物的3%。上述教材剔除国家"十二五""十三五"规划教材后共计有90本,再根据上述八大内容板块进行分类研究,统计情况如表3-5所示。

表3-5 教育部高等学校电子商务类专业教学指导委员会委员编写电子商务类教材一览表
(按内容分类)

内容分类	教材名称	出版社
电子商务基础类	社会化电子商务	航空工业出版社
	电商研究20年	重庆大学出版社
	电子商务概论	机械工业出版社
	电子商务基础与实务	北京交通大学出版社
	电子商务概论	东北财经大学出版社
	电子商务概论	清华大学出版社
	电子商务导论	中国铁道出版社
	电子商务概论	高等教育出版社
	电子商务概论	东北财经大学出版社
	电子商务概论	高等教育出版社
	中国电子商务初体验	中译出版社
	电子商务英语	电子工业出版社
	电子商务教程	电子工业出版社
	E-commerce Strategy 电子商务战略	浙江大学出版社
	电子商务概论	科学出版社
	电子商务导论	机械工业出版社
	电子商务基础教程	清华大学出版社
	电子商务原理	化学工业出版社

续表

内容分类	教材名称	出版社
电子商务基础类	电子商务概论	中国水利水电出版社
	电子商务概论	电子工业出版社
	电子商务概论	电子工业出版社
	电子商务	科学出版社
	电子商务概论	中国铁道出版社
	电子商务模式	复旦大学出版社
	电子商务理论与实务	化学工业出版社
	电子商务概论	中国人民大学出版社
	电子商务教程	电子工业出版社
	电子商务研究方法	高等教育出版社
	互联网＋电子商务创新与案例研究	华中科技大学出版社
	互联网＋电子商务创新与案例研究	化学工业出版社
	电子商务案例及分析	北京邮电大学出版社
	电子商务创新与创业案例	中国人民大学出版社
	电子商务优秀设计方案与分析	重庆大学出版社
	电子商务概论与案例分析	人民邮电出版社
	电子商务案例分析(本科)微课版	人民邮电出版社
	电子商务案例分析	东北财经大学出版社
	电子商务基础实验与实践	化学工业出版社
	电子商务项目策划与管理	电子工业出版社
	电子商务教育、学术、生态及网商发展研究	中国铁道出版社
	电子商务实务	高等教育出版社
	移动电子商务	电子工业出版社
	移动电子商务	清华大学出版社
	电子商务案例分析	高等教育出版社
	电子商务第三次浪潮	科学出版社
	电子商务综合实验教程	清华大学出版社
	电子商务综合实验教程	中国物资出版社
	现代服务业中电子商务发展战略研究	科学出版社
	电子商务信用风险形成的系统动力机制研究	中国经济出版社

续表

内容分类	教材名称	出版社
电子商务基础类	电子商务创业	化学工业出版社
	旅游电子商务理论及应用	化学工业出版社
	现代旅游电子商务	电子工业出版社
	电子商务创业	化学工业出版社
	新兴电子商务	清华大学出版社
	电子商务战略	东北财经大学出版社
	电子商务战略与解决方案	机械工业出版社
	电子商务行业顾客忠诚形成机制研究	对外经济贸易大学出版社
	基于服务的动态电子商务交互与应用	南京大学出版社
电子商务物流类	跨境电商背景下物流风险管理研究	科学出版社
	跨境电子商务物流管理	高等教育出版社
	电子商务物流管理	中国财政经济出版社
	电子商务与快递物流服务	中国财富出版社
	中小型电子商务和物流企业案例集	中国财富出版社
	电子商务物流管理	机械工业出版社
电子商务信息技术类	电子商务安全技术	清华大学出版社
	电子商务大数据分析	高等教育出版社
	电子商务系统建设与管理	电子工业出版社
	电子商务安全	东北财经大学出版社
	电子商务安全	北京师范大学出版社
	电子商务网站建设	电子工业出版社
	电子商务管理	电子工业出版社
	企业电子商务管理	重庆大学出版社
	电子商务管理	重庆大学出版社
	电子商务管理	首都经济贸易大学出版社
	电子商务推荐系统导论	科学出版社
	电子商务安全技术	电子工业出版社

续表

内容分类	教材名称	出版社
电子商务金融支付类	电子支付与安全	西南财经大学出版社
	电子支付与结算	东北财经大学出版社
	电子支付	重庆大学出版社
	电子商务支付与结算	东北财经大学出版社
	中国移动支付市场机制与效率研究	北京邮电大学出版社
	网上支付与结算	北京师范大学出版社
	电子商务经济发展战略	化学工业出版社
	电子商务支付与结算	东北财经大学出版社
	电子支付与结算	电子工业出版社
	证券电子商务	高等教育出版社
	网上支付与结算	高等教育出版社
电子商务法律类	—	—
跨境电子商务类	跨境电子商务	科学出版社
	跨境电子商务平台服务创新与风险管控	高等教育出版社
	跨境电子商务基础	科学出版社
	跨境电子商务	东北财经大学出版社
农村电子商务类	—	—
电子商务国际化类	—	—

  高校电商教指委委员编写的电子商务类教材按内容分类,各类别占比情况如图 3-12 所示。

  教育部高等学校电子商务类专业教学指导委员会编写的教材中,有 90 本与电子商务相关的教材。其中,电子商务基础类教材依旧是占比最大的一类教材,有 57 本,占比为 63.33%;其次是电子商务信息技术类教材,有 12 本,占

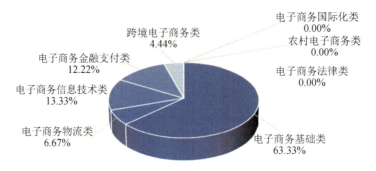

图 3-12 高校电商教指委委员编写电子商务类教材饼状图
（按内容分类）

比 13.33%；电子商务金融支付类教材有 11 本，占比 12.22%；电子商务物流类教材有 6 本，占比 6.67%；跨境电子商务类教材有 4 本，占比 4.44%；电子商务国际化类、农村电子商务类、电子商务法律类教材数量为 0。从教材数量分类来看，教育部高等学校电子商务类专业教学指导委员会委员编写的教材分类与"十二五""十三五"时期的分类相似，都是以电子商务基础类为主，同时也十分注重电子商务信息技术类教材建设。除此之外，电子商务金融支付类的数量呈现增长趋势，由此可以看出，教育部高等学校电子商务类专业教学指导委员会注重学科交叉性，对电子商务与数字技术、金融学科的融合有独到见解。电子商务国际化类、农村电子商务类、电子商务法律类教材成果并未突出，未来这类教材将成为重点方向。

3.2.2 国外电子商务教材（参考书）分类

根据调查及研究发现，国外的电子商务教材（参考书）与中国的分类有很大的差异，故本书并未进行相同分类下的比较。通过哈佛大学图书馆馆藏资料，本章整理了从 1996 年到 2022 年的 1904 本电子商务相关书籍数据，并将这些电子商务书籍按照国外对电子商务教学的专业知识体系分为电子商务基础、电子商务技术、电子商务经济管理、电子商务支付、电子商务法律法规、电子商务实践课程六大类。

1. 国外分类介绍

（1）电子商务基础。

国外的电子商务基础与中国的电子商务基础类教材相似，主要涉及电子商务的基础性知识,如对与电子商务相关的经济学、管理学,以及信息技术知识进行概括性介绍。电子商务学科作为涵盖了多学科知识的交叉学科,要求相关人员具有将各学科知识进行融合应用的能力。因此,该类教材是电子商务教学体系中较为重要的板块。

(2)电子商务技术。

电子商务技术是电子商务快速发展的动力所在,是推动电子商务进步的"发动机"。每一次的技术进步、技术革新都会给电子商务带来改进升级的可能[1]。这类教材主要涉及与电子商务相关的开发技术、数据处理分析技术、网络信息安全技术等内容,这些技术是电子商务得以发展的关键。

(3)电子商务经济管理。

电子商务经济管理是在电子商务基础知识的基础上涉及更深层次经济学和管理学知识的一类教材,包括网络营销、网络交易与贸易、电子商务运营与管理、网络金融与支付等版块。这类教材的作用在于让学生掌握将电子商务所涉及的互联网信息技术知识合理地使用在经济管理、商务交易等实际应用中。

(4)电子商务支付。

电子商务支付是在经济管理知识的基础上对网络支付结算、支付安全知识等内容的介绍。这类教材的作用在于保障电子商务的交易过程的安全,保障资金的安全转移。在互联网环境下,物流与资金流分开使电子商务存在一定的安全隐患,这要求相关人员应具备一定的支付知识,并懂得对电子商务支付体系进行安全保护以及完善。

(5)电子商务法律法规。

电子商务法律法规主要介绍电子商务交易过程中的法律规定。国外的这类教材与中国电子商务法律类教材相似,其目的在于培养出对电子商务知识和法律知识均有一定了解的专业人才,以保证电子商务发展过程中的合法合规性。完善的法律法规能够让电子商务更全面、更持续地发展[2]。随着技术的进步,电子商务不断发展,其可能涉及的法律内容也越来越多,这就要求能够将法律和电子商务结合起来的复合型人才深入优化电子商务法律应用,更好

---

[1] 卡米来,傅冬.电子商务视角下企业经济管理研究[J].质量与市场,2022(1):115-117.
[2] 韩巍.基于数据可视化的现代电子商务法律法规特征研究[J].中国管理信息化,2021,24(23):83-84.

地维护电子商务的市场秩序。

（6）电子商务实践课程。

电子商务实践课程是电子商务的综合类课程，这类教材要求学生能够对电子商务的各类知识进行综合性应用，并培养学生将理论知识应用到实践活动中的能力。实践是检验真理的唯一标准，只有将理论知识应用于实践才能实现其知识价值。这类教材要求学生在掌握理论知识的基础上，进行构思、设计、实施、运作、复盘并反思这一系列过程，做到"学以致用、创行合一、以创促教"。

2. 国外分类整理分析

通过对哈佛大学图书馆馆藏资料进行分类，本节将各类电子商务教材的数量及典型书籍进行整理，如表3-6所示。

表3-6 哈佛大学图书馆电子商务教材分类数量及部分示例

类别	数量	部分示例
电子商务基础	985	Electronic Commerce: Current Research Issues and Applications
		Electronic Commerce for the Procurement of Construction and Architect-Engineer Services: Implementing the Federal Acquisition Streamlining Act: Conference Summary
		Electronic Commerce and Business Communications
		E-Commerce Success: Building a Global Business Architecture
		Electronic Commerce: Opportunity and Challenges
		Agent Mediated Electronic Commerce: First International Workshop on Agent Mediated Electronic Trading AMET-98 Minneapolis, MN, USA, May 10th, 1998 Selected Papers
		E-Shopping: Erfolgs Strategies In Electronic Commerce and Marken Schaffen Shops Gestalten Kunden Binden
		Doing Business on the Internet: Opportunities and Pitfalls
		……

续表

类别	数量	部分示例
电子商务技术	427	Sams Teach Yourself E-Commerce Programming with ASP in 21 Days
		Semantic Web Technologies and E-Business: Toward the Integrated Virtual Organization and Business Process Automation
		Pci Dss: An Integrated Data Security Standard Guide
		IMS E-Business Connect Using the IMS Connectors
		The Front of IBM WebSphere: Building E-Business User Interfaces
		IBM Framework for E-Business: Technology, Solution, and Design Overview
		Pci Dss: An Integrated Data Security Standard Guide
		Blockchain for Dummies
		……
电子商务经济管理	353	E-commerce Analytics: Analyze and Improve the Impact of Your Digital Strategy
		Food Industry and the Internet: Making Real Money in the Virtual World
		The Economic and Social Impact of Electronic Commerce: Preliminary Findings and Research Agenda
		Digital Economy: Impacts, Influences and Challenges
		Economic Growth, Economic Performance and Welfare in South Asia
		eBay the Smart Way: Selling, Buying and Profiting on the Web's #1 Auction Site
		The Constant Contact Guide to E-mail Marketing
		Net Profit: How to Succeed in Digital Business
		……

续表

类别	数量	部分示例
电子商务支付	31	E-Commerce und Hackerschutz：Leitfaden Für Die Sicherheit Elektronischer Zahlungssysteme
		Paying with Plastic：The Digital Revolution in Buying and Borrowing
		E-Commerce und E-Payment：Rahmenbedingungen，Infrastruktur，Perspektiven
		Mobile Payment：Grundlagen-Strategien-Praxis
		Mobile Payment
		Payment Technologies for E-Commerce
		PayPal APIs：Up and Running
		Acquiring Card Payments
		……
电子商务法律法规	75	Electronic Commerce：A Challenge to Private Law?
		Rechts-Handbuch zum E-Commerce
		Canadian Social Policy：Issues and Perspectives，3rd Edition
		Electronic Healthcare Information Security
		E-Commerce Law in Europe and the USA
		Information Technology Law
		Data：New Trajectories in Law
		……

续表

类别	数量	部分示例
电子商务实践课程	33	Social and Cognitive Impacts of E-Commerce on Modern Organizations
		On-line, On-time, On-budget: Titanic Lessons for E-Business Executives
		Magento 1.3 Sales Tactics Cookbook
		The Cyber Citizen's Guide Through the Legal Jungle: Internet Law for Your Professional Online Presence
		A Quick Start Guide to Online Selling: Sell Your Product on eBay, Amazon and Other Online Market Places
		Millionaire Mumpreneurs: How Successful Mums Made a Million Online and How You Can Do It Too
		This Is Social Media: How to Tweet, Post, Link and Blog Your Way to Business Success
		From Idea to Web Start-up in 21 Days: Creating bacn.com
		……

哈佛大学图书馆电子商务教学参考书籍按内容分类,各类别占比情况如图3-13所示。

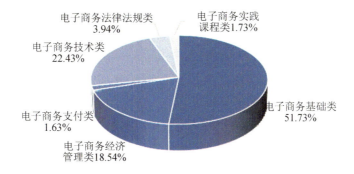

图 3-13 哈佛大学图书馆电子商务教学参考书籍内容分类饼状图

由图3-13可知,在哈佛大学图书馆馆藏的1904本电子商务相关教材中,电子商务基础类教材数量最多,总计985本,占比为51.73%;其次是电子商务技术类，数量为 427 本，占比 22.43%；电子商务经济管理类教材数量为 353 本，占比 18.53%；电子商务法规类、电子商务支付类、电子商务实践课程类占比非常小。由此可知，国外也非常注重电子商务的基础建设，基础类知识是整个专业教育体系的根基，也是其他类别教材的预备知识条件。电子商务技术和电子商务经济管理分别是国外电子商务教学关注的第二、三大重点，这再次印证了"技术"是电子商务发展取得进步的关键。在技术的基础上，国外对电子商务经济管理类教材建设也比较关注，因为这方面内容有助于将技术更好地转化为现实实践。

3.3　中外电子商务教材内容分析

不同国家教材的栏目设置、结构分布、知识选取、习题设计均能够在一定程度上体现一个国家的教材编写理念、目的和特色。因此，本部分基于"中外电子商务教材编写总领思想""中外电子商务教材编写类别"的宏观分析成果，进一步深入研究"教材内容"这一微观视域。

由"中外电子商务教材编写类别"的分析结果可知，中国和国外的电子商务基础类教材数量均远高于其他类别教材，在一定程度上说明电子商务基础类教材相对于其他类别教材具有更丰富的建设历程、更高的成熟度，以及更强的体系性。同时，电子商务基础类教材涵盖的知识相对更加丰富，更能体现不同国家电子商务教材的内容侧重。此外，基础类教材作为教材建设的重要基石和中心起源，对比结果也将更具广泛性、代表性和价值性。综上，本部分主要聚焦电子商务基础类教材，从该类型中选择一本中国电子商务教材与一本国外电子商务教材，分别从教材内容广度与深度、教材与其他学科的交叉结合，以及教材习题三个方面展开对比分析。通过综合考虑教材出版社等级、修订版次、出版时间、使用广泛性及反馈、学科影响力等多方面因素，以及资料的可获得性与数据的准确性，研究团队选择的国外教材为《电子商务（原书第 12 版）》[1]，作者是加里·P.施奈德（Gary P. Schneider），第一版于二十世纪出版，是国外出版比较早的电子商务参考书；选择的中国教材为《电子商务概论（第 6

---

[1] 加里·P.施奈德.电子商务（原书第 12 版）[M].张俊梅,袁勤俭,杨欣悦,等译.北京:机械工业出版社,2020.

版)》[1],作者是清华大学覃征教授,首次出版时间在 2000 年前后,第二版于 2002 年在高等教育出版社出版。特别要说明的是,国外电子商务起步比国内早,但是,中国在电子商务教育、人才培养以及规模方面,后来居上,从电子商务大国升级为电子商务强国。所选的两本教材的部分信息对比如表 3-7 所示。

表 3-7 两本教材信息对比

书名	《电子商务(原书第 12 版)》	《电子商务概论(第 6 版)》
作者	[美]加里·P.施奈德(Gary P. Schneider)著 张俊梅、袁勤俭、杨欣悦 等译	覃征 等
出版社	机械工业出版社	高等教育出版社
出版时间	2020 年 1 月	2019 年 11 月
适用对象	高等院校电子商务及相关专业的本科生、研究生及 MBA 学员教材	高等院校电子商务、信息管理与信息系统、电子信息等专业的本科生和研究生教材,也可作为相关部门管理者、现代服务业和电子商务领域从业人员的参考读物
所获荣誉	—	"十一五"国家级规划精品教材 清华大学"双一流"建设指定教材 清华大学优秀教材特等奖

3.3.1 中外电子商务教材内容的广度与深度

教材内容的广度是指知识的横向拓展程度,即不限制在某一知识范畴,根据知识点的相关性进行延伸,引申出具有关联关系的其他知识范畴的广泛程度;教材内容的深度是指知识的纵向挖掘程度,即不局限于知识的表面概念内容,根据核心知识点向下挖掘出更深层次的因果变化、原理机制的程度[2]。教材内容的广度与深度始终呈现互补的关系。内容广度能够让读者更全面地了

---

[1] 覃征.电子商务概论[M].6 版.北京:高等教育出版社.2019.
[2] 丁朝蓬.教材评价指标体系的建立[J].课程.教材.教法,1998,(7):44-47.

解事物的关联,内容深度可以让读者更深入地了解事物的本质;内容广度可以补充只具备深度的片面性,内容深度则可以弥补只具备广度的浅薄性。因此,内容的广度和深度都是教材建设过程中的重要考量因素。

1. 分析工具及思路

(1) 知识结构表。

知识结构是指某一领域或主题知识的要素(或组成部分)及其逻辑关系与联系方式[①]。知识结构表则是将构成知识的要素以及要素之间的层次、关系等主要内容的关键词以表格形式呈现,从而系统集中、准确完整、简单清晰地说明知识层次关系。教材知识结构表是对教材内容的图形化表征,也是思维可视化的表征。知识结构表通常包括知识点、层级两大基本要素。其中,知识点表示某一知识领域或概念;层级是同一知识领域中的知识点依据其概括水平不同所进行的分层排布,概括性强、一般的知识点处于最左侧,从属的知识点放在其右侧。教材知识结构表既能呈现教材内容核心知识的纵向发展主线,又能显示知识之间的横向联系,是表征教材内容广度和深度的有效工具[②]。因此,本节以知识结构表为基础研究工具,对选取的教材进行内容广度与深度分析。

(2) 分析思路。

以知识结构表为研究工具的基本思路如下:参照所选取的教材目录结构,结合各级标题下的具体内容进行有效筛选、整理、优化,选择基本知识或概念作为知识点,根据知识点不同概括水平、确定层级、进行分层;在绘制知识结构表的过程中,统计不同层级的知识点数量,根据知识点内容及数量对教材内容广度进行定性和定量分析;知识结构表绘制完成后,结合知识结构表和各教材的知识点描述形式进行深度分析。

2. 分析结果

(1) 内容广度。

①《电子商务原理(原书第 12 版)》知识结构表。基于《电子商务(原书第 12 版)》的目录结构,并结合目录中各级标题下的具体内容进行拆分、整合、优

[①] 任丹凤. 论教材的知识结构[J]. 课程. 教材. 教法, 2003(2):5-8.
[②] 范印哲. 教材内容基本结构的继承与革新:教材知识应用结构与能力培养功能研究[J]. 中国大学教学, 2000(5):24-26.

化,我们整理形成《电子商务(原书第12版)》的知识结构表,如表3-8所示。

表3-8 《电子商务(原书第12版)》知识结构表

一级知识点	二级知识点	三级知识点
电子商务导论	电子商务演变	电子商务发展;电子商务与电子交易;电子商务类型;电子商务业务流程
	经济因素与电子商务	交易成本;市场与等级制;网络经济结构;网络效应
	电子商务机遇	战略业务单元价值链;行业价值链;SWOT分析
	电子商务国际化禀性	网上信任问题;语言问题;文化问题;基础设施问题
技术基础设施	互联网	互联网;物联网;第二代互联网与语义网
	万维网	超文本发展;深网与域名
	包交换网络	公共网络与专用网络;虚拟专用网;内联网与外联网
	互联网协议	TCP/IP;IP地址;电子邮件协议;网页请求与传输协议
	标记语言与网页	超文本标记语言;扩展标记语言XML
	互联网接入方案	语音级电话接入;宽带服务;租用线路连接;无线连接
网上销售	网上业务盈利模式	网上目录盈利模式;内容免费的盈利模式;广告盈利模式;交易费用盈利模式;服务费用盈利模式;大部分免费一部分收费盈利模式
	网上业务盈利问题及策略	渠道冲突与互斥;战略联盟;奢侈品策略;库存积压品的销售策略
	网站可用性	网站可用性测试;网站设计准则
	网络沟通	大众媒体联系;个人联系;互联网联系

续表

一级知识点	二级知识点	三级知识点
网络营销	网络营销战略	营销中的4P；营销战略
	细分市场	互联网市场细分；客户行为与生命周期细分；其他市场细分
	网络营销工具	网上广告；电子邮件；客户关系管理；互联网品牌；搜索引擎
企业间电子商务活动	采购、物流与业务支持流程	外包与离岸外包；采购与物流活动；业务过程支持活动；电子政务与供应网
	电子数据交换	EDI标准与工作原理；增值网络
	供应链管理	供应链价值创造；物料跟踪技术；最终消费导向与建立信任
	网上企业市场与商业网络	行业市场；企业市场；专属店铺与顾客门户
社交网络、移动商务与网上拍卖	虚拟社区与社交网络	虚拟社区；Web社区；社交网络
	移动商务	移动商务设备；移动商务程序
	网上拍卖类型及业务	网上拍卖类型；普通消费品拍卖；特殊消费品拍卖；企业间拍卖；拍卖相关服务
电子商务法律、伦理与税务	电子商务法律	边界与管辖权；电子商务合同；法律冲突；网络犯罪、恐怖活动与战争
	电子商务知识产权	版权、专利与商标；知识产权保护；诽谤、商业欺诈与监管
	电子商务伦理	伦理与实践；隐私与责任
	电子商务税务	税务与种类

续表

一级知识点	二级知识点	三级知识点
Web服务器软件与硬件	Web服务器基础	动态内容生成；客户机、服务器结构
	Web服务器软件	Web服务器操作系统；Web服务器软件；Apache HTTP Server与IIS
	电子邮件	电子邮件优缺点；垃圾邮件问题解决
	Web网站程序	Tracert与其他路由跟踪程序；Telnet与FTP工具；索引与搜索实用程序；链接检查工具；远程服务器管理工具
	Web服务器硬件	Web服务器硬件结构；云计算；内容分发网络
电子商务软件	电子商务软件基本功能	目录展示软件；购物车软件；交易处理软件
	电子商务软件协同	数据库；中间件；企业应用集成；ERP系统集成
	面向中小型企业的电子商务软件	基本商务服务提供商；购物中心式商务服务提供商
	面向中型企业的电子商务软件	网站开发工具；中档电子商务软件
	面向大型企业的电子商务软件	企业级电子商务软件；内容管理软件；知识管理软件；供应链管理软件；客户管理关系软件

续表

一级知识点	二级知识点	三级知识点
电子商务安全	在线安全问题概述	计算机安全与风险管理;计算机安全要素;计算机安全政策
	客户机安全	cookie与网页臭虫;病毒、蠕虫和防病毒软件;数字证书;信息隐蔽;客户端设备安全
	通信信道安全	保密性、完整性与即需性威胁;互联网通信信道物理安全威胁;无线网安全威胁;加密方案;Web浏览器加密;散列函数、消息摘要与数字签名
	服务器安全	密码攻击的安全威胁;数据库的安全威胁;Web服务器的物理安全威胁;访问控制与认证;防火墙
	计算机安保组织	CERT;计算机取证与伦理黑客
电子商务支付系统	在线支付方法	电子账单处理及支付系统;微支付与小额支付
	在线支付工具	支付卡;数字现金;数字钱包
	互联网技术与银行业	支票处理;移动银行
	支付系统威胁	网络钓鱼攻击;身份盗窃;反钓鱼安全措施
电子商务规划	收益识别与成本估算	目标与企业战略;收益与成本;投资回报;创业融资
	电子商务网站开发战略	内部开发与外包;孵化器与加速器
	管理电子商务实施	项目管理;人员配置;事后审计;变革管理

②《电子商务概论(第6版)》知识结构表。基于《电子商务概论(第6版)》的目录结构,并结合目录中各级标题下的具体内容进行拆分、整合、优化,我们整理形成《电子商务概论(第6版)》的知识结构表,如表3-9所示。

表 3-9 《电子商务概论(第 6 版)》知识结构表

一级知识点	二级知识点	三级知识点
电子商务基础知识	电子商务发展演进	电子商务发展路径；广义与狭义电子商务
	电子商务基本模式	B2B 电子商务；B2C 电子商务；G2G 电子商务；C2C 电子商务；O2O 电子商务；$O2O^n$ 电子商务
	电子商务系统构成	网络门户；客户关系管理；供应链管理；物流管理
	电子商务支撑环境	技术环境；法律环境；信用环境；金融环境；生态环境
	基础学科对电子商务的影响	数学学科与电子商务；信息学科与电子商务；管理学科与电子商务；交叉学科与电子商务
电子商务文化	电子商务文化概述	电子商务商品文化；电子商务技术文化；电子商务社区文化
	电子商务文化的社会影响	新经济；新消费观；新营销；新企业组织
电子商务支撑技术	电子商务基础技术	WEB 技术；HTML 技术；XML 技术；客户端脚本语言及交互技术；服务器端网页技术
	计算机通信技术	TCP/IP 通信协议；HTTP 通信协议；WAP 通信协议；WLAN 通信协议与 Wi-Fi；4G 通信协议与 5G 通信协议
	地理信息技术	全球卫星定位系统；地理信息系统
	大数据与云计算	数据库技术；NoSQL 技术；云存储；云计算；分布式处理框架
	物联网技术	传感器技术；RFID 标签；嵌入式系统技术
	区块链技术	P2P 网络架构；数据一致性；智能合约
	人工智能技术	机器学习；知识图谱；自然语言处理；人机交互；计算机视觉；生物特征识别；虚拟现实和增强现实

续表

一级知识点	二级知识点	三级知识点
电子商务支付技术	电子支付概述	电子支付系统；支付交易模式
	电子支付工具	微支付；智能卡；电子钱包
	网络银行	网络银行功能与技术
	手机银行	手机银行模式与技术
电子商务安全技术	防火墙技术	防御、安全、管理与记录；分组过滤防火墙；应用代理防火墙；复合防火墙
	入侵检测技术	网络入侵与主机入侵检测系统；特征检测；统计检测；专家系统
	认证技术	口令认证；物理认证；生物认证；数字认证
	数据加密技术	对称加密体系；公开密钥加密算法；混合加密技术
	数字签名技术	用公开密钥算法签名；用单向散列函数和公开密钥算法签名；SSL 协议；SET 协议
电子商务与法律	电子商务法	国外电子商务立法；中国电子商务立法
	电子合同	传统合同与电子合同；电子合同订立与效力
	电子支付	电子银行；电子资金划拨
	电子商务知识产权保护	域名法律问题与协调；知识产权法律问题与协调
	电子商务消费者权益保护	电子商务消费者；消费者权益保护
	电子商务安全	电子商务安全法律制度；电子商务安全违法责任
	电子商务法律责任	民事责任；行政责任；刑事责任

续表

一级知识点	二级知识点	三级知识点
电子商务体系结构与系统设计	电子商务体系结构	基础结构框架；数据流程；过程控制；优化方法；事件过程控制
	电子商务安全系统	OSI模型安全体系结构；电子商务安全要素
	电子商务支付系统	电子商务与在线支付；支付系统数据流程与过程控制
	电子商务应用系统	应用电子商务系统软件体系；应用电子商务系统设计方法；电子商务门户网站设计方法
移动电子商务	移动电子商务概述	移动电子商务特点与发展
	移动电子商务前沿	推荐系统；工业互联网；跨境电子商务
	移动电子商务技术	移动IP；无线城域网；无线广域网；RFID技术；移动终端；移动操作系统
	移动电子商务服务	移动短信服务和微信；移动定位服务；移动游戏；移动音乐；移动电子商务营销
网络应用心理学	网络应用心理学概述	哲学与应用心理学；网络与心理学；网络社会与心理学
	网络交互心理	网络交互及动机；网络交互心理作用
	网络应用心理	网络应用心理特征；网络成瘾
	网络管理心理	一般心理；行为心理
电子商务案例分析	电子商务案例分析方法	网站评价分析方法；战略评价分析方法
	电子商务案例分析实例	金融商品电子商务案例分析；石化行业电子商务案例分析；国际贸易电子商务案例分析；电子商务巨头案例分析
电子商务战略	电子商务战略概述	战略；电子商务战略
	电子商务战略层次	国家电子商务；企业电子商务

续表

一级知识点	二级知识点	三级知识点
电子商务战略与文化	中美电子商务战略差异	中国电子商务战略；美国电子商务战略
	文化与战略	中西方商务文化差异；文化差异与战略选择

我们对两本教材的知识结构表中的内容进行统计整理,可得到各教材的知识点数量,具体情况如表3-10所示。

表3-10 两本教材各级知识点数量对比　　　　　　　　（单位:个）

教材名称	一级数量	二级数量	三级数量
《电子商务(原书第12版)》	12	50	163
《电子商务概论(第6版)》	12	48	149

从知识点数量上来看,《电子商务(原书第12版)》涉及的各级知识点数量更多,这在一定程度上与国外电子商务起步早有关;《电子商务概论(第6版)》与《电子商务(原书第12版)》的各级知识点数量极为接近,也涉及了较多的知识点。

从具体知识点内容来看,《电子商务(原书第12版)》将所有内容分为概述、业务战略、技术以及整合4大部分;《电子商务概论(第6版)》则将所有内容分为基础、技术、管理、实践、案例以及战略6大部分,比前者板块划分更细,但从整体来看,二者章节内容具有一定的相似性,涉及的知识内容均十分丰富。值得注意的是,除了技术、安全、法律等共有内容,《电子商务概论(第6版)》还涉及电子商务文化和网络应用心理学领域的知识。

(2)内容深度。

在内容广度分析的基础上,本节对知识点进行纵向考查,得出两本教材的内容在本质层面的对比结果。

《电子商务原理(原书第12版)》的特点在于将管理与技术、理论与实践有效融合,由浅入深且使用案例来引发自主思考。该书内容循序渐进、重点突出,并且通俗易懂,对于当前电子商务领域的问题讲解清晰而深入,适合电子商务专业学生学习,也适合对电商领域感兴趣的读者学习。此外,该书每章的引言都通过设置案例来引导本章内容,并提供相关的电子商务真实案例,再加上课后的情景案例分析题,这样的编排有利于激发学生参与课堂讨论的积极性,适合管理类课程的启发式教学。章节末的大量延伸阅读也为学生和读者提供了知识平台。而该书重点是对语言文字的描述,在数学语言和图表展示方面则着墨不多。

相比之下,《电子商务概论(第6版)》更注重内容知识的牢固掌握,在策略性运用上并不突出,总体内容系统且翔实。该书将电子商务学分成基础、技术、管理、实践、案例、战略6个层面组织内容体系,由基础深入,最后将知识落实在案例和战略中。其中,该书对技术板块的阐述十分深入,并以图表辅助讲解,有别于《电子商务原理(原书第12版)》;同时该书并没有在每章都均匀分布案例和情景分析题,而是将其集中设置在案例篇和战略篇中。

3.3.2　中外电子商务教材与其他学科的交叉结合

人类社会和科学技术的进步促进了多学科的发展融合,学科综合化与学科交叉渗透趋势愈加明显。学科交叉是指打破学科之间的壁垒,以优势特色学科为主、相关学科为支撑,整合学科资源,促进基础学科、应用学科交叉融合[1]。利用学科交叉培养学生科学思维是新教改的重要理念之一,是顺应课程改革需求、提升学生综合素质、培养综合型人才的重要途径之一[2]。因此,电子商务教材与其他学科交叉结合的程度一定程度上影响了复合型电子商务人才的培养质量。

1. 分析工具及思路

(1)学科门类及学科大类划分标准。学科划分是进行学科交叉研究的重要步骤。为保障电子商务教材与其他学科的交叉结合的研究结果具有统一性、可比性,本书选择中国普通高校本科专业学科门类及学科大类划分作为研究基准。根据中国教育部颁布的《普通高等学校本科专业目录(2020年版)》[3],中国普通高校本科专业设置有12个学科门类(不含军事学),其中包括

---

[1] 路甬祥.学科交叉与交叉科学的意义[J].中国科学院院刊,2005(1):58-60.
[2] 马廷奇.交叉学科建设与拔尖创新人才培养[J].高等教育研究,2011,32(6):73-77.
[3] 中华人民共和国教育部.关于公布2019年度普通高等学校本科专业备案和审批结果的通知[EB/OL].(2020-02-21)[2022-09-07]. http://www.moe.gov.cn/srcsite/A08/moe_1034/s4930/202003/t20200303_426853.html.

理学、工学、医学、农学4个自然科学；文学、历史学、哲学、经济学、管理学、法学、教育学、艺术学8个人文和社会科学。各学科门类下均设有学科大类（又称"一级学科"），学科大类下设有具体专业。2020年12月，"交叉学科"门类成为新设置的学科门类①。本书主要选取学科大类作为划分标准进行分析。学科门类及学科大类划分标准如表3-11所示，共包含13个学科门类（不含军事学）。

表3-11 学科门类及学科大类划分标准（不含军事学）

学科门类	学科大类	学科大类数量
哲学	哲学类	1
经济学	经济学类,财政学类,金融类,经济与贸易类	4
法学	法学类,政治学类,社会学类,民族学类,马克思主义理论类,公安学类	6
教育学	教育学类,体育学类	2
文学	中国语言文学类,外国语言文学类,新闻传播学类	3
历史学	历史学类	1
理学	数学类,物理学类,化学类,天文学类,地理科学类,大气科学类,海洋科学类,地球物理学类、地质学类、生物科学类,心理学类,统计学类	12
工学	力学类,机械类,仪器类,材料类,能源动力类,电气类,电子信息类,自动化类,计算机类,土木类,水利类,测绘类,化工与制药类,地质类,矿业类,纺织类,轻工类,交通运输类,海洋工程类,航空航天类,兵器类,核工程类,农业工程类,林业工程类,环境科学与工程类,生物医学工程类,食品科学与工程类,建筑类,安全科学与工程类,生物工程类,公安技术类	31
农学	植物生产类,自然保护与环境生态类,动物生产类,动物医学类,林学类,草学类,水产类	7

---

① 国务院学位委员会,教育部. 国务院学位委员会 教育部关于设置"交叉学科"门类、"集成电路科学与工程"和"国家安全学"一级学科的通知[EB/OL]. (2020-12-30)[2022-09-07]. http://www.moe.gov.cn/srcsite/A22/yjss_xwgl/xwgl_xwsy/202101/t20210113_509633.html.

续表

学科门类	学科大类	学科大类数量
医学	基础医学类,临床医学类,口腔医学类,公共卫生与预防医学类,中医学类,中西医结合类,药学类,中药学类,法医学类,医学技术类,护理学类	11
管理学	管理科学与工程类,工商管理类,公共管理类,农林经济管理类,图书情报与档案管理类,工业工程类,电子商务类,物流管理与工程类,旅游管理类	9
艺术学	艺术学理论类,音乐与舞蹈学类,戏剧与影视学类,美术学类,设计学类	5
交叉学科	集成电路科学与工程类,国家安全学类	2

(2)分析思路。本节的"学科交叉结合"针对教材而提出。学科交叉融合是指基于教材的知识结构表,具体知识点除了指向电子商务类内容之外,还同时涉及其他学科大类的知识、技能、思维方法等内容。因此,我们以各教材的知识结构表为基础,选择三级知识点,按照上述学科门类及学科大类划分标准进行归类。由于三级知识点涉及多学科,为确保归类统计的高效性,我们作出规定:分析知识点所涉及的主要学科内容,对知识点至少划分至1类学科且不多于3类学科(不包含电子商务类),归类完成后,再统计各学科门类及学科大类的知识点数量及占比情况。

2. 分析结果

基于各教材的知识结构研究成果,结合三级知识点及具体涉及的主要学科内容,我们对两本书的知识点进行学科归类,最终结果如下。

(1)《电子商务(原书第12版)》。《电子商务(原书第12版)》的163个三级知识点共涉及16个学科大类,分属于工学、管理学、经济学、理学、法学和文学6大学科门类。从学科门类上看,涉及工学的知识点高达132个;涉及管理学的知识点有55个,仅次其后;其他学科门类的知识点相对较少。各学科门类三级知识点数量情况如图3-14所示。从学科大类上看,《电子商务(原书第12版)》涉及计算机类和电子信息类知识点最多,分别高达98个和92个,如图3-15所示。以上结果说明该教材将技术作为核心部分。

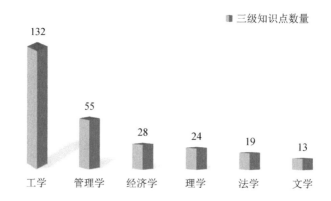

图 3-14 《电子商务(原书第 12 版)》各学科门类三级知识点数量(单位:个)

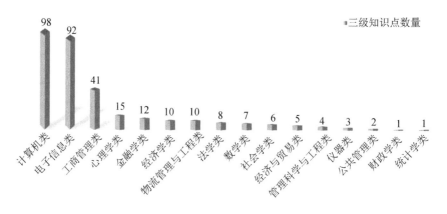

图 3-15 《电子商务(原书第 12 版)》各学科大类三级知识点数量(单位:个)

(2)《电子商务概论(第 6 版)》。《电子商务概论(第 6 版)》共有 149 个三级知识点,共涉及 24 个学科大类,并分属于工学、管理学、法学、经济学、理学和哲学 6 大学科门类。从学科门类上看,涉及工学的知识点高达 107 个;涉及管理学、法学、经济学和理学的知识点比较平衡,数量分别为 32 个、26 个、24 个和 21 个;涉及哲学的知识点最少,仅有 1 个。这说明《电子商务概论(第 6 版)》十分注重与工科知识的交叉结合。各学科门类三级知识点数量情况如图 3-16 所示。从学科大类上看,《电子商务概论(第 6 版)》涉及计算机类和电子信息类的知识点最多,分别为 98 个和 59 个,如图 3-17 所示。这同样印证了该教材对技术知识的重视。

图 3-16 《电子商务概论(第 6 版)》各学科门类三级知识点数量(单位:个)

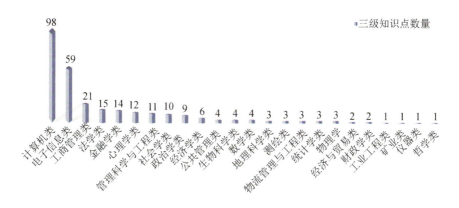

图 3-17 《电子商务概论(第 6 版)》各学科大类三级知识点数量(单位:个)

3.3.3 中外电子商务教材习题

教材习题作为教学过程中的重要组成部分,是巩固新授知识、形成技能技巧、培养思维品质、开拓创新能力的重要途径,既可以作为学生理解知识的基本训练,又能作为深化知识认识的增长点,还能评判学习者是否达到教材学习的标准要求。电子商务作为极具创新性、前沿性、实践性的学科,十分注重概念到思维的内化、知识到技能的转换。因此,正确认识教材章节习题的重要作用,设置具有流畅性、变通性、开放性、独创性以及现实性的多层次习题,才能推动形成教材知识"有所学"到"有所用"的有效闭环。

1. 分析工具及思路

(1) 知识类型。

知识类型是现代心理学提出的对知识的分类。以心理学家约翰·罗伯特·安德森（John Robert Anderson）为代表的当代认知心理学家倾向于把储存于大脑的知识分为陈述性知识和程序性知识[①]。陈述性知识又称"描述性知识"，主要用于说明事物的性质、特征和状态，解决"是什么"的问题，具有静态的性质。程序性知识又称"操作性知识"，主要用来解决传统范式下"做什么"和"怎么做"的问题，具有动态的性质。陈述性知识的获得是学习程序性知识的基础，程序性知识的获得又为获取新的陈述性知识提供了可靠保证。基于安德森的知识分类基础，美国心理学家理查德·E.梅耶（Richard E. Mayer）又提出了策略性知识，它与程序性知识相似但又存在区别[②]。策略性知识是关于如何学习和如何思维的知识，即个体运用陈述性知识和程序性知识去学习、记忆、解决问题的一般方法和技巧，主要是将概念和规则运用于与原先的学习和练习相似或不同的现实情境中，解决在新环境、新问题下"做什么"和"怎么做"的问题，思维性和创新性更为明显。三种知识类型的内在关系如图3-18所示。

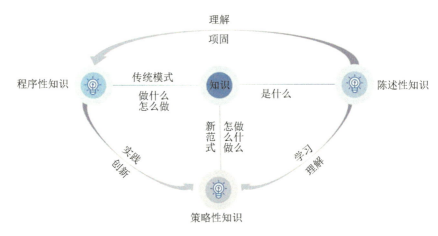

图3-18 陈述性知识、程序性知识以及策略性知识的内在关系

---

① Anderson J. R. ACT:a simple theory of complex cognition[J]. American Psychologist,1996(4):355-365.
② Mayer,R. E. Learning strategies for making sense out expository test:SOI model for guiding three cognitive processes in knowledge construction[J]. Educational Psychology Review,1998(8):357-371.

(2)分析思路。

教材习题的设置通常与知识点的层次相吻合。因此,基于陈述性知识、程序性知识以及策略性知识三种知识类型,我们可以对应引申出陈述性习题、程序性习题以及策略性习题三种习题类型。结合前文对三种知识类型的定义可知:陈述性习题主要是对概括化、结构化的静态知识(如概念、性质、特征、发展历程等)的考查;程序性习题是对一般化、程序化的动态方法(如运作过程、操作逻辑、实现原理等)的考查;策略性习题是结合具体现实问题或未来前沿趋势,对具体化、现实化、创新化的思维认知水平、解决问题方法以及实践应用能力的考查。教材习题的对比分析从习题总数、习题分布、习题覆盖面以及习题层次类型四个方面展开。

综上,为便于后续对习题进行类型判定,我们首先对选取的教材章节习题进行拆分优化,即将含有多个问项的长习题拆分为多个仅含有一个问项的习题并计数,以避免一个习题含有多种类型问题无法进行题型分类的情况;然后,按照前文构建的知识结构表,对拆分优化后的习题按一级知识点(章)进行统计,分析习题的考查侧重;接着,将优化后的每个习题与三级知识点进行匹配,计算习题所覆盖的三级知识点数量以及占比;最后,基于习题的具体考查内容,对习题层次进行分类,并统计三种类型的习题数量及占比。

2. 分析结果

(1)习题总数。

经过统计,《电子商务(原书第 12 版)》共有 423 道习题,经拆分优化后得到 467 道习题;《电子商务概论(第 6 版)》共有 227 道习题,经处理,原 227 道习题拆分优化成 324 道习题。两本教材习题总数对比情况如表 3-12 所示。后续研究将以拆分优化后的统计结果为基础。

表 3-12 两本教材习题总数对比 (单位:道)

教材名称	拆分优化前	拆分优化后
《电子商务(原书第 12 版)》	423	467
《电子商务概论(第 6 版)》	227	324

(2)习题分布。

①《电子商务(原书第 12 版)》。基于《电子商务(原书第 12 版)》知识结构

表,我们对优化后的467道习题按一级知识点进行统计可知:网络营销、网上销售和电子商务支付系统的习题数量位列前三,分别为57道、46道和44道;技术基础设施的习题数量最少,仅有25道。但从整体占比来看,各一级知识点的习题差距并不大,具体情况如图3-19、图3-20所示。这说明《电子商务(原书第12版)》对于每个一级知识节点的考查均比较详细,且对于网络营销、网上销售等经管类知识更加重视。

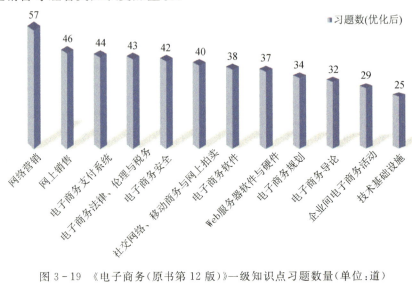

图3-19 《电子商务(原书第12版)》一级知识点习题数量(单位:道)

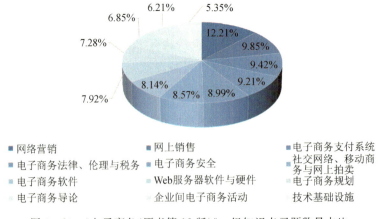

图3-20 《电子商务(原书第12版)》一级知识点习题数量占比

②《电子商务概论(第6版)》。基于《电子商务概论(第6版)》知识结构

表,我们对优化后的 324 道习题按一级知识点进行统计可知:电子商务安全技术含有 67 道习题,位居首位;电子商务支撑技术与电子商务基础知识的习题数量紧随其后,均有 47 道;上述习题数占比累计达 49.7%,接近总习题数量的一半;而移动电子商务、电子商务战略与文化,以及电子商务案例分析所含的知识点均小于 10 道,三者习题占比累计仅有 5.25%,具体情况如图 3-21、3-22 所示。相较于《电子商务(原书第 12 版)》,《电子商务概论(第 6 版)》更加注重对电子商务技术层面的知识考查,对战略层面和案例分析应用层面的知识考查关注较少。

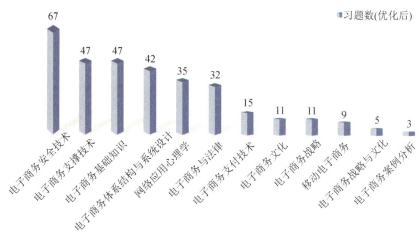

图 3-21 《电子商务概论(第 6 版)》一级知识点习题数量(单位:道)

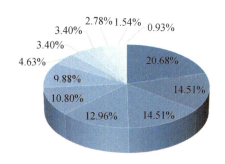

图 3-22 《电子商务概论(第 6 版)》一级知识点习题数量占比

(3)习题覆盖面。

通过将习题与二级知识点进行匹配,我们可知:《电子商务(原书第12版)》优化的467道习题共覆盖了140个三级知识点,覆盖率达到85.89%;《电子商务概论(第6版)》习题覆盖率达到了92.62%。两本教材习题覆盖面对比情况如表3-13所示。由此可知,两本教材的知识点覆盖率均较为可观,能够考查绝大部分知识点,《电子商务概论(第6版)》习题的知识点覆盖率略高于《电子商务(原书第12版)》。

表3-13 两本教材习题覆盖面对比

教材	习题数/道	知识点总数/个	知识点覆盖数/个	覆盖率/%
《电子商务(原书第12版)》	467	163	140	85.89
《电子商务概论(第6版)》	324	149	138	92.62

(4)习题层次类型。

基于陈述性习题、程序性习题以及策略性习题的概念界定,我们从习题具体考查的内容层次、内容深度出发,对习题层次进行分类,得出以下结果。

《电子商务(原书第12版)》的467道习题中,陈述性习题、程序性习题以及策略性习题的数量分别为379道、35道和53道,三者占比分别为81.16%、7.49%和11.35%,如图3-23所示。

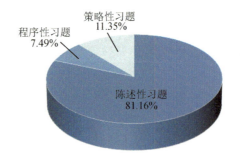

图3-23 《电子商务(原书第12版)》各类型习题数量占比

《电子商务概论(第6版)》的324道习题中,陈述性习题、程序性习题以及策略性习题的数量分别为260道、33道和31道,三者占比分别为80.25%、10.18%和9.57%,如图3-24所示。

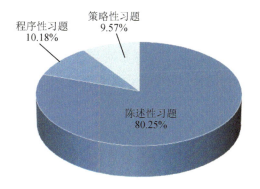

图 3-24 《电子商务概论(第 6 版)》各类型习题数量占比

由上述结果可知,两本教材均将陈述性习题作为重点,十分重视对基础性知识概念的考查。与《电子商务概论(第 6 版)》不同,《电子商务(原书第 12 版)》的策略性习题数量多于程序性习题,这在一定程度上与国外的"市场导向性"教学理念有关。

结合上述四个方面的对比,不同于《电子商务原理(原书第 12 版)》和《电子商务概论(第 6 版)》,中国电子商务教材建设的新成果《电子商务学》将中国电子商务 20 多年来的理论研究和工程实践研究进行了系统性总结,并创建了相关发展理论。《电子商务学》以背景为引导、以基础为铺垫、以模型为核心、以体系结构为支撑、以原理为纲目、以案例为融合,全书采用数理逻辑思维,运用数学表达创立了独特的知识体系、过程体系以及创新体系,奠定了电子商务学科的基本学说,并建立了具有电子商务学科特色的知识架构,形成了体系化、过程化、案例化的"电子商务学"理论体系。《电子商务学》首次将电子商务作为一个学科进行研究,为电子商务基础研究和未来发展拓宽了新空间、指明了新方向。

3.4 本章小结

教材编写理念是核心价值,教材类型建设是重要方向,教材内容完善是集中体现。本章采用从宏观到中观再深入至微观视角的研究逻辑,运用个案分析、统计分析,以及对比分析等研究方法,对中外电子商务教材编写思想、教材类型进行了核心价值提炼和系统性对比,并在此基础上从教材内容这一微观视域深入,选取中外具有代表性的教材,从教材内容的广度与深度、教材内容学科交叉性,以及教材习题三个层面进行精准分析和比较研究。研究发现:中外教材具有一定的共性特征,都十分注重时代性、实践性和创新性;但由于中外电子商务生态的不同,因此,中外电子商务教材在思想、分类以及内容侧重上也存在着诸多个性化特色,中国十分注重个人与社会价值的实现,国外则强调个人能力提升和自由开放学习。但究其根本,中外电子商务均是为了在特定情形下满足现实社会生态的需求,服务现实背景下电子商务人才的培养。

此外,本章旨在建立起一种具有系统性、科学性、前瞻性和完整性的教材分析流程和思想体系:以编写思想入手,深入挖掘教材编写的核心理念、根本目的和价值准则,找准教材编写的顶层架构和主心骨;从教材类型展开,深入分析国家战略导向与教材建设方向的内在关联,把握重点聚焦领域;从教材内容深耕,深入研究不同生态下的内容侧重以及逻辑关联,剖析最接近于实践转化的教学思想。这种分析体系为读者提供了教材分析的具体方法,为国内外专家学者、管理人员以及相关研究人员提供了参考借鉴,为电子商务教材标准体系建设提供了参考标准。

第 4 章　中国电子商务教材建设需求

知识图谱

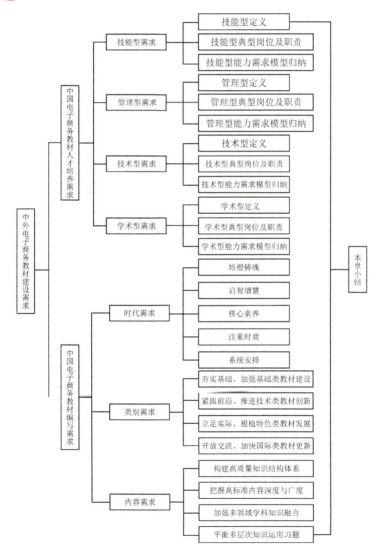

4.1 中国电子商务教材人才培养需求

习近平总书记强调,"创新的事业呼唤创新的人才。"[1]中国正处于新型工业化、信息化、城镇化、农业现代化快速发展阶段,中等收入人群数量不断扩大,对电子商务提质扩容的需求日益旺盛[2]。电子商务作为数字经济中的一个重要内容,对拉动内需、促进消费、打通国内国际双循环具有十分重要的作用[3],而在电子商务产业生态链中,电子商务人才是支撑电子商务产业蓬勃发展的核心动力。电子商务的高质量发展,在一定程度上取决于电子商务人才的高质量发展[4]。电商领域必须实施人才制度改革攻坚,坚持以"人才链"引领"产业链",创新打造引得进、留得住、干得好的"全生命周期"电商人才服务模式,筑牢电商人才引进"蓄水池",放大电商人才发展"磁力场",优化电商人才服务"生态圈",打造电商人才振兴"新高地",力争走出一条"以产聚才、以人促产"的高质量发展之路。

然而,近年来商务部发布的《中国电子商务报告》表明,在中国电子商务的发展过程中,电商人才的稀缺问题和现有电商从业人员的能力与需求之间的不平衡、不充分问题一直存在。这启示我们,作为高等教育中与社会发展、市场需求结合十分紧密的领域,传统的商科人才培养方式已无法满足社会对人才的需求。在新的经济条件下,必须加强产教深度融合、深化育人机制、重组课程体系、更新课程内容、改革教育方法、推动人才培养供给侧和产业需求侧结构要素全方位融合,在电子商务领域培养出一批掌握现代信息技术,能够将数字经济理论与现代商贸活动相结合的复合型电子商务人才。

近年来,中国通过本科教育等各种人才培养模式开展了电子商务人才培养,为国家输送了大批不同层次的电子商务人才。截至2021年,中国电子商务相关从业人数达6700万人,他们为中国电子商务产业的高速发展,贡献了巨大的力量[5]。在商务部、中央网信办、发展改革委日前发布的《"十四五"电子

---

[1] 陈芳,胡喆,温竞华,等.国家科技创新力的根本源泉在于人[N].人民日报,2022-05-31(1).
[2] 李伟.习近平总书记协调发展重要思想的理论和实践意义[J].党建研究,2017(7):24-27.
[3] 周济.智能制造:"中国制造2025"的主攻方向[J].中国机械工程,2015,26(17):2273-2284.
[4] 王奇,牛耕,赵国昌.电子商务发展与乡村振兴:中国经验[J].世界经济,2021,44(12):55-75.
[5] 郑淑蓉,吕庆华.中国电子商务20年演进[J].商业经济与管理,2013(11):5-16.

商务发展规划》(以下简称《规划》)中①,明确提出要"梯度发展电子商务人才市场",通过完善电子商务人才培养体系,强化"政、产、学、研、用、培"六位一体人才培养模式,建立多元联动的电子商务人才培养机制,培养高质量的电子商务人才,到2025年,实现电子商务相关从业人数达7000万人,为"十四五"时期电子商务产业高质量发展保驾护航。

《规划》表明,电子商务产业的快速发展必会产生巨大的人才需求。至2025年,中国电子商务领域相关从业人数将达到7000万;跨境电子商务交易额增长至2.5万亿元。未来五年,预计中国电商人才缺口达985万。"十四五"时期电子商务发展总规模指标如表4-1所示。

表4-1 "十四五"时期电子商务发展总规模指标

类别	指标名称	2020年	2025年
总规模	电子商务交易额	37.2万亿元	46万亿元
	全国网上零售额	11.8万亿元	17万亿元
	相关从业人数	6015万	7000万

综上所述,电子商务将促进中国高质量发展,可以通过拉动内需、促进消费,带动社会经济的转型发展。国家对电子商务产业的发展报以重视和期待,因此电子商务的市场空间将更加宽阔。随着电子商务产业的茁壮成长,其对于电商人才的需求也会日益增长、更加旺盛。

中国的电子商务专业建设主要集中在本科阶段,遵循从低级到高级,从技术到素质的逻辑。2001年,中国高校电子商务专业建设协作组成立,在学科建设、师资培养、教材建设、实验室建设、实习基地建设等一系列重要问题上取得了一致意见,推动了中国电子商务教育的标准化发展。从专业方向的角度来看,电子商务是一门新兴的交叉学科,涉及计算机技术、管理学、经济学、法学等多个领域。教育界普遍认为,电子商务应培养具备一定的计算机技术和经济管理知识,适应现代信息化环境下的商业行为规律,具备一定的专业技术和创造能力的复合型人才。

---

① 国家发展和改革委员会.《中华人民共和国国民经济和社会发展第十四个五年规划和2035年远景目标纲要》辅导读本[M].北京:人民出版社,2021.

一直以来,高校作为电子商务人才培养的主力军,开展目标性与前瞻性培养[①]。据统计,目前中国共有600所本科院校开办电子商务专业,专业布点634个。其中,有的学校电子商务专业开设在计算机学院或信息学院,课程内容偏重技术,学生从事电商技术类工作较多,典型的技术类岗位如网站建设、电商系统开发、数据分析挖掘等,技术类岗位既需要学生掌握数据库、编程语言和数据分析等技能,也需要学生掌握管理、营销等电商相关的商务知识。有的学校电子商务专业开设在经管学院,课程内容偏重商务管理,学生从事运营管理类的工作较多,典型的非技术类岗位如电商运营、网络营销、互联网产品经理、数据运营等,非技术类岗位需要了解电商相关的技术,并具备较强的执行能力、学习能力、创新思维和综合素质。由此可见,不同高校在电子商务人才的培养方向上存在较大差异。

在了解当今电子商务人才的需求出现多元化、需求缺口大等现状的基础上,本节通过分析微观层面的企业电子商务人才知识、能力、素养要求,以及岗位需求情况[②],并结合高校电子商务人才培养的差异化特性,将电子商务人才需求划分为四个方面,即技能型需求、管理型需求、技术型需求以及学术型需求,旨在为供给端提供人才培养相关建议,为高校电子商务人才的培养与教材建设提供指引。

4.1.1 技能型需求

1. 技能型定义

20世纪80年代以后,国际高等教育界逐渐形成了一股新的潮流,那就是普遍重视实践教学、强化应用型人才培养。2014年3月中国教育部改革方向已经明确:全国普通本科高等院校1200所学校中,600多所将逐步向应用型大学转变,要求各专业紧密结合地方特色,注重学生实践能力,培养应用型人才、技能型人才[③]。

技能型人才就是指在生产和服务等领域的岗位一线,掌握专门知识和技

[①] 黄首晶,杜晨阳.试析社会、高校、政府在高校创业教育中的主体功能:基于中美的比较分析[J].比较教育研究,2017,39(9):79-88,111.

[②] 邵兵家,刘晓钢,师蕾.我国企业网络营销人才核心技能需求研究[J].现代管理科学,2010,No.211(10):31-33,119.

[③] 何梓源.我国电子商务高速发展背景下的人才供需状况研究[D].上海:上海社会科学院,2013.

术,具备一定的操作技能,并在工作实践中能够运用自己的技术和能力进行实际操作的人员。电子商务技能型需求,就是对电子商务领域技能型人才的需求,具体体现为对具有企业网络营销业务技能、企业服务业务技能、企业物流业务技能,以及电子商务平台美术设计技能等人才的需求。

2. 技能型典型岗位及职责

电子商务技能型典型岗位根据其核心业务可分为以下四类,其代表性岗位和岗位职责如表 4-2 所示。

表 4-2 电子商务技能型典型岗位需求和岗位职责

需求岗位	岗位职责
企业网络营销业务类 (代表性岗位:电商运营专员)	利用网站为企业开拓网上业务、网络品牌管理、客户服务等工作
企业服务业务类 (代表性岗位:电商客服)	负责与客户进行良好沟通、妥善解决纠纷、提高客户满意度及账户好评率、搜集和统计客户相关数据、参与客户服务满意提升的策划和推广
企业物流业务类 (代表性岗位:电商物流专员)	负责处理平台订单、组合优化物流渠道、跟进物流数据、调拨仓储
电子商务平台美术设计类 (代表性岗位:网站美工人员)	负责平台颜色处理、文字处理、图像处理、视频处理等工作

(1)企业网络营销业务类。

企业网络营销业务类的代表性岗位是电商运营专员,其主要职责是利用网站为企业开拓网上业务、管理网络品牌、服务客户等工作,如图 4-1 所示。

(2)企业服务业务类。

企业服务业务类的代表性岗位是电商客服,其主要职责是与客户进行良好沟通、妥善解决纠纷、提高客户满意度及账户好评率、搜集和统计客户相关数据、参与客户服务满意度提升的策划和推广等,如图 4-2 所示。

(3)企业物流业务类。

企业物流业务类的代表性岗位是电商物流专员,通常负责处理平台订单、组合优化物流渠道、跟进物流数据、调拨仓储,如图 4-3 所示。

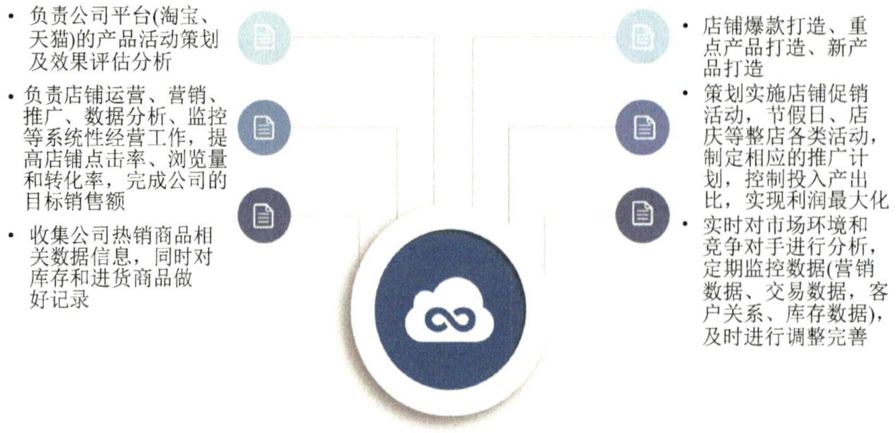

· 负责公司平台(淘宝、天猫)的产品活动策划及效果评估分析
· 负责店铺运营、营销、推广、数据分析、监控等系统性经营工作，提高店铺点击率、浏览量和转化率，完成公司的目标销售额
· 收集公司热销商品相关数据信息，同时对库存和进货商品做好记录
· 店铺爆款打造、重点产品打造、新产品打造
· 策划实施店铺促销活动，节假日、店庆等整店各类活动，制定相应的推广计划，控制投入产出比，实现利润最大化
· 实时对市场环境和竞争对手进行分析，定期监控数据(营销数据、交易数据，客户关系、库存数据)，及时进行调整完善

图 4-1　电商运营专员岗位主要职责

与客户进行良好沟通
妥善解决纠纷
提高客户满意度及账户好评率
搜集和统计客户相关数据
参与客户服务满意度提升的策划和推广

图 4-2　电商客服岗位主要职责

调拨仓储
处理平台订单
跟进物流数据
组合优化物流渠道

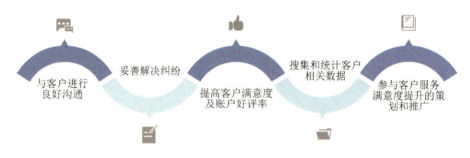

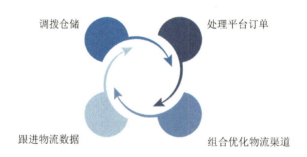

图 4-3　电商物流专员岗位主要职责

(4)电子商务平台美术设计类。

电子商务平台美术设计类的代表性岗位有网站美工人员、平面美工、Flash动画设计师等,其主要从事平台颜色处理、文字处理、图像处理、视频处理等工作,如图4-4所示。这些岗位的岗位职责是配合网站建设开发人员完成网站前台界面的设计;负责公司门户网站所有频道栏目的图片设计和更新,对网站的架构优化提出建议;配合市场推广、网站策划人员进行相应的页面设计制作[①]。电子商务平台的美工设计岗位一般要求有创意、有自己独特的想法,同时具备审美意识和美术设计能力、网站配色和布局能力、文字编辑和排版能力。

图4-4 电商网站美工人员岗位主要职责

3. 技能型能力需求模型归纳

通过对技能型典型岗位及职责的分析可知,技能型能力需求主要分为办公自动化能力、美术设计能力、资源整合能力以及业务开拓能力四个方面。技能型需求能力模型如图4-5所示。

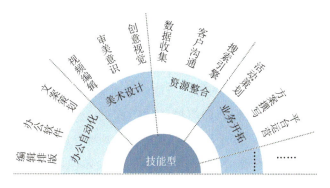

图4-5 技能型需求能力模型

---

① 方玲玉.电子商务岗位与人才培养[J].电子商务世界,2005(7):82-83.

(1) 办公自动化能力。

办公自动化能力主要涉及日常办公工具的使用,包括编辑排版、常用办公软件的掌握,以及活动文案的编辑撰写,是基础的能力层面。

(2) 美术设计能力。

美术设计能力主要涉及视频编辑,从业人员需要具备一定的审美意识并具有一定的视觉表现力和创造性,能够搭建对客户有吸引力的网站,网站注重用户体验,前台界面、色彩、布局要新颖时尚、美观大气。从业人员还要根据企业的整体目标和营销策略进行功能上的设计。

(3) 资源整合能力。

资源整合能力主要涉及搜索引擎的使用、数据的处理挖掘,以及与客户的沟通,还包括掌握各种推广方法,比如,搜索引擎竞价排名的实施、网络广告的投放、企业黄页的推广、门户网站的推广等,以吸引更多的潜在客户访问网站。

(4) 业务开拓能力。

业务开拓能力主要涉及电子商务平台活动策划,方案的撰写能力,以及平台的运营能力,具体要求从业人员对所处的行业特点、企业特点、产品特点及竞争对手有深入的了解分析,了解企业的投入和回报期望,确定电子商务、网络营销的目标,并能够提出网站规划和具体实施步骤。在网站建设前,企业应对设计人员给予营销设计思路的指导。

4.1.2 管理型需求

1. 管理型定义

管理型人才就是从事经营管理活动的人才,电子商务管理型人才是高层次的电子商务人才,这类人才的特点是能够准确地把握电子商务全局,能够从战略上分析把握行业发展特点和趋势,能够为企业电子商务发展设计战略,形成电子商务全面规划等。电子商务管理型人才需要有广泛的且有一定深度的管理学、信息科学与技术专业、经济学专业的相关知识,而且要具备企业电子商务整体规划、建设、运营和管理能力。其代表性的岗位有电子商务部门经理。

2. 管理型典型岗位及职责

一个高层次的电子商务管理型人才能够根据自身所处的行业特点、企业特点、产品特点和竞争对手情况来制定正确的网络营销方案,能够明确企业的目标、指出企业整体的发展方向。这类人才主要从事电子商务整体规划、运营和管理工作。具体的工作职责是:负责和客户沟通,明确客户的网络营销目标,深入了解客户需求;负责网络营销规划,撰写营销方案;与相关业务部门沟通,完善网络营销方案的制定和执行;负责团队成员的工作指导,培养新人等。电子商务管理型人才所从事的岗位具体职责细化如表 4-3 所示。

表 4-3 电子商务管理型人才所从事岗位具体职责[①]

序号	具体职责
1	做好客户维系,与资源合作企业建立良好的伙伴关系
2	使用即时通信工具与客户沟通,解答客户疑问
3	介绍店铺产品,指导消费者操作购物流程,促成交易,完成销售目标
4	及时把握客户需求,收集顾客意见并促进店面服务的完善
5	处理客户售前、售中、售后问题、跟踪物流等工作
6	熟悉店铺的视觉美化,负责产品关键词设置
7	熟悉产品详情设计,负责产品描述及产品详情设计
8	负责公司网上商城的管理和视觉信息维护
9	数据分析,调整网站和店铺的经营方向
10	监控营销、交易、商品和客户数据,并分析数据
11	制定推广预算,进行推广效果分析,及时提出营销改进策略
12	利用网络进行公司产品的销售及推广,通过网络进行渠道开发和业务拓展
13	根据产品特点,制定并实施产品营运策略、目标及方案
14	负责店铺运营及产品规划,制定网络营销方案及推广策略,同时制定商务活动的推广计划、推广目标、实施评估与监控,多方位地开拓网络营销资源和渠道
15	及时分析运营推广数据,更新、完善网站相关内容,针对性开展营销活动

---

① 田帅辉,常兰.电子商务环境下复合型物流管理人才培养策略研究[J].价值工程,2014,33(35):269-271.DOI:10.14018/j.cnki.cn13-1085/n.2014.35.154.

综合而言,电子商务管理型典型岗位可以根据其核心业务分为电子商务平台综合管理和企业电子商务综合管理两类,其代表性岗位和岗位职责如表4-4所示。

表4-4 电子商务管理型典型岗位需求和岗位职责

需求岗位	岗位职责
电子商务平台综合管理类 (代表性岗位:电子商务项目经理)	负责项目管理等工作,要求既对计算机、网络和社会经济有深刻的认识,又具备项目管理能力
企业电子商务综合管理类 (代表性岗位:电子商务部门经理)	负责企业电子商务整体规划、建设、运营和管理等工作

3. 管理型能力需求模型归纳

通过对管理型典型岗位及职责的分析,管理型能力需求主要分为网络销售能力、营销管理能力以及人际交往能力三个方面[①]。管理型需求能力模型如图4-6所示。

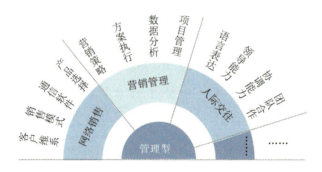

图4-6 管理型需求能力模型

(1)网络销售能力。

网络销售能力即掌握常用网络销售平台的使用,了解客户的实际需求,为客户提供优质服务,同时也对网络营销的策划和执行能力提出了要求,需要从

---

① 王红军. 跨境电子商务人才创业胜任力培养机制研究[D]. 杭州:浙江大学,2018.

业人员能够寻找并开发新市场。

(2)营销管理能力。

一个高层次的电子商务人才能够根据自身所处的行业特点、企业特点、产品特点和竞争对手情况来制定正确的网络营销方案,能够明确企业的目标、指出企业整体的发展方向。这类高级人才主要从事电子商务整体规划、运营和管理工作。营销管理能力具体可细化为:网络营销策略制定能力、网站推广方案的制定和执行能力、网站运营数据分析和处理能力、专题活动策划能力。

(3)人际交往能力。

人际交往是指妥善地处理组织内外的关系,包括与周围环境建立广泛的联系和对外界信息的吸收、转化能力,以及能够正确处理上下级的关系。人际交往能力是衡量一个公共关系人员能否适应现代社会需求的标准之一,该能力要求电子商务相关人员必须懂得如何得体地与客户、研发、物流、售后等多方面领域人员沟通,并善于处理各类复杂的人际关系。

4.1.3 技术型需求

1. 技术型定义

技术型人才是主要从事理论技术应用的人才。技术型人才注重理论知识和实践方法的结合运用,具有较强的发展能力,是促进电子商务发展的重要动力,可以满足社会和企业的实际需求。

技术型人才的特点如下:第一是实践性,技术型人才将理论知识和实践方法相结合,经过多次实际操作,不断积累经验,形成一套完整的方法论,最后成功将理论技术转化为实际应用。第二是能力强,技术型人才在实际工作中常处于团队环境中,因此,他们不仅需要具备实际操作能力和学习能力,还需要具备团队协作能力、领导能力、创新能力等。第三是突破性,电子商务产业是互联网时代下新产生的产业,随着互联网技术的发展,电子商务的工作内容越来越复杂,技术型人才为满足产业需要,应该从专业角度出发,学习更多的知识。

2. 技术型典型岗位及职责

电子商务技术型典型岗位根据其核心工作可分为电子商务平台设计、电子商务产品设计和电子商务人才培养三类,其代表性岗位和岗位职责如表

4-5所示。

表 4-5 电子商务技术型典型岗位需求和岗位职责

核心工作	典型岗位	岗位职责
电子商务平台设计	平台设计/开发人员	主要从事电子商务平台前端后端开发、数据库建设、平台安全建设、AI算法建设,以及日常运营技术管理等工作
电子商务产品设计	UI设计师/游戏产品设计师	主要从事制定电子商务相关产品设计任务书及实施设计任务书中的项目要求
电子商务人才培养	教师	主要从事教学和培养电子商务相关人才的工作

(1)电子商务平台设计。

电子商务平台设计的代表性岗位是平台设计/开发人员,主要从事电子商务平台前端后端开发、数据库建设、平台安全建设、AI算法建设,以及日常运营技术管理等工作,其主要工作职责如图4-7所示。

图 4-7 电子商务平台设计主要职责

(2)电子商务产品设计。

电子商务产品设计的代表性岗位是UI设计师/游戏产品设计师,主要从事制定电子商务相关产品设计任务书及实施设计任务书中的项目要求,其主要职责如图4-8所示。

图4-8 电子商务产品设计主要职责

(3)电子商务人才培养。

电子商务人才培养的典型岗位是教师,主要从事教学和培养锻炼人才等工作,其主要职责如图4-9所示。

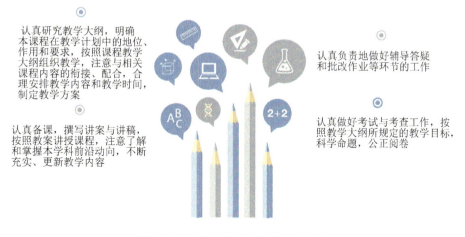

图4-9 电子商务人才培养主要职责

3.技术型能力需求模型归纳

通过对技术型典型岗位及职责的分析,技术型能力需求主要分为计算机能力、策划能力和沟通表达能力三个方面。技术型能力需求模型如图4-10所示。

图 4-10 技术型能力需求模型

(1)计算机能力。

计算机能力是指能够有计算机逻辑思维、了解计算机相关算法并且熟练操作计算机的能力。其要求技术型人才能够熟练掌握一门或多门编程语言,按照设计要求建设电子商务平台与网站;能够不断学习新算法、不断改进与更新网站的运行逻辑,使平台运行流畅;能够根据已学知识,不断创新编程、维护的方法,不断提高编程效率。

(2)策划能力。

策划能力是指遵循一定的方法或者规则,对未来电子商务平台发展进行系统、周密、科学的预测并制定科学的可行性方案的能力。其要求技术型人才熟悉用户心理和习惯,对市场和流行趋势有一定的敏锐性,有针对性地设计出电子商务相关产品。

(3)沟通表达能力。

沟通表达能力是指将信息在个体与群体之间传递,并达成共同协议的能力。技术型人才从事的大部分工作需要团队协作,团队的成员不仅要有个人能力,更需要有在不同的位置上各尽所能、与其他成员协调合作的能力。因此,技术型人才需要进行大量的沟通与交流才可以完成工作,沟通表达能力在这个过程中尤为重要。

4.1.4 学术型需求

1. 学术型定义

学术型人才是指从事研究客观规律、发现科学原理的人才。他们的主要任务是致力于将自然科学和社会科学领域中的客观规律转化为科学原理[①]。电子商务学术型人才将电子商务产业、人才、发展等各方面状况进行总结与反思,并创造性地进行探索,寻找行业的新可能。学术型人才是引领电子商务发展的关键。

2. 学术型典型岗位及职责

电子商务学术型典型岗位根据其核心工作可以分为电子商务学术研究、电子商务学术创新和电子商务学术未来探索三类,其代表性岗位和岗位职责如表4-6所示。

表4-6 电子商务学术型典型岗位需求和岗位职责

核心工作	典型岗位	岗位职责
电子商务学术研究	硕士生导师/博士生导师/科研工作者	借助已有的知识、经验,对电子商务相关问题进行总结性研究、规律性研究;指导硕士生、博士生参与学术活动
电子商务学术创新		借助已有的知识、经验,对电子商务学术活动进行理论创新、概念创新、科研方法创新;引导学生进行创新性研究
电子商务学术未来探索		借助现有科研成果,对电子商务未来进行统筹规划,撰写引导性、方向性指导文件

电子商务学术型人才的典型岗位是硕士生导师、博士生导师以及科研工作者。高校导师往往集教学工作与科研工作于一身,教学工作的岗位职责见前文,图4-11仅为电子商务学术型人才进行科研工作时的岗位职责。

[①] 郑晓梅.应用型人才与技术型人才之辨析:兼谈我国高等职业教育的培养目标[J].现代教育科学,2005(1):10-12.

负责科技处各种文件、资料、管理制度等的收集、整理及归档工作

负责完成科研队伍、科研基地的建设，科研项目、科研成果的申报工作

负责完成科研开发，科研成果的推广、转化与应用的管理工作

负责完成学校科研基金资助项目的申报、审批、协调、验收等全程管理工作

完成科研处的承上启下工作，做到上情下达、下情上达

贯彻执行领导对科研工作的指示和要求

负责完成学校学术交流工作

图 4-11　电子商务学术型科研工作岗位主要职责

3.学术型能力需求模型归纳

通过对学术型典型岗位及职责的分析，学术型能力需求主要分为科研能力、创新能力和学习能力三个方面。学术型能力需求模型如图 4-12 所示。

图 4-12　学术型能力需求模型

(1) 科研能力。

科研能力是学术型人才从事科学研究、探索问题并解决问题的基础。其要求学术型工作者通过已有的知识和经验,独立思考,将事实化为理论,将理论放入实践,最后通过不断地分析、反思、改进,得出最终的学术成果。

(2) 创新能力。

创新能力是学术型人才进行科研创新的必备能力。电子商务学术型工作者应将已有经验进行分析、反思、解构,不断创造出具有经济价值、社会价值、生态价值的新思想、新理论、新方法、新发明。

(3) 学习能力。

学习能力是高效准确地获取新知识、了解新信息的能力,包括阅读能力、写作能力、文献检索能力等。终生学习帮助学术型人才储备知识、更替新旧信息、培养研究能力、积累经验,使学术型长期保持活力,不断创造出学术成果。

4.2 中国电子商务教材编写需求

4.2.1 时代需求

在新时代课程改革不断深化的背景下,如何牢牢把握电子商务教材建设的新方向和新要求,抓住电子商务教材建设的新机遇,注重改革的系统性和衔接性,关注电子商务教材的重大攻关热点问题,打造世界一流的精品教材[1],是电子商务教材建设应树立的认识需求。基于中外电子商务教材内容编写的分析结果,中国电子商务教材编写的时代需求如图4-13所示。

1. 培根铸魂

坚持党和国家对教材建设的全面领导、把牢教材意识形态的主导权,是教材事业稳步前进的"压舱石"[2]。电子商务教材编写在思想性方面要体现党和国家意志,弘扬社会主义核心价值观,传承中华优秀传统文化,落实立德树人根本任务,深入推进以习近平新时代中国特色社会主义思想为指导的铸魂育

---

① 张军霞.科学教材编写应回到原点[J].课程·教材·教法,2022,42(6):147-153.
② 张美静.中国共产党百年教材政策的发展脉络、演进逻辑与未来进路[J].当代教育论坛,2021(5):32-39.

图 4-13 中国电子商务教材编写时代需求

人工作①。电子商务教材编写需要引导学生在日常学习生活中形成正确的世界观、人生观和价值观,厚植爱国主义情怀,感悟中华民族精神,领略民族文化魅力,增强对中华文化的认同感、民族自信心和自尊心,树立为实现中华民族伟大复兴和推动社会进步而奋斗的崇高追求②。

2. 启智增慧

电子商务教材的编写应注重启智增慧③。当前,人工智能、大数据、云计算等新兴技术快速发展,以网络化、数字化、集成化、智能化为特征的数字化转型浪潮席卷全球,对人才提出了更高的要求,要求具备扎实的现代服务应用及大数据分析方法,具有实践能力和创新精神,成为精通现代服务业的国际化、复

---

① 人民日报. 推进落实立德树人根本任务[EB/OL]. (2021-03-17)[2022-09-25]. http://www.qstheory.cn/qshyjx/2021-03/17/c_1127220869.htm.
② 中国共产党新闻网. 习近平谈教育引导学生:为学生点亮理想的灯、照亮前行的路[EB/OL]. (2019-04-22)[2022-09-25]. http://cpc.people.com.cn/xuexi/n1/2019/0422/c385474-31041896.html.
③ 人民日报. 培根铸魂 启智增慧[EB/OL]. (2021-02-19)[2022-09-25]. http://www.moe.gov.cn/jyb_xwfb/s5148/202102/t20210219_513714.html.

合型高素质专门人才①。时代的发展驱动人才培育模式的转变,从重视培养人才知识技能转变为关注人才启智增慧②。因此,电子商务教材的编写要聚焦启智增慧,不断增强电子商务教材的科学性和创造性,大力培养学生的创新能力,使其适应新时代的新需求。

3. 核心素养

电子商务教材的编写应凝练核心素养。核心素养指学生在接受相应学段教育的过程中,逐步形成适应个人终身发展和社会发展需要的必备品格与关键能力③。在新时代课程改革背景下,电子商务教材编写应着重从"教学习者掌握知识"转变为"教学习者像科学家一样思考和实践",其内容设计应超越单纯的知识传递,注重学生核心素养的培育,即借助知识载体,通过知识构建的学习方式,引导学生自主学习、自主探究、积极实践,让学生通过领悟学科本质和思想方法,实现必备品格及关键能力的自身内化,形成正确的情感、态度和价值观④。

4. 注重时效

电子商务教材的编写应讲究适宜性,要依据学生的认知发展规律和教育教学规律,贴近学生生活学习实际,注重抽象概念与生动案例相结合,显性表述与隐性渗透相结合,确保电子商务教材内容可认知、可理解,指导学生将思想认识转化为实际行动⑤。电子商务教材的编写还需要讲究时效性,要站在二十一世纪的高度,紧扣当今世界科技文化潮流,形成具有鲜明时代特色的、具有中国文化创新气派与风格的新型教材⑥。

5. 系统安排

电子商务教材的编写应坚持系统安排。在"两个一百年"奋斗目标的历史

---

① 西安交通大学本科招生网. 电子商务. [EB/OL]. (2021-12-09)[2022-06-26]. http://zs.xjtu.edu.cn/yxsd/jjyjxry/dzsw.htm.
② 求是杂志. 习近平:深入实施新时代人才强国战略 加快建设世界重要人才中心和创新高地[EB/OL]. (2021-12-15)[2022-09-25]. http://www.gov.cn/xinwen/2021-12/15/content_5660938.htm.
③ 核心素养研究课题组. 中国学生发展核心素养[J]. 中国教育学刊,2016(10):1-3.
④ 刘娜. 新时代课程改革背景下基础教育精品教材编写思考[J]. 传播与版权,2022(9):29-31.
⑤ 国家教材委员会. 国家教材委员会关于印发《习近平新时代中国特色社会主义思想进课程教材指南》的通知[EB/OL]. (2021-07-21)[2022-09-14]. http://www.moe.gov.cn/srcsite/A26/s8001/202107/t20210723_546307.html.
⑥ 求是杂志. 习近平:加快建设科技强国 实现高水平科技自立自强[EB/OL]. (2022-04-30)[2022-09-25]. http://www.gov.cn/xinwen/2022-04/30/content_5688265.htm.

交汇点上,党的十九届五中全会提出,"十四五"时期经济社会发展必须坚持系统观念,加强前瞻性思考、全局性谋划、战略性布局、整体性推进①。由于电子商务的很多专业课程都具有交叉性,电子商务教材的编写应当综合化,更好地为学生建立起系统性的知识体系。电子商务教材编写是一项战略工程、基础工程、系统工程,必须坚持系统观念,加强统筹安排②。

4.2.2 类别需求

在时代浪潮中,电子商务的建设离不开合理的电子商务教材类别划分。因此,如何深入优化电子商务体系,调整电子商务各类别教材的重心对于新时代电子商务发展具有重大意义。根据前文对中外电子商务类别发展的分析,我们总结出以下四个方面的类别发展需要:夯实基础、紧跟前沿、立足实际、开放交流,如图4-14所示。

图4-14 电子商务各类别教材发展需要

1. 夯实基础,加强基础类教材建设

基础类教材在整个电子商务教材体系中扮演着"地基"的作用。没有坚实的基础知识,就不能顺利学习更加深入的电子商务知识。因此,电子商务规划教材、电子商务优秀教材的选取比例都以电子商务基础类为主,充分突出中国

---

① 人民日报.十四五"时期经济社会发展必须遵循的原则[EB/OL].(2020-12-17)[2022-09-25]. http://www.npc.gov.cn/npc/c30834/202012/0088fd0ab8e74570b06ca4c552feaad3.shtml.

② 中国教育报.加快建设高质量教材体系[EB/OL].(2020-12-01)[2022-09-15]. http://www.moe.gov.cn/jyb_xwfb/moe_2082/zl_2020n/2020_zl61/202012/t20201201_502723.html.

和教指委对电子商务基础建设的重视。深入优化电子商务基础类教学体系是加强基础类教材建设的关键。在"十四五"期间,电子商务教指委在《关于建设电子商务核心教材的通知》中将电子商务基础类细分出了学科基础类,其中包括电子商务数学、电子商务基础英语等。这鲜明地体现了电子商务这一门交叉学科需要各类基础性知识的支撑,基础类教材建设是电子商务发展的重中之重。

2. 紧跟前沿,推进技术类教材创新

电子商务技术是使电子商务发展区别于传统商务交易模式的新型交易方式的关键。随着新时代的到来,区块链、5G物联网、大数据等新兴技术逐渐进入视野,如何将这些技术应用于电子商务的革新升级成为亟须解决的问题。电子商务技术是推动电子商务发展的"发动机",也是保证以互联网为基础的商务交易活动中资金流动安全性的关键所在,其特点是具有前沿性、高科技性,这也就要求电子商务技术类教材需要紧跟时代前沿,保持较高的更新频率。

3. 立足实际,根植特色类教材发展

电子商务在受到不同国家、不同地区的文化影响后,会逐渐发展出具有地方特色的新型电子商务模式。这类特色电子商务与当地的文化相辅相成、协调发展,如图4-15所示。因此,在发展电子商务的过程中要立足实际、重视特色类电子商务教材的发展。例如,对于中国来说,其农村电子商务就是具有

图4-15 电子商务特色类教材

地方特色的一类商务模式。中国作为人口大国,农村人口占据了较大比例,基于农村商务活动发展出的农村电子商务是具有中国特色的电子商务类型。发展农村电子商务,不仅有利于中国乡村振兴等政策的实施,也能在农村进行成体系的跨行业联合、构筑有序的商业联合体,从而降低农村商业成本、扩大农村商业领域。

因此,在发展电子商务的过程中,我们需要根据地方特色以及发展实际需要,发展出具有地方特色的电子商务教材。电子商务特色类教材是培养地方电子商务人才的关键,这也就要求电子商务特色类教材的深入优化需要因地制宜。

4. 开放交流,加快国际类教材更新

随着电子商务的不断发展,电子商务需要逐渐走向世界。从中国的形势来分析,电子商务国际化需要以"一带一路"为基础,深入研究国际局势发展,从而进行相关的人才培养。因此,在进行电子商务国际类教材的优化过程中,我们需要深入研究国内外的市场需求,从需求出发,开设国际化课程并调整电子商务国际化类教材。国际化类教材与其他教材的不同点在于国际化电商平台会面临文化、政治、风俗等差异,这就要求相关教材应培养出既具备外贸电商知识,又对各国的风俗习惯有一定了解的复合型电商人才。

4.2.3 内容需求

教材内容是学科素养和学科课程标准思想的直接体现,是满足学习需求的核心材料。因此,把握好新时代中国电子商务教材内容需求,对于明确未来教材建设方向具有重要意义。基于中外电子商务教材内容分析结果,中国电子商务教材的内容需求总结如下。

1. 构建高质量知识结构体系

完整的知识结构体系包括知识系统结构和知识应用结构两大部分。知识系统结构体现的是学科知识自身内在的发展顺序和层次关系,知识应用结构说明的是知识与事物的联系以及知识与人的关系。不同学科的知识结构体系具有不同的特点和表达方式,各学科知识系统结构和知识应用结构的多样性组合由学科发展规律和学科属性决定。电子商务作为交叉性、前沿性以及实践性极强的学科,在教材知识结构体系设计上也应当表现出鲜明的学科特色。

因此,电子商务教材编写时需构建"学科前沿—学科基础—学科应用—学科创新"的知识结构体系,如图4-16所示。"学科前沿"层级培养电子商务学科意识,专注于其他基础学科知识和前沿理论介绍;"学科基础"层级打牢电子商务基础知识,专注于电子商务基础概念、模式、理论学习;"学科应用"层级锻炼电子商务实践能力,专注于促进电子商务技术的应用与转化;"学科创新"层级提升电子商务思维素养,专注于加强电子商务思维的创新与融合。电子商务"学科前沿—学科基础—学科应用—学科创新"知识结构体系是电子商务"知识—能力—价值"育人体系在教材建设上的典型应用与重要体现。

图4-16 电子商务教材知识结构体系

2. 把握高标准内容深度与广度

教材内容的深度与广度是衡量教材质量与水平的重要标准之一。教材内容的深度与广度始终相互作用,内容深度提供更底层的分析逻辑和知识价值,内容广度提供更完善的生态思维和知识面,二者缺一不可。中国电子商务在发展过程中不断创新深化应用模式,对电子商务教材的内容深度及广度均提出了新要求与新挑战。从内容深度来看,电子商务教材可用逻辑关系图、知识分解表等形式深刻揭示知识内容的发生、发展过程,展示知识结论、应用的因果变化过程,剖析知识底层逻辑和运作原理。从内容广度来看,电子商务教材应把握好核心知识概念,运用知识网络图、知识树等工具对核心知识概念进行迁移发散,增强知识的丰富性和全面性。需要注意的是,在挖掘内容深度、拓展内容广度的同时,教材编写也必须把握好二者的平衡关系,切忌陷入"极端化"陷阱。电子商务教材内容深度与广度内在关系如图4-17所示。

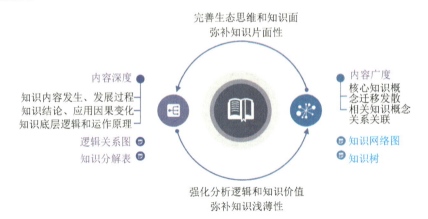

图4-17 电子商务教材内容深度与广度内在关系

3. 加强多领域学科知识融合

推动学科交叉融合,打破传统学科壁垒,促进文理渗透、理工交叉等多形式交叉,是适应经济社会发展需求、培养复合型高层次创新人才的重要路径[①]。电子商务作为以互联网等信息技术为依托、面向现代经济社会领域商务活动的新兴学科,涵盖了工学、管理学、经济学、法学等多学科领域内容,具有典型的学科交叉性。随着电子商务模式深化和技术升级,电子商务在工业、农业领域的渗透不断加深。因此,中国电子商务教材编写必须持续加深学科知识融合程度,基于"学科前沿—学科基础—学科应用—学科创新"知识结构体系的核心理念,以哲学、法学、历史学、理学知识为基础,培养学科意识;以工学、管理学、经济学知识为核心,巩固基础知识,提升应用能力与思维素养;以农学、医学、文学、教育学、艺术学知识为延伸,实现现实场景多领域融合创新。电子商务教材

图4-18 电子商务教材与多学科知识融合逻辑关系

与多学科知识融合逻辑关系如图4-18所示。此外,根据教材类型进行有意

---

① 教育部,财政部,国家发展改革委.教育部 财政部 国家发展改革委印发《关于高等学校加快"双一流"建设的指导意见》的通知[EB/OL].(2018-08-20)[2022-09-13]. http://www.moe.gov.cn/srcsite/A22/moe_843/201808/t20180823_345987.html.

识、有选择、有侧重的学科知识融合是重要原则。

4. 平衡多层次知识运用习题

教材习题是衡量知识掌握情况的重要尺度。电子商务作为具有高实践性的学科,十分注重分析问题、解决问题的能力。因此,电子商务教材习题应当具有较强的应用性、能力性、开放性和探索性。结合中外电子商务教材习题分析结果,电子商务教材习题需严格遵循陈述性、程序性以及策略性习题的分类标准,按照教材适用对象层次,科学合理地调整三大类型习题占比,优化习题情境设置,加强对联系实际解决现实问题能力的考查与训练。本科生层次的电子商务教材习题应将基本理论和基础知识作为考查重点,加强对知识的理解与简单应用,陈述性、程序性以及策略性习题的占比应遵循50%、35%以及15%的标准;研究生层次的电子商务教材习题应将综合应用与创新作为考查重点,将提供现实或未来问题的解决方案作为核心导向,陈述性、程序性以及策略性习题的占比应遵循20%、30%以及50%的标准。电子商务教材习题层次如图4-19所示。此外,提升习题对于知识点的覆盖率也是教材习题的重要需求。

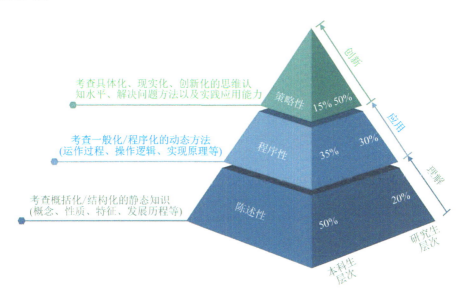

图4-19 电子商务教材习题层次

4.3　本章小结

本章以中国电子商务教材人才培养需求和中国电子商务教材编写需求为落脚点,对中国电子商务教材的建设需求进行阐述,具体从中国电子商务人才培养需求和电子商务教材编写需求两个方面展开。首先,本章在阐明当今电子商务人才的需求出现多元化、需求缺口大等现状的基础上,通过分析微观层面的企业电子商务人才知识、能力、素养要求,以及岗位需求情况,并结合高校电子商务人才培养的差异化特性,将电子商务人才需求划分为四个方面,即技能型需求、管理型需求、技术型需求以及学术型需求,并通过分析不同需求类型的典型岗位及职责,构建能力需求模型。其次,基于电子商务教材内容编写和中国电子商务人才培养需求,本章归纳出中国电子商务教材的编写应满足的三种需求,并从更加微观的视角对三种需求分别进行剖析总结,即培根铸魂、启智增慧、核心素养、注重时效、系统安排的时代需求;夯实基础、紧跟前沿、立足实际、开放交流的类别需求;构建高质量体系、把握高标准内容、加强多领域融合、平衡多层次知识的内容需求,为电子商务教材建设提出更加清晰具体的教材编写建议。

本章旨在通过对人才培养需求和教材编写需求的分析总结,为供给端电子商务人才培养提供相关建议;同时,在新时代课程改革不断深化的背景下,把握电子商务教材建设的新方向和新要求,抓住电子商务教材建设的新机遇,打造世界一流的精品教材,为高校电子商务人才的培养与教材建设提供指引。

第 5 章　电子商务教材建设未来发展方向

知识图谱

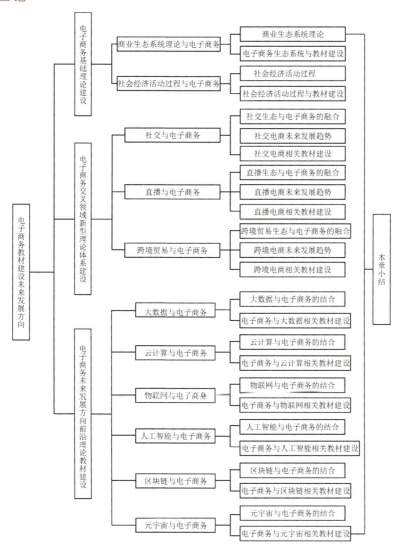

新时代新征程,教育的先导性、基础性、全局性地位作用持续凸显①。在"两个大局"背景下,教育内外环境发生深刻变化,中国教育发展必须准确识变、主动求变、积极应变,抓住重大机遇,开创教育新局面②。立足教育发展新方向,中国教材建设必须加强工作统筹,强化教材监管,创新建设理念,重视应用实践,打造更多培根铸魂、启智增慧、适应时代要求的精品教材③。在当前新形势、新需求、新技术等综合影响下,传统学科升级新内涵、学科交叉产生新知识、产教融合形成新模式,基础理论不断丰富,理论创新层出不穷,为电子商务教材的建设提出了新的要求④⑤。坚持继承创新、与时俱进,加强理论融合、理念革新成为未来电子商务教材建设的重要路径。

5.1 电子商务基础理论建设

电子商务学科的发展离不开学科基础理论的完善与丰富。电子商务教材建设也必须基于基础理论的发展情况进行融合创新,以解决现实问题。为了从宏观视角把握电子商务的发展,帮助电子商务人才掌握系统性分析方法,本节选取商业生态系统理论与社会经济活动过程理论作为基础理论代表,并对其进行详细阐述。

5.1.1 商业生态系统理论与电子商务

1. 商业生态系统理论

1993年,Moore在《捕食者和猎物:一个新的竞争生态》一文中首次提出

---

① 学习时报.胸怀国之大者 建设教育强国 推动教育事业发生格局性变化[EB/OL].(2022-05-06)[2022-09-14].http://www.moe.gov.cn/jyb_xwfb/moe_176/202205/t20220506_625028.html.

② 中华人民共和国教育部.加快教育高质量发展 2022年全国教育工作会议召开[EB/OL].(2022-01-17)[2022-09-14].http://www.moe.gov.cn/jyb_xwfb/gzdt_gzdt/moe_1485/202201/t20220117_594937.html.

③ 教育部教材局.关于印发《教育部教材局2022年工作要点》的通知[EB/OL].(2022-02-15)[2022-09-14].http://www.moe.gov.cn/s78/A26/tongzhi/202202/t20220216_599816.html.

④ 中国教育报.加强教材建设 奠基教育强国[EB/OL].(2017-11-29)[2022-09-14].http://www.moe.gov.cn/jyb_xwfb/moe_2082/zl_2017n/2017_zl73/201711/t20171129_320175.html.

⑤ 中华人民共和国教育部.全面提升教材建设科学化水平教育部召开首届全国教材工作会议[EB/OL].(2020-09-23)[2022-09-14].http://www.moe.gov.cn/jyb_xwfb/gzdt_gzdt/moe_1485/202009/t20200923_490144.html.

"商业生态系统"的概念①。商业生态系统是指以组织和个人的相互作用为基础的经济联合体,商业生态系统中具有大量参与者,且参与者之间相互依存②。与传统"单赢"竞争观念不同,商业生态系统理论更加强调"共生"关系。基于当前电子商务明显的集群化现象可知,电子商务在组织要素、结构功能等方面都表现出明显的商业生态系统特征。因此,商业生态系统理论能够科学地解释、分析电子商务的发展。

2. 电子商务生态系统与教材建设

结合商业生态系统理论分析电子商务发展创新可知,电子商务生态系统是一系列关系密切的企业和组织机构通过互联网平台以虚拟、联盟等形式实现优势互补和资源共享,最终形成的有机生态系统。电子商务生态系统中,各成员相互作用形成价值网络,物质、能量和信息通过价值网络实现流动循环③。电子商务生态系统中存在以下"物种":一是领导种群,即核心电子商务平台或企业;二是关键种群,即电子商务交易主体(如生产商、中间商、消费者);三是支持种群,即网络交易支持组织(如物流企业、金融机构、通信服务商以及政府机构等);四是寄生种群,即网络交易增值服务商(如咨询服务商、营销服务商、技术外包商等)。电子商务生态系统如图 5-1 所示。由图 5-1 可知,生态系统中的政治、经济、技术、法律和社会文化均会对"物种"产生影响。

基于 Moore 对商业生态系统演化的定义,结合电子商务生态系统的特点,我们可将电子商务生态系统演化路径划分为开拓、成长、协调、再创新 4 个阶段④,如图 5-2 所示。开拓阶段强调领导种群与关键种群之间构成联系,产生交互,形成链路;成长阶段强调支持种群与寄生种群的涌入导致生态系统持续扩张;协调阶段强调在环境作用下,同类"物种"相互竞争、优胜劣汰,最终达成平衡,同时这一阶段也会导致环境的变化;再创新阶段强调"物种"进行创新、变革以适应环境变化,这一阶段产生的新变化又将使整个电子商务生态系统回到开拓阶段。

---

① Moore James F. Predator and prey:a new ecology of competition[J]. Harvard Business Review,1993(3).
② 陆杉,高阳.供应链的协同合作:基于商业生态系统的分析[J].管理世界,2007(5):160-161.
③ 胡岗岚,卢向华,黄丽华.电子商务生态系统及其演化路径[J].经济管理,2009,31(6):110-116.
④ James F. Moore. Business ecosystems and the view from the firm[J]. The Antitrust Bulletin,2006,51(1):31-75.

图 5-1 电子商务生态系统

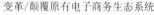

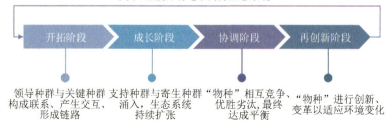

图 5-2 电子商务生态系统演化路径

综上,从发展变化的视角来看,电子商务生态系统中的要素不断增多和各要素的改变升级将带动电子商务生态系统持续更新,交叉领域的出现以及前沿技术的创新,也将对整个电子商务生态产生重要影响,从而带来新模式、新业态、新应用、新实践,同时也会产生新问题、新挑战。因此,在未来电子商务教材建设中,我们应加强电子商务生态领域的知识内容,剖析电子商务生态系统中各要素间的联动关系,提炼形成电子商务生态宏观分析的全局观和方法论,帮助电子商务人才形成整体性思维,以更好地理解局部领域或前沿技术变革对电子商务生态带来的整体性影响。

5.1.2 社会经济活动过程与电子商务

1. 社会经济活动过程

经济活动是指在一定的社会组织与秩序下,人类为了求生存而经过劳动或支付适当代价以取得及利用各种生活资料的一切活动。以社会生产关系和社会经济活动作为研究对象,从过程来看,经济活动包括生产、分配、交换、消费四个环节[①]。生产环节作为直接生产物质资料的过程,起到决定性作用,生产的类型、数量、质量决定特定的分配、交换和消费情况;分配和交换是生产与消费之间的重要桥梁;消费则是生产的最终目的和动力。

2. 社会经济活动过程与教材建设

传统经济向电子商务经济变革是生产力高速发展的必然结果。电子商务经济是根植于信息化社会生产力的新型经济发展模式,形成了新的经济主体关系、利益分配方式以及生产组织形式。电子商务经济作为新经济模式,究其根本仍是由生产、分配、交换、消费四环节循环往复运动构成的经济体系,但其在活动中深刻改变了生产过程、分配模式、交换方式和消费观念,对供给端、需求端,以及中间流通环节的提质升级提出了更高层次的要求。电子商务经济活动四环节如图5-3所示。

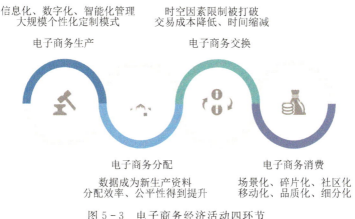

图5-3 电子商务经济活动四环节

---

① 逄锦聚.马克思生产、分配、交换和消费关系的原理及其在经济新常态下的现实意义[J].经济学家,2016(2):5-15.

由图5-3可知,在生产环节,电子商务生产改变了传统的标准化生产模式,基于信息化、数字化、智能化管理的大规模个性化定制模式满足了消费者的多元化需求,提高了生产效率与产品质量。在分配环节,电子商务分配中的数据成为新的生产资料,传统分配对象发生改变,分配效率、公平性得到提升。在交换环节,电子商务交换不再受限于线下交易的时空因素,线上交易使得交易成本降低、交易时间缩减。在消费环节,电子商务消费带来了传统消费方式、偏好以及行为的颠覆性变革,场景化、碎片化、社区化、移动化、品质化、细分化成为新消费特点。

电子商务经济活动对于传统经济活动的升级也可以用"三流"(即信息流、物流、资金流)视角进行分析。生产商、中间商、零售商等作为供给端通过电子商务交易平台与需求端实现信息流的网络传递;各主体间的资金转移通过电子支付形式实现;商品的出仓、转移、交付通过智能供应链、智慧物流实现。资金流、物流相关信息也会通过电子信息形式及时反馈给供给端与消费端。与传统"三流"相比,电子商务经济活动中的"三流"实现了合一化,大大提升了经济活动效率[①]。电子商务经济活动中的"三流"互动如图5-4所示。

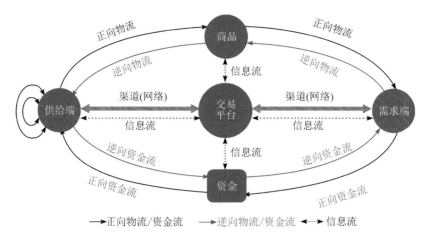

图5-4 电子商务经济活动中的"三流"互动

综上,基于社会经济活动的基本理论,电子商务对经济活动的四个环节都带来了巨大变革,单一环节的发展变化也将对其他环节产生重要影响。因此,

---

① 李骏阳.电子商务环境下的流通模式创新[J].中国流通经济,2002(5):42-45.

在未来的电子商务人才培养和电子商务教材建设过程中,我们应重视社会经济活动的基本理论和底层逻辑,加强对经济活动四环节的剖析,深刻揭示电子商务在各个经济环节的运作方式和关联性,以更好地帮助电子商务人才建立起系统性、联系性思维,进而指导电子商务经济活动持续活跃、不断创新。

5.2 电子商务交叉领域新型理论体系建设

数字经济时代,电子商务领域的生产模式、流通模式、消费模式发生着深刻变革[1],多要素创新联动和多领域创新互动持续深入,在推动高质量发展、创造高品质生活等方面发挥着重要作用[2]。其中,电子商务与社交、直播和跨境贸易三大领域相关要素的交互融合十分活跃,所形成的电子商务新业态、新模式积蓄了强大的发展潜力[3]。

5.2.1 社交与电子商务

1. 社交生态与电子商务的融合

电子商务在经历了多年的发展后,正逐步进入"流量红利"枯竭的窘境,迫切需要通过新的方式来推动其发展。社会生态的演化使人类社会的活动范围得以扩展,使社会因素和消费行为之间也有了联系。社会生态和电子商务的融合也造就了具有新发展动力的社交电商。后流量时代,网络的渗透率已经达到了上限,而社交生态则是以提高用户的黏性和实现用户触达为中心[4]。在这种情况下,社交不再受时间和空间的限制,以"弱关系"的形式逐步替代了"熟人"。社会行为在消费者生活中的广泛渗透[5],对消费者的消费决策起着多个维度的作用,从而促进了社会的大规模消费[6]。

---

[1] 陈伟斌."双一流"建设背景下新兴交叉学科建设路径思考[J]. 中国大学教学,2021(9):80-86.

[2] 姚乐野. 以学科交叉融合赋能本科创新人才培养[J]. 四川大学学报(哲学社会科学版),2021(6):14-19.

[3] 朱华伟. 我国高水平大学交叉学科建设与发展现状研究:基于46所研究生院调查分析[J]. 中国高教研究,2022(3):15-23. DOI:10.16298/j.cnki.1004-3667.2022.03.03.

[4] 王勇,刘乐易,迟煦,等. 流量博弈与流量数据的最优定价:基于电子商务平台的视角[J]. 管理世界,2022,38(8):116-132. DOI:10.19744/j.cnki.11-1235/f.2022.0113.

[5] Xiaoxiao Luo, Minqiang Li, Haiyang Feng, et al. Intertemporal mixed bundling strategy of information products with network externality[J]. Computers & Industrial Engineering, 2017, 113.

[6] 胡凤英,周正龙. 考虑社交关系的网购拼单研究[J]. 中国管理科学,2021,29(11):191-202. DOI:10.16381/j.cnki.issn1003-207x.2019.1892.

社交的本质是分享和共享。社交电商是电子商务和社交媒介的融合。因此，社交电商的本质包括社交流量的商业化与电子商务的社交化两个层面，如图5-5所示。具体来说，社交电商就是依托人际关系网络，发挥互联网社交工具突破时空限制的优势进行交易活动①。社交电商的核心在于用户，通过流量引入、用户留存从而实现价值变现是取得成功的关键②。

图5-5　社交电商的本质

传统的网络营销模式信任度低、获取成本高、竞争能力差，社交电商则成为解决网络营销瓶颈的有效途径③，其优势为：一是社群基础好、成本低、黏性高，社群成员之间的联系大多是以相同的兴趣或者相同的身份为基础的，这就使得客户关系的维护、市场的拓展、客户的获取变得更加容易④。二是以需求为导向的逆向C2M（Customer-to-Manufacturer），在社交电商的产业链中，消费者与生产者之间将会建立起一个直接的交流通道，这使得消费者获得信息更为方便。三是产业门槛较低、快速迭代，社交电商平台正在逐渐向全服务商转型，从业门槛的降低推动了其迅速发展。四是先进的IT基础设施，在社交网络中，信息技术的发展对于快速处理订单、准确预测销售、全方位管理产品至关重要⑤。

---

① 商务部电子商务和信息化司.关于《社交电商经营规范》《电子合同在线订立流程规范》、《轮胎电子商务交易服务经营规范》行业标准公开征求意见的函[EB/OL].（2018-07-06）[2022-06-29]. http://dzsws.mofcom.gov.cn/article/zcfb/201807/20180702763399.shtml.

② 邢小强,周平录,张竹,等.数字技术、BOP商业模式创新与包容性市场构建[J].管理世界,2019,35(12):116-136.

③ Ming Hu, Mengze Shi, Jiahua Wu. Simultaneous vs. sequential group-buying mechanisms[J]. Management Science,2013,59(12).

④ 胡凤英,周正龙,卢新元,等.考虑消费者细分的网购拼单机制研究[J].中国管理科学,2020,28(6):146-157.DOI:10.16381/j.cnki.issn1003-207x.2020.06.014.

⑤ Heidhues Paul,Johnen Johannes, Köszegi Botond. Browsing versus studying:a pro-market case for regulation[J]. The Review of Economic Studies.2021(2).

与传统的电商交易流程相比,社交促进电子商务发展的三个核心功能是:社交行为唤醒购买需求,信任机制增强购买意愿,社交网络加快宣传推广。社交电商和传统电商推动电子商务发展的交易全流程对比如图5-6所示。

图5-6 社交电商和传统电商推动电子商务发展的交易全流程对比

2. 社交电商未来发展趋势

社交电商在某种意义上是对传统电商的一种革新。但是,市场竞争和市场需求的不断提升,使得社交电商面临着新的挑战:一是竞争激烈,增加了拉新留存成本;二是商家运营缺乏专业性以及销售有效性不足;三是品控能力不足;四是缺乏强大物流支撑和后台技术支持[①]。

基于上述新的挑战,社区电商在未来将从以下三个方面实现破局。

(1)市场持续放量。从整个社交电商的发展趋势来看,社交领域仍然具有很大的发展空间,社交电商模式正在与新技术进一步结合,各大企业都在积极地转变经营战略,寻求新的竞争优势。在目前比较分散的社交电商市场,在市场持续放量的情况下,激烈的竞争必然会导致一些参与者被淘汰。但是,在经历了行业的洗牌之后,社交电商市场的集中度将会大大提高,头部企业的商业模式也会更加稳固。

(2)模式加速变革。目前社交电商主要分为拼购型、分销型、内容分享型以及社区团购型。拼购型社交电商模式在未来将更加侧重于社交玩法,而非商业模式;分销型社交电商中分销行为是为了充分激发社交裂变带动流量增

---

① Yifan Wu,Ling Zhu. Joint quality and pricing decisions for service online group:buying strategy[J]. Electronic Commerce Research and Applications,2017,25.

长,未来的重点将转向用户侧,致力提升用户复购率与活跃度;内容分享型社交电商的发展逻辑以内容和社交平台为基础,当前该类平台与电商业务的结合仍处于初级阶段,未来它们将实现更紧密的融合;社区团购型电商模式未来则会更加侧重供应链升级。

(3)多重局面交融。一是电商社交化,未来的电子商务企业将会更好地利用社交流量和用户价值;二是竞争趋向零售,供应链能力、服务水平、用户活跃度是决定社交电商成功与否的重要因素;三是多个领域的强弱并存,社交网络在某种程度上是封闭的。所以,社交电商无法达到传统电商的高集中度,不同领域的参与者会进入不同的赛道,整体竞争格局呈现多强并存局面。

3. 社交电商相关教材建设

(1)保证基础性。电子商务教材的编写必须要依据课程标准,即根据社交电商专业人才培养目标及学科知识体系进行内容的取舍,合理安排内容的组织结构。教材的编写必须把牢系统和基础,借鉴国外优秀教材的撰写思路,对于概念、定理的提出,要讲明白"从哪里来"和"为什么"两个问题,把概念与定理的诞生、演进,以及与其他领域和后续理论的联系讲清楚[1]。

(2)体现先进性。传统的电商更注重商品资源的整合,通过价格优势和渠道优势来拓展市场。在传统电商增长出现乏力的情况下,社交电商打开了一个新的销售渠道,其重点在于对"社交资源"的整合。如何通过模式上的设计进一步打破社交圈层的壁垒是社交资源整合的关键,因为社交资源的渗透力是很强的。在相关教材的编写过程中,编写人员要考虑学生的学习心理,做到条理清晰、逻辑严谨,整体内容统一且相互衔接,易教易学。同时,电子商务教材的编写应该及时反映最新研究成果,适应时代发展趋势,进行知识的替换更新,引入社交电商相关概念及技术,体现电子商务专业教材的先进性。

(3)增强技术性。社交电商人才,一方面要具备一定的模式设计能力,另一方面也需要具有一定的技术背景,因为模式变革往往是技术先行。技术是打通模式设计的重要环节,社交电商人才应通过对当前流行技术的理解进一步拓展模式设计的边界。因此,在教材的建设过程中,我们需要重点加强对电子商务专业学生技术能力的培养。

(4)注重全能性。当前的电商已经形成了一个较为完整的产业链,涉及商

---

[1] 陈兴有,白玉民,杨长富.国内基础教育课程结构的变革与反思[J].中国教育学刊,2020(S1):20-22.

品的设计、生产、销售、物流、仓储、客服等一系列环节,任何一个环节出现问题都有可能导致竞争力下降,社交电商同样如此。所以,对于社交电商的从业者来说,具备全流程的设计和管理能力至关重要。电子商务教材应以市场需求为导向,以培养高质量全能电商人才为教学目标,进一步提高教材知识设置的科学性及全面性。

随着电商行业的不断发展,社交电商也将被赋予更多的含义,社交电商的细分领域也会逐渐增加,未来对于圈层的定义也会更加丰富,这些都将为电商打开新的销售渠道。对于电商领域的从业者来说,及时把握社交电商的发展机遇是比较重要的。对于教育工作者来说,加强教材与教学模式的建设对于培养满足社交电商需求的新型人才至关重要。

5.2.2 直播与电子商务

1. 直播生态与电子商务的融合

直播是继短视频和图文之后出现的一种新模式。随着互联网的不断深入以及科技的不断革新,网络直播成了人们关注的焦点,"直播+"成了热门话题,直播的形式开始从单纯的秀场向体育、电竞等领域扩展[1]。

不同于传统的文字和短视频,直播有着较高的同步性和互动性、较强的现场感。图文、短视频以及直播的特性对比如表5-1所示。与此同时,直播中的实时互动也充分体现了社交特征。在内容电商和社交电商的双重作用下,将直播和电商融合是一种必然的发展趋势[2]。

表5-1 图文、短视频以及直播的特性对比

类型	社交特性	信息特性	带货特性	交互特性
图文	较弱,与社区氛围及机制相关	静态展示,信息容量大、接受时间长	电商导购标配	弱体验,仅限于信息获得感

---

[1] 人民网."直播+"为经济发展蓄势赋能[EB/OL].(2020-08-17)[2022-06-30]. https://baijiahao.baidu.com/s?id=1675232131124745346&wfr=spider&for=pc.

[2] 刘洋,李琪,殷猛.网络直播购物特征对消费者购买行为影响研究[J].软科学,2020,34(6):108-114.

续表

类型	社交特性	信息特性	带货特性	交互特性
短视频	一般，与内容相关	动态展示、延迟互动	易引发情感共鸣、常用于品宣上新	弱体验，限于主观感受，难衡量、追溯
直播	较强，KOL效应明显，信任机制发挥作用	动态展示、冲击力强、实物呈现、实时答疑	主动推荐、易诱发冲动消费	强体验，全流程交互，满足购物、社交、娱乐、价值观认同等多层次需求

在直播电商中，直播是一种连接工具，而电商则是转化技术。总的来说，直播电商是连接线上、线下的新零售活动，它能有效地对"人""货""场"进行要素的重组[①]。直播电商是直播、社交领域的延伸[②]，它的基本逻辑就是通过互联网直播和社交的方式来优化和升级传统的导购和线上的图文零售，从而提升商业变现效率[③]。

2. 直播电商未来发展趋势

(1) 短期红利明显，长期回归理性。

短期内，在流量和政策红利的推动下，直播电商正处于繁荣发展阶段，"全民皆主播，万物皆可播"成为现实。与此同时，头部平台、MCN（Multi-Channel Network，多频道网络）机构成了主要的收入来源，而中层和尾部的玩家则陷入了长期竞争。

从长期来看，随着流量和政策红利的消退，直播电商的发展模式将会逐渐趋于平稳，技术红利将会是新的驱动因素，促使各参与方寻求不同的发展，从而形成新的竞争优势。与此同时，各企业都将更多地关注精益经营、提高效率、优化结构，从而使产业的边界得到新的扩展。

(2) 多方主体寻求价值突围。

未来，电商平台的相关参与者将会把重心放在产业价值的提升上。其中，MCN将超越平台做标准、超越单点做直播，提升供应链管理、电商运营、广告

---

① 王宝义. 直播电商的本质、逻辑与趋势展望[J]. 中国流通经济, 2021, 35(4): 48-57.
② 王志和. "直播+电商"如何助力乡村振兴[J]. 人民论坛, 2020(15): 98-99.
③ 孟艳华, 罗仲伟, 廖佳秋. 网络直播内容价值感知与顾客契合[J]. 中国流通经济, 2020, 34(9): 56-66.

效果等多个层面的效率;主播将会进一步加强基础能力提升,培养壁垒性能力,寻求差异化突破;平台将深入到产业圈以吸引边缘化的群体,深入挖掘下沉市场,建立细分的赛道;品牌商则要准确地掌握自己的产品,并根据需求进行资源的匹配①。

因此,本书认为,直播电商价值链的核心是供应链价值、流量价值、服务价值和数据价值。各方应根据各自的实力和战略布局,选择适当的增值路线。直播电商未来价值突围方向如图 5-7 所示。

图 5-7 直播电商未来价值突围方向

3. 直播电商相关教材建设

高校直播电商人才培养目标定位不仅是培养直播间里的主播,还培养具备文案策划能力、场控管理能力、招商能力、电商运营能力等多方面综合型能力的高素质直播电商人才。本书结合直播电商实际情况,通过实施学习力培养与创新力培养相融合、个性化知识传授与体系化知识学习相融合、理论化教学与实践化教学相融合、专业特色化与人才培养多元化相融合、人才培养专业化与人才培养职业化相融合为主要内容的直播电商人才培养模式,通过这五种融合的协同联动,提出有效实施直播电商人才培养的差异化策略②。

---

① 韩雨彤,周季蕾,任菲.动态视角下实时评论内容对直播电商商品销量的影响[J].管理科学,2022,35(1):17-28.
② 苏郁锋,周翔."直播电商"情境下数字机会共创机制研究:基于数字可供性视角的质性研究[J/OL].南开管理评论:1-20[2022-09-27].http://kns.cnki.net/kcms/detail/12.1288.f.20211005.0940.002.html

(1)学习力培养与创新力培养相融合。

一方面,转变教学理念。强化课程思政,教材及课程紧跟直播电商岗位知识和技能要求,精心编排教学设计、教学方法和教学流程,鼓励学生参与课堂共建,引导学生改变学习理念,激发内在学习兴趣,树立正确的学习观;结合案例引领,让学生深刻意识到积极主动获取信息、增强转化知识与创新思维能力对提升自身竞争力的重要性;实施过程评价,注重学生学习过程参与度,激发学习动力,不断自主学习科技发展带来的新事物,保持与时俱进的思维理念和学习能力。另一方面,调整教学方法。设计学习情境,基于直播电商专业的教学特点,应用多媒体技术创设生动形象的学习情境,将传授型教材教学内容向创造型转变,将培育学生的感知、理解和记忆能力提升到想象、思维、归纳的高度,发展学生的创新意识;采用多元教学方法,注重培养学生的创新能力,可以在教材内容中加入任务驱动式、小组合作讨论等教学板块,激发学生的好奇心和求知欲,提倡运用团队合作探究等方式激发学生创新力;创新作业任务,课后作业以解决问题与实践为主,锻炼学生创新思维,引导学生学会质疑和思考,锤炼创新能力。

(2)体系化知识学习与个性化课程设置相融合。

一方面,传授体系化直播电商知识。直播电商的基本流程包含了选品、定价、策划、测款、分析、定款、直播、发货和售后等内容。因此,培养直播电商人才不仅是培养直播带货能力,还要培养文案策划能力、场控管理能力、招商能力、电商运营能力等多方面综合能力。直播电商专业公共基础课和必修课设置应围绕直播电商各环节内容,并形成知识体系,帮助学生全面了解直播电商体系化的基本知识。另一方面,设置个性化教材内容。根据生源类型不同和学情基础,设置基于岗位知识与能力需求的个性化课程及教材,在完成公共基础课、专业基础课的学习基础上,学生可以根据自身兴趣爱好和发展方向,选择直播电商相关的选修课,以强化学生特定的技能优势[①]。

(3)理论化教学与实践化教学相融合。

理论教学和实践教学是教学的两个方面,直播电商岗位实践技能要求高,人才的培养应注重理论知识和实践能力培养并重。相关教材在理论建设方面

---

① 孔祥维,王明征,陈熹.数字经济下"新商科"数智化本科课程建设的实践与探索[J].中国大学教学,2022(8):31-36.

可通过转变教学理念、调整教学方法、不断更新教学内容等途径,提升课堂教学成效,并按照直播电商专业教学要求,形成理论教学和实践教学相结合的教学系统,让学生的个性、特长和潜能在实践中得到充分展现[①]。相关教材应将理论教学和实践教学紧密联系起来,理论教学过程中所学到的知识可转化为学生能够利用的专业技能,并应用于实践工作中,帮助学生掌握直播电商相关理论知识和技能,培养出理论知识和实践能力兼具的直播电商人才,来填补社会真正的需求。

(4)专业建设特色化与人才培养多元化相融合。

电商业态发展迅速,直播电商应紧密结合市场需求办学,明确人才培养目标定位,培养能够适应直播电商不同环节工作岗位的带货主播、场控人员、电商运营人员等专业的直播电商技能人才。直播电商应以毕业生就业目标岗位核心能力素质要求作为人才培养方案的制定依据,建立"人无我有,人有我优"的直播电商人才培养方案[②]。

同时,直播电商应不断加强专业内涵建设,打造专兼职教师队伍,培育校内直播电商专业教师,聘请校外行业企业专家、优秀校友等为兼职教师,不断提升教师教育教学水平;加强直播电商教材建设,结合直播电商流程各环节,推出一系列高质量有特色的教材,推进直播电商课程建设;强化产教融合,利用区域经济发展优势和特色,依靠和利用行业平台资源,搭建育人平台,例如,高校可通过积极主动与当地企业合作开展直播电商相关项目,制定专业教学标准等多个举措,推进专业特色化办学,服务专业发展和人才培养。

(5)人才培养专业化与人才培养职业化相融合。

根据直播电商岗位实际需求,直播电商应完善专业教学标准,将直播电商人才培养方向与产业需求相对接、专业教材建设内容与职业标准相对应、教学过程与工作过程相结合;发挥高校、学生、企业三元主体优势,推进直播电商专业实施工学结合,以职业为导向,充分利用校内外差异化和特色化的教育条件、教育环境和教育资源,将以课堂教学为主的学校专业教育与校外能够直接获取实践经验的工作进行有机结合,并贯穿学生的整个培养过程。在校内,学

---

① 江怡.如何摆正教与学的辩证关系:对一流本科课程建设的反思[J].中国大学教学,2020(11):11-16.

② 袁勤勇.产学结合开发面向新兴专业的教材:以"新一代高等学校电子商务实践与创新系列规划教材"为例[J].出版广角,2021(9):49-51.

生可以受教育者的学生身份,依据专业教学要求参与到各种以理论知识和技能实操为主的学习活动。在校外,学生可按照市场的实际需求,以标准的"职业人"身份,参与与所学专业相关的实际工作岗位的工作,切实提高学生的综合素质和就业竞争力。

5.2.3 跨境贸易与电子商务

1. 跨境贸易生态与电子商务的融合

国际分工的深入和国际市场的加速形成,是国际的经济合作、参与全球资源配置、提高国际地位的重要手段[①],全球范围内逐步形成平等互惠、创新共享、包容合作的生态环境。在全球消费者需求不断更新的今天,传统的跨界贸易流程繁琐、成本高昂、品类单一、品牌效应不足等问题日益凸显,亟须进行新的跨界贸易转型[②]。

广义的跨境电商又称外贸电商,是指不同国境的交易主体利用网络技术、现代通信技术和计算机技术,通过电子商务平台达成交易,进行电子支付结算,并通过跨境电商物流及异地仓储送达商品,从而完成交易的一种国际商业活动[③]。狭义的跨境电商又称跨境零售,是指不同关境的交易主体在线上完成交易、支付等贸易流程,并通过快件、小包等运输方式直连境外消费者的贸易活动。

2. 跨境电商未来发展趋势

虽然当前的跨境电商还存在着诸多的市场不确定因素,且物流、订单、营销等方面的问题依然存在[④],但是,随着中国的国际贸易体系不断完善,中国的电子商务模式的不断深化和创新[⑤],中国跨境电商将实现更好更快发展[⑥]。

(1)从"产品出海"跨入"品牌出海"。

---

① 新华社.政府工作报告[EB/OL].(2014-03-14)[2022-09-02].http://www.gov.cn/guowuyuan/2014-03/14/content_2638989.htm.

② 张夏恒.共生抑或迭代:再议跨境电子商务与全球数字贸易[J].当代经济管理,2020,42(11):43-50.DOI:10.13253/j.cnki.ddjjgl.2020.11.007.

③ 覃征.电子商务与国际贸易[M].北京:人民邮电出版社,2002.

④ 徐学超,戴明锋.疫情冲击下我国跨境电商发展研究[J].国际贸易,2022(2):32-38.

⑤ 宋晶,李琪,徐晓瑜.基于fsQCA的中国跨境电商品牌竞争优势影响因素及路径研究[J/OL].软科学:1-22[2022-09-27].http://kns.cnki.net/kcms/detail/51.1268.g3.20220713.1620.020.html.

⑥ 沈国兵.新冠肺炎疫情全球蔓延对国际贸易的影响及纾解举措[J].人民论坛·学术前沿,2020(7):85-90.DOI:10.16619/j.cnki.rmltxsqy.2020.30.005.

当前,同质化程度低的竞争已经很难保持新的发展,品牌化已经是一个新的发展趋势。在过去的十年里,跨境电商主要是以"性价比"为导向,以低价为代价,获取大量的交易数据,以获取竞争优势。现在,品牌价值已经成为联系厂商与国外客户之间的纽带。特别是DTC(Direct-to-Consumer)模式的出现,跨境本土品牌、新兴消费品牌和传统品牌都在全球范围内进行布局,跨境电商被引入"品牌出海"的时代。品牌出海转化历程如图5-8所示。

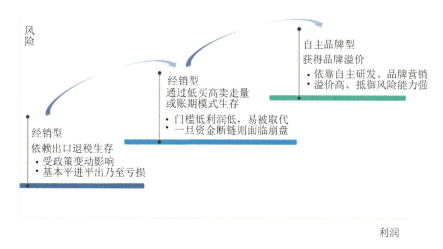

图5-8 品牌出海转化历程

(2)数字化重塑垂直行业出口供应链。

在现代企业中,数字化是实现高质量发展的必要因素。以往,中国的跨境电商业务多以B2C业务为主,而目前的B2B业务则是以信息服务为主导。近几年,数字交易技术日趋成熟,各个环节企业的数字化程度不断提高,全产业链实现了数字化协同。一大批垂直的跨境出口平台,将国内的工厂连接起来,将国内的终端用户与海外的终端客户联系起来,重新构建了整个出口产业链,大大提高了整个行业的盈利能力和运营效率[1]。垂直类跨境电商平台的数字化模式如图5-9所示。

综合来看,多元化创新生态的形成和发展,按照"平台支持+供应链升级+资金支持"的内生驱动发展路径,以消费需求牵引供应链升级,以资本助力平台创新发展,由"链"到"网"畅通商产融合渠道,强"实"扩"虚"促进要素资源融

---

[1] 李向阳.促进跨境电子商务物流发展的路径[J].中国流通经济,2014,28(10):107-112.

图 5-9 垂直类跨境电商平台的数字化模式

通,用"数"启"智"赋能电商企业转型,脱"单"抱"团"构建产业服务生态。

3.跨境电商相关教材建设

(1)建设高水平跨境电商优势专业群。

围绕跨境电商产业链的人才需求,以跨境电商、电子商务、物流管理、国际经济与贸易为主干教学内容,以国际商务、工商管理、电子商务及法学、商务英语等为支撑,强化专业交叉与融合,全力推进面向跨境电子商务产业链的特色鲜明的高水平学科和专业群建设。

(2)构建跨境电商特色教材。

围绕跨境电商人才培养的学校与行业企业实践基地共建、资源共享、人才共培[1]、责任共担和成果共创的"政、产、学、研、用"协同育人共同体,按照跨境电商复合型人才培养定位,构建"专业基础知识+专业核心知识+行业实践知识"三层次教材体系,面向行业标准迭代课程内容和联合编写教材。

(3)注重德育素质的提升及科学素养的培养。

"教材是体现国家意志、传承民族文化的重要载体。"在电子商务教材编写的过程中,编写人员应坚持正确的政治方向和育人导向。例如,跨境电子商务类教材中可以适当地加入中国跨境电子商务现状及需求,同时融思政教育于知识教育,加强学生爱国、强国意识的培养;教材内容除科学知识、方法、技术

---

[1] 新华社.习近平出席中央人才工作会议并发表重要讲话[EB/OL](2021-09-28)[2022-09-15]. http://www.gov.cn/xinwen/2021-09/28/content_5639868.htm.

之外,还要包括产生由来、演进历程、自然科学与人文科学的互相渗透和整合等内容,通过这些内容培养学生的科学思维、科学态度和科学精神,培养科学研究方法。

5.3 电子商务未来发展方向前沿理论教材建设

当前,科技革命和产业变革蓄势待发,经济和社会形态将发生根本性变化,国际格局正在深度调整,大国战略博弈加剧,各国产业结构面临重构,世界进入以创新为主导的发展时期[①]。在此背景下,发展新工科、新医科、新农科、新文科,是国家高等教育"质量革命"的战略一招、关键一招,也是中国高等教育界面对世界科技与产业技术变革的创新之举与必然选择[②]。与原有学科建设模式不同,"四新"建设高度依赖信息化、智能化等新技术,立足于科技创新与转化,注重学科交叉融合,呈现出深度科技化、高度智能化、交叉融合化等特点[③]。{JP

在此背景下,将电子商务与大数据、云计算、物联网、人工智能、区块链、元宇宙等新一代信息技术相结合,重塑电子商务的内涵和外延,才能培养出更符合社会和时代需求的复合型人才。

5.3.1 大数据与电子商务

1. 大数据与电子商务的结合

早在2012年,英国学者维克托·迈尔-舍恩伯格(Viktor Mayer-Schönberger)就在《大数据时代》一书中指出:"大数据是指需要新处理模式才能具有更强的决策力、洞察力和流程优化能力的海量、高增长率和多样化的信息资产[④]。"对于大数据的研究,维克托·迈尔-舍恩伯格提出大数据具有"4V"特性,分别为:Volume(规模性),Velocity(高速性),Variety(多样性),Value(价值性)。大数据的"4V"特点具体如图5-10所示。从大数据的底层架构来看,大数据大致可以

---

① 冶进海.培养适应新时代要求的文科人才[J].中国高等教育,2022,No.685(Z1):52-54.
② 李立国,赵阔.从学科交叉到交叉学科:"四新"建设的知识逻辑与实践路径[J].厦门大学学报(哲学社会科学版),2022.
③ 张国平,王开田,施杨."四位一体、四维融合"的新商科复合型人才培养模式探析[J].中国高等教育,2022(11):50-52.
④ Viktor Mayer-Schonberger, Kenneth Cukier. Big data: a revolution that will transform how we live, work and think[M]. London: Hodder&Stoughton,2013.

分为数据源层、数据采集层、数据整合层、数据中心层、数据分析层、数据应用层以及数据可视化层。

图 5-10 大数据的"4V"特点

电子商务与互联网紧密集成,在运作过程中将产生大量消费数据、运营管理数据和商品数据。基于深厚的数据积累基础和天然的数据收集优势,电子商务相关企业可以充分利用大数据技术提炼出新的数据价值,并将分析结果运用于具体业务环节,实现理论分析与实践应用的高效对接,加快推动形成全新的商业模式[1]。

大数据在电子商务中的应用如图 5-11 所示。由图 5-11 可知,其应用主

图 5-11 大数据在电子商务中的应用

---

[1] 谭凤雨.大数据背景下企业电子商务运营探索[J].中国集体经济,2022(19):112-114.

要体现在四个方面:一是提升信息检索服务精准度,实现营销精准化。电子商务企业依托大数据技术实现关键词与产品信息快速精准匹配,使得消费者可以准确获得满足自身需求的产品;二是通过消费数据分析消费者与商品的相关性,实现个性化推荐;三是优化资源配置,细化服务领域,快速响应市场需求;四是预测未来市场走向,调整创新服务模式[1][2]。

2. 电子商务与大数据相关教材建设

电子商务领域代表了经济产业结构转型的未来,全方位、多角度加强和改进大数据处理和应用,将促进电子商务在精准营销、产品创新、价值链协同、服务模式创新等方面实现创新,实现价值深耕[3]。

在大数据背景下,电子商务人才所需的大数据能力如图 5-12 所示。具体来讲,电子商务人才应该了解大数据的基本概念、原理方法等基础知识,培养以大数据为基础的现代数据素养。同时,电子商务人才还应掌握以 Python 为基础的大数据分析决策方法,常见的大数据分析工具包的使用方法,以及常见的大数据分析方法;掌握常见的大数据处理方法和技术,理解常见的计算思维方法及其应用,并且能够通过相关技术解决电子商务领域的大数据管理与应用问题。

图 5-12 电子商务人才所需的大数据能力

---

[1] 王珊,王会举,覃雄派,等.架构大数据:挑战、现状与展望[J].计算机学报,2011,34(10):1741-1752.

[2] 陈冬梅,王俐珍,陈安霓.数字化与战略管理理论:回顾、挑战与展望[J].管理世界,2020,36(5):220-236.

[3] 王元卓,靳小龙,程学旗.网络大数据:现状与展望[J].计算机学报,2013,36(6):1125-1138

因此,电子商务教材建设应该采用案例引导的方式,将大数据处理和分析方法与实际问题的解决策略结合起来。在要求学生掌握基本大数据技术的基础上,电子商务教材应加深学生对大数据技术应用意义和作用的理解,提高学生解决电子商务领域数据处理与分析问题的能力;同时,注重对内容难度的控制,在数据选择、问题设计和方法选择上,避免出现过于复杂的逻辑处理,让学生把学习的重点放在数据处理与分析的思路、过程和方法上,使学生对大数据技术在电子商务领域的应用有更深入的理解。电子商务教材应尽量利用直观的图片代替文字来描述大数据的底层逻辑及构架,使复杂过程简单化,让学生能够有更加清晰的理解。

5.3.2 云计算与电子商务

1. 云计算与电子商务的结合

美国国家标准和技术研究院(National Institute of Standards and Technology,NIST)对云计算进行了严格定义。云计算是一种能够通过网络以便利的、按需付费的方式获取计算资源并提高其可用性的模式,这些资源来自一个共享的、可配置的资源池,能够快速地供应及释放,使管理资源的工作量和与服务提供商的交互减小到极低限度[1]。

发展环境的转变导致消费需求等级不断提升,用户对现代电子商务要求不再是标准化、固定化的,而是以用户为主导,可扩展、可挖掘以及可定制的。云计算具有高效率、低成本、资源共享等优点,在统一管理海量资源、快速响应用户需求等方面具有重要优势,在一定程度上使得电子商务的服务效率更高,成本更低,应用更加稳定、便捷[2]。云计算在电子商务中的应用如图5-13所示,具体包括以下四个方面内容。

(1)提升服务效率。云计算依靠联合众多个体计算机而形成一个整体,具有强大的计算能力,能够合理调度信息资源、科学分配计算任务、及时更新反馈信息、实现资源弹性供给。

(2)降低系统成本。基于云计算服务模式,电子商务企业只须接入互联网便可以借助云计算功能开展商务活动,无须花费大量成本去购置高性能服务。

---

[1] Peter M. Mell,Timothy Grance. The NIST definition of cloud computing.[EB/OL].(2011-09-28)[2022-06-22]. https://www.nist.gov/publications/nist-definition-cloud-computing.

[2] Michael Miller.云计算[M].姜进磊,孙瑞志,向勇,等译.北京:机械工业出版社,2009.

(3)增强数据安全。云计算采用分布式存储方式,实现了分散存储负荷又保障了数据可靠性[1]。

(4)共享数据资源。依托于云计算,电子商务企业通过链接不同终端设备,获取所需数据资源,形成数据资源中心。数据存储在云端,用户可以在申请访问后,及时选择所需信息,极大提升了数据共享的效率[2]。

图 5-13 云计算在电子商务中的应用

2. 电子商务与云计算相关教材建设

将云计算技术运用于现代电子商务领域,既是传统电子商务模式变革创新的必然要求,也是数字经济时代下电商企业发展的重要趋势[3]。电子商务作为现代至关重要的互联网技术领域之一,将其与云计算技术相结合,利用云计算的优势,能够使电子商务及其相关产业链条得到充分发展。电子商务人才所需的云计算能力如图 5-14 所示。具体来讲,电子商务人才首先应该掌握云计算的底层逻辑、运行流程,具备云计算系统的运行维护能力,掌握故障排除的方法和技能;其次,还应掌握数据存储与管理技术,具备多种系统环境的数据资源管理能力。同时,电子商务人才还应了解云安全防护技术,掌握云安全管理基本技能,具备安全风险评估、分析与安全应急处理能力,并且能够创新性地将云计算技术运用于电子商务领域。

---

[1] 冯登国,张敏,张妍,等.云计算安全研究[J].软件学报,2011,22(1):71-83.
[2] 张欧.基于大数据的电子商务云平台建设与应用研究[J].中国商论,2019(16):16-17.
[3] 范嵩.大数据时代基于物联网和云计算的电子商务发展策略研究[J].中国市场,2017(12):279-280.

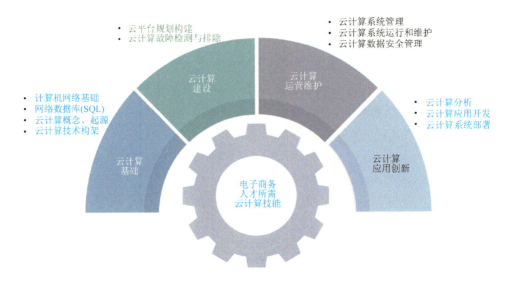

图 5-14 电子商务人才所需的云计算能力

因此,电子商务教材建设应从以下三个方面入手。在内容上,教材应对电子商务和云计算的基础知识进行梳理和打磨,增添图表,使教材内容更加清晰易懂,并且符合人才培养需求。在云计算思维培养方面,教材可添加真实项目案例与实践操作,做到理论部分好读,实践部分好用。在应用创新方面,教材可设置与云计算相关的开放性课后题,给予学生更多思考空间,使其充分发挥创造性思维,创新云计算在计算机领域的应用,培养符合社会要求的复合型电子商务人才。

5.3.3 物联网与电子商务

1. 物联网与电子商务的结合

物联网(Internet of Things,IoT)最早出现于 1995 年比尔·盖茨的《未来之路》一书中,但受限于无线网络、硬件及传感设备的发展,物联网并未实现快速兴起[①]。直到 2005 年 11 月 27 日,国际电信联盟(International Telecommunication Union,ITU)在突尼斯举行的信息社会峰会上正式提出物联网的概念:物联网是一个基于互联网、传统电信网等信息承载体,让所有能够被独立

---

① Bill Gates. The road ahead[M]. New York:Viking Adult,1995.

寻址的普通物理对象实现互联互通的网络[1]。目前,各界对于物联网的定义基本达成共识。作为新一代信息技术的重要组成部分,它并非颠覆传统的技术革新,而是对现有多种技术的综合和运用,是基于互联网技术所进行的延伸和扩展[2]。中国正不断加大物联网布局,《信息通信行业发展规划物联网分册(2016—2020年)》《关于深入推进移动物联网全面发展的通知》等政策导向进一步推动了中国物联网产业的发展[3]。

电子商务的核心是交易,交易又与"物"的转移紧密联系。从"人、货、场"三要素来看,物联网技术对于电子商务的创新主要集中在"货",允许联网设备共享数据,为电子商务运营商提供了联网平台,成为连接"电子商务"线上线下的桥梁,是电子商务交易闭环形成的重要技术保障。物联网在电子商务中的应用如图5-15所示,具体包括以下三个方面内容。

图5-15 物联网在电子商务中的应用

(1)提高服务水平,增强用户体验。物联网技术基于编码技术或IP技术,完成商品唯一标识,能够实现商品追踪溯源系统的搭建。

(2)获得商品数据,扩大贸易范围。物联网芯片能够自动在系统中存储产品类型、制造商名称和批次标识等信息,通过分析可以预测贸易走势,为企业扩大贸易规模提供支持[4]。

(3)提升物流效率,保障交易安全。基于RFID技术、传感器技术和远距

---

[1] ITU. Internet reports 2005: the internet of things. [EB/OL]. (2005-11-17)[2022-06-24]. https://www.itu.int/osg/spu/publications/internetofthings/.
[2] 刘强,崔莉,陈海明. 物联网关键技术与应用[J]. 计算机科学,2010,37(6):1-4,10.
[3] 工业和信息化部办公厅. 工业和信息化办公厅关于深入推进移动物联网全面发展的通知. [EB/OL]. (2020-04-30)[2022-09-16]. http://www.gov.cn/zhengce/zhengceku/2020-05/08/content_5509672.htm.
[4] 邵泽华. 物联网与电子商务[M]. 北京:中国经济出版社,2021.

离无线技术,电子商务平台可以对商品出库情况、物流运输情况进行监控[①]。

2. 电子商务与物联网相关教材建设

物联网的出现解决了"物—物连接"的问题,保障了交易的顺利进行,为电子商务的蓬勃发展起到有效推动作用。同时,电子商务的发展也为物联网提供广阔的空间和市场机会,促进物联网技术不断改进与提高[②]。新型电子商务人才所需的物联网能力如图5-16所示。具体来讲,电子商务人才需掌握数理知识、物联网工程的基本理论和基础知识,具备物联网应用系统设计能力,包括设计满足特定需求的软硬件系统、模块或算法流程;具备对物联网问题的研究分析能力,能够有效分析和处理物联网软件系统、物联网硬件系统、物联网通信系统等方面的技术与管理问题;具备将物联网技术创新性运用于电子商务领域,并且解决电子商务领域问题的能力。

图5-16 电子商务人才所需的物联网能力

因此,电子商务教材应增设案例,将电子商务理论与物联网技术相结合,阐述电子商务物联网前沿运用,加深学生对物联网技术的理解,激发学生进行独立思考并创造性地使用这一新技术。

---

① 刘强,崔莉,陈海明.物联网关键技术与应用[J].计算机科学,2010,37(6):1-4,10.
② 范嵩.大数据时代基于物联网和云计算的电子商务发展策略研究[J].中国市场,2017(12):279-280.

5.3.4 人工智能与电子商务

1. 人工智能与电子商务的结合

1956年的美国达特茅斯"人工智能夏季研讨会"被学术界认为是人工智能的起源,标志着"人工智能"这一概念的诞生。此次会议就"自动计算机、如何为计算机编程使其能够使用语言、神经网络、计算规模理论、自我改造、抽象、随机性与创造性"7个议题进行了讨论,并对"人工智能"进行定义:尝试找到如何让机器使用语言、形成抽象和概念、解决现在人类还不能解决的问题、提升自己等。

随着人工智能理论、技术的成熟以及应用领域的拓展,人工智能已经成为世界各国提升国际竞争力的主要驱动力之一[1]。目前,人工智能在电子商务中的应用如图5-17所示,主要体现在以下四个方面。

图5-17 人工智能在电子商务中的应用

(1)智能推荐营销。在电子商务交易过程中,智能推荐系统可基于深度学习算法,收集消费者行为数据,分析并预测消费者偏好,挖掘客户潜在需求[2]。

(2)智能分拣配送。智能分拣系统能够减少货物搬运次数,保障货物的安全性与完整性。同时,通过对订单数量、拣货效率、配送效率数据进行深度分

---

[1] 林剑宏.浅析人工智能技术在电子商务领域中的应用[J].中国商论,2019(2):19-20.
[2] 党婧.人工智能在提升电子商务营销技术服务的应用研究[J].现代工业经济和信息化,2020,10(10):66-68.

析,系统能够形成合理高效的拣货和配送派单建议。

(3)智能库存预测。智能仓储系统能够通过模型构建,对订单周转因素进行有效识别和分析,进一步提升电子商务企业库存预测的准确性。

(4)智能商品定价。电子商务企业可以利用深度学习算法,对市场销售数据进行深度分析,对市场价格进行持续性评估,提升定价合理性和准确性[1]。

2. 电子商务与人工智能相关教材建设

电子商务是基于互联网而发展起来的一个商业领域,想要赢得持续的发展,其必须跟随互联网的发展步伐、合理运用科学技术。在人工智能技术日趋成熟的背景下,新型电子商务人才所需的人工智能能力如图 5-18 所示。具体来讲,电子商务人才应掌握人工智能的发展概况、基本理论,以及在电子商务领域的现有应用;拥有人工智能技术开发的能力,能够针对人工智能应用领域的复杂工程问题和需求,结合人工智能原理与技术,设计系统级或单元级的方案;熟练掌握 Python 库中相关模型的使用方法,独立完成人工智能算法的编程和调试;拥有运用人工智能进行数字分析的能力,如数据预处理、自然语言处理、线性判别分析、随机森林等相关知识技能[2]。人工智能需要许多启发性思维,包括模拟退火算法、遗传算法、蚁群算法等,这需要电子商务人才在掌握基础理论的同时进行大量实践。与此同时,电子商务人才还应具备创造性思维,能够识别企业运营中存在的问题,并将人工智能技术应用于电子商务领域,服务于企业整体目标。

因此,电子商务教材应当围绕人才培养需求进行改进,紧密结合人工智能在电子商务领域的应用场景,深入浅出地介绍人工智能基础理论和模型。同时,教材应采用任务驱动法,即把理论知识分解成若干个点,包含在各项具体任务中,让学生在完成任务的基础上学到相应的理论知识,以实操训练促进理论知识的学习,使学生真正能将人工智能技术运用于电子商务领域,最终培养出理论和实践技能相融合的复合型电子商务人才。电子商务教材还应将人工智能伦理的相关内容融入其中,帮助学生塑造正确的价值观。

---

[1] 鞠晓玲,樊重俊,王梦媛,等.人工智能在电子商务中的应用探讨[J].电子商务,2020(10):21-22.
[2] 许涛,严骊,殷俊峰,等.创新创业教育视角下的"人工智能+新工科"发展模式和路径研究[J].远程教育杂志,2018,36(1):80-88.

图 5-18 电子商务人才所需的人工智能能力

5.3.5 区块链与电子商务

1. 区块链与电子商务的结合

区块链(Blockchain)是用分布式数据库识别、传播和记载信息的智能化对等网络,也称为价值互联网。2021年5月27日,中国发布的《关于加快推动区块链技术应用和产业发展的指导意见》对区块链定义如下:区块链是分布式网络、加密技术、智能合约等多种技术集成的新型数据库软件[1]。区块链具有去中心化、信息不可篡改、开放性等特点,具体如图 5-19 所示。

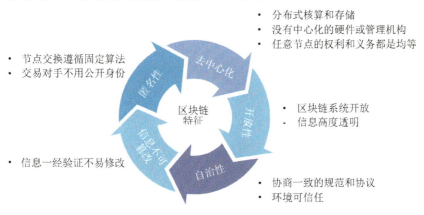

图 5-19 区块链的特征

---

[1] 工业和信息化部 中央网络安全和信息化委员会办公室.工业和信息化部 中央网信办印发《关于加快推动区块链技术应用和产业发展的指导意见》.[EB/OL].(2021-05-27)[2022-06-27]. http://www.cac.gov.cn/2021-06/07/c_1624629407537785.htm.

区块链在电子商务中的应用主要体现在三个方面,如图 5-20 所示。

图 5-20 区块链在电子商务中的应用

(1) 商品溯源,保障交易安全性。区块链技术在防伪溯源方面展现出极强的能力,确保交易过程所有信息透明且不可篡改,在提升了消费者信誉度的同时,为交易提供了安全保障。

(2) 提供信息,完善供应链系统。区块链技术不仅可以提供详细的商品信息,还能为供应链上的金融机构提供信息查证服务,通过将商品、物流、资金、信息有机地结合在一起,建立了一个新型的电商平台,使得供应链上的信息对等,交易双方能在公开、可信任的环境中进行交易,供应链系统得以完善[1]。

(3) 智能合约,降低交易成本。智能合约是一种无中介、自我验证、自动执行条款的计算机交易协议,可灵活嵌入各类数据和资产,帮助实现安全高效的信息交换、价值转移和资产管理[2][3]。交易时,智能合约能够自动执行预先设定的规则条款,降低了电子商务系统运作维护成本。同时,通过减少信任机制的使用,智能合约也有效降低了电子商务交易中的摩擦成本。

2. 电子商务与区块链相关教材建设

随着区块链技术发展上升为国家战略,市场将更加重视数据共享、隐私保护以及业务协同。区块链与电子商务的结合,也将在提升电子支付安全性与便捷性、降低运营成本、实现透明化经营、优化交易双方关系、解除信任危机等方面带来更多机会,通过不断进行融合,真正意义上推动电子商务领域的可持续发展。

---

[1] 焦良. 基于区块链技术的跨境电子商务平台体系构建[J]. 商业经济研究,2020(17):81-84.
[2] 欧阳丽炜,王帅,袁勇,等. 智能合约:架构及进展[J]. 自动化学报,2019,45(3):445-457.
[3] 钱卫宁,邵奇峰,朱燕超,等. 区块链与可信数据管理:问题与方法[J]. 软件学报,2018,29(1):150-159.

在此背景下,电子商务人才所需的区块链能力如图5-21所示。具体来讲,电子商务人才必须掌握区块链基础理论,从宏观的角度了解区块链的基础知识,包括演进历程、概念内涵、部署类型、运行原理等;还应掌握区块链专业技术,比如密码学原理、对等网络协议、共识算法模型、典型的共识算法、智能合约原理等,了解区块链发展现状以及所面临的挑战[①];掌握区块链底层开发能力,熟悉操作系统配置、Docker的使用、Git的使用等相关知识。在学习过程中,电子商务人才应能够独立思考和分析新技术对电子商务领域的影响,具备应用区块链技术解决电子商务领域问题的能力。

图5-21 电子商务人才所需的区块链能力

因此,电子商务的教材建设应当注重区块链技术演进,加深学生对区块链的发展历程、技术原理、现状、挑战等的认知,引导学生对区块链技术应用进行创新研究。教材应以图文的形式代替纯文字,更加清晰地展示区块链技术在电子商务领域的运作流程,增强学生对区块链本质的理解。同时,教材也应结合现实案例,将理论与实际相结合,强调"问题分析—模式探究—应用成效",做到学以致用,提高学生解决实际问题的能力,培养符合"四新"建设标准的、具备区块链和电子商务技能的复合型人才。

5.3.6 元宇宙与电子商务

1. 元宇宙与电子商务的结合

元宇宙英译为"Metaverse","Meta"代表超越,"Verse"代表宇宙,二者结

---

① 黄达明.区块链技术在教育领域的应用现状与展望[J].南京信息工程大学学报(自然科学版),2019,11(5):541-550.

合意为"超越于现实宇宙的另外一个宇宙"。元宇宙概念最早出现于1992年的科幻小说《雪崩》。"戴上耳机和目镜,找到连接终端,就能够以虚拟分身的方式进入由计算机模拟、与真实世界平行的虚拟空间。"这是《雪崩》中对元宇宙的描述[①]。元宇宙目前尚无公认定义,准确地说,元宇宙像是经典概念的重生,是在扩展现实(Extended Reality,XR)、区块链、云计算、数字孪生等新技术下的概念具化。

元宇宙概念为人类社会的数字化转型带来了新思路。元宇宙与电子商务的结合将形成全新的交互式购物环境,消费者在网络上购物的体验也将更加生动[②]。元宇宙在电子商务中的应用如图5-22所示,具体表现在四个方面。

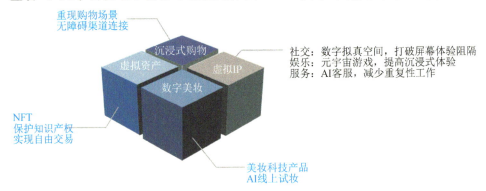

图5-22 元宇宙在电子商务中的应用

(1)沉浸式购物体验。电子商务企业能够通过3D建模、实时渲染等技术,搭建虚实融合的平台,重现真实购物场景,为商家提供了能更广泛地触达消费者的渠道。

(2)虚拟IP代言人。基于元宇宙技术,电商企业能够以较低成本创造虚拟IP,通过长期可控虚拟人物,实现"内容+产品+渠道"的私域闭环。

(3)虚拟资产。在元宇宙背景下,"货"的含义从实体商品拓展至虚拟商品,如数字产品。NFT(Non-Fungible Token,指非同质化代币)凭借唯一性和不可篡改性等特征,未来具有广泛的应用领域[③]。

(4)数字美妆。美妆领域已不再单一发展传统线下导购试妆,而是开始布

---

① Neal Stephenson. Snow crash[M]. New York:Bantam Books,1992.
② 杨勇,窦尔翔,蔡文青.元宇宙电子商务的运行机理、风险与治理[J].电子政务,2022(7):16-29.
③ 盘和林.三大协会发文规范NFT数字藏品投资需谨慎[N].每日经济新闻,2022-04-19(6).

局未来 AI 人工智能引擎,从"数字化"走向"数智化"。ModiFace 的 AI 虚拟试妆功能、虚拟空间 3D 互动游乐屋等实践,都是元宇宙与美妆的深度融合[①]。由此可见,美妆电商将迎来全新发展。

2. 电子商务与元宇宙相关教材建设

借势元宇宙世界中虚拟偶像、数字藏品等领先概念,未来电商品牌将更易触达自己的核心客群——Z 世代,关于"元宇宙"的探讨也将不断持续。

基于元宇宙背景,电子商务的底层技术和运营模式都将随之发生巨大改变。这就要求电子商务人才需掌握元宇宙相关理论知识和发展历程,包括人工智能、数字孪生、区块链等相关知识技能[②];掌握能支撑元宇宙存在的网络及运算技术,包括云计算、边缘计算等;掌握元宇宙交互技术,如 VR(虚拟现实)、AR(增强现实)、MR(融合现实)等拓展现实技术。在此基础上,电子商务人才应能够对元宇宙经济基础设施、元宇宙电商运行规律进行前瞻性研究,以降低甚至规避元宇宙电商可能产生的各种风险,成为符合元宇宙时代需求的新型电子商务人才。电子商务人才所需的元宇宙能力如图 5-23 所示。

图 5-23 电子商务人才所需的元宇宙能力

---

① 祝秀萍,刘文峰,张海峰.人脸虚拟化妆系统的研究[J].计算机与信息技术,2008(8):38-39.
② 蔡苏,焦新月,宋伯钧.打开教育的另一扇门:教育元宇宙的应用、挑战与展望[J].现代教育技术,2022,32(1):16-26.

因此，电子商务教材应囊括人工智能、物联网、大数据等与元宇宙构建相关的理论知识，多利用图表替代文字，更加清晰地展示元宇宙技术的结构和运行逻辑。同时，教材应利用一些开放性课题和案例，激发学生对元宇宙技能和应用进行创造性思考，培养能将元宇宙思维运用到电子商务领域的复合型人才。

5.4 本章小结

目前，电子商务已经成为我国数字经济最活跃的组成部分，在促进经济数字化转型方面具有举足轻重的作用。经过二十多年的发展，中国电子商务增长迅速，电子商务市场规模引领全球，中国电子商务的国际影响力也在日益增强。基于此，中国电子商务教育也不断发展成熟，因此，对中国电子商务教材建设的未来发展方向进行研究具有重要的历史意义和现实意义。本章从电子商务基础理论建设、电子商务交叉领域新型理论体系建设和电子商务未来发展方向前沿理论教材建设三个方面入手，探析中国电子商务教材建设的未来发展方向。

首先，为帮助电子商务人才掌握系统性分析方法，本章立足于从宏观视角把握电子商务的发展，选取商业生态系统理论与社会经济活动过程理论作为基础理论代表，并对其进行详细阐述。其次，以社交、直播，以及跨境贸易与电子商务的融合为切入点，本章剖析了数字经济时代的电子商务新业态、新模式，进而探讨社交电商、直播电商，以及跨境电商的未来发展趋势，在此基础上，得出社交电商、直播电商，以及跨境电商相关前沿教材建设的研究结论。最后，以大数据、云计算、物联网、人工智能、区块链和元宇宙等新一代信息技术与电子商务的融合为出发点，本章分析了在以创新为主导的发展时期电子商务未来学科发展的交叉融合性，并阐明中国电子商务教材建设的未来发展方向应聚焦于培养符合社会和时代需求的复合型人才。

全书总结

兴教育方能谋发展,重教材才可强人才。本书从教育教学切入,以教材对比为核心,采用个案分析法、对比法、统计分析法、总结归纳法等多种研究方法,从宏观视角深入到微观视角,对中外电子商务教材的编写思想理念、目的价值、根本准则,以及具体内容进行了深刻研究与分析,并形成一套具有系统性、科学性、前瞻性和完整性的教材分析流程、思想体系、研究方法,为国内外专家学者、管理人员,以及相关研究人员提供了借鉴,为电子商务教材标准体系建设提供了参考标准。

经过多年的沉淀、积累、进步和创新,中外电子商务教材均取得了具有鲜明特色的建设成就。以理念为导向,中国教材建设十分注重个人与社会的紧密性,深刻把握"坚定文化自信,增强电商人才专业意识;加强队伍建设,增强电商人才研究意识;把握学科趋势,增强电商人才创新意识"的宏伟目标,建设了一批具有时代性、科学性、权威性、前沿性、原创性的电子商务教材。国外则以"市场需求、技术素养、人才素质、操作技能、精英教育、研究能力"为核心理念,致力培养具有创新能力、实践能力以及符合市场需求的人才,建设了一批具有多样性、开放性、实践性、规律性以及导向性的电子商务教材。以类别为重点,中外电子商务基础类教材建设成果显著,信息技术类教材逐渐成为核心,其他类教材建设个性明显。随着中国"一带一路"倡议的持续推进和"乡村振兴"战略的不断深化,中国跨境电子商务类教材和农村电子商务类教材的建设速度加快,战略推进与教材建设形成相辅相成的重要局面。以内容为核心,中外电子商务教材基于各自不同的国家政治生态、经济生态、文化生态、社会生态以及技术生态,在内容侧重上也存在着诸多个性化特色,但究其根本,均是为了在特定生态背景下服务于电子商务人才培养。

新时代、新征程,中国电子商务教材建设工作将继续坚持以习近平新时代中国特色社会主义思想为指导,树牢责任意识和阵地意识,创新建设理念,重视应用实践,加强工作统筹,推动教材质量再提升;不断加强基础理论发展完善,促进新型理论交叉融合,推动前沿技术协同深化,努力打造更多培根铸魂、启智增慧、适应时代要求的精品电子商务教材,构建严密规范、协调有序、充满生机活力的电子商务教材生态,在新起点上进一步开创中国特色高质量教材体系建设新局面。

附录1　全书结构

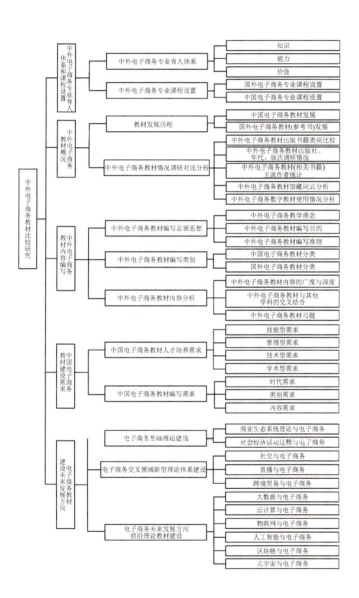

附录 2　图表清单

一、图清单

图 1-1　电子商务专业知识、能力与价值"三位一体"育人体系 / 2

图 1-2　电子商务专业类别分布 / 9

图 1-3　电子商务专业获得学位分布 / 10

图 1-4　国家级电子商务一流专业建设点高校名单 / 12

图 2-1　"十一五"前中国电子商务教材建设情况变化 / 19

图 2-2　"十一五"前中国电子商务教材的四个特色 / 20

图 2-3　"十一五"时期中国电子商务教材建设成果 / 22

图 2-4　"十二五"时期中国电子商务教材编写指导思想 / 24

图 2-5　"十二五"时期中国电子商务教材建设任务 / 26

图 2-6　"十三五"时期中国电子商务教材建设的六大成果 / 29

图 2-7　"十四五"时期中国电子商务教材建设方向的五个重点 / 35

图 2-8　各时期中国电子商务教材发展情况与规划 / 38

图 2-9　各时期国外电子商务相关书籍出版数量 / 38

图 2-10　1996—2000 年国外电子商务书籍分类统计 / 39

图 2-11　2001—2005 年国外电子商务书籍分类统计 / 40

图 2-12　2006—2010 年国外电子商务书籍分类统计 / 41

图 2-13　2011—2015 年国外电子商务书籍分类统计 / 41

图 2-14　2016—2022 年国外电子商务书籍分类统计 / 42

图 2-15　高校电商教指委委员编写电子商务类教材柱形图 / 45

图 2-16　哈佛大学图书馆电子商务教学参考书籍内容分类数据柱形图 / 45

图 2-17　"十二五""十三五"时期普通高等教育本科国家级规划电子商务类教材出版社调研情况 / 47

图 2-18　前三届高校电商教指委委员编写电子商务类教材出版社调研情况 / 48

图 2-19　"十二五""十三五"时期普通高等教育本科国家级规划电子商务类教材出版数量（按时间分类，不同年份出版的多版次的同一教材记为一本）/49

图 2-20　"十二五""十三五"时期普通高等教育本科国家级规划电子商务类教材出版数量（按时间分类，考虑不同年份出版的多版次情况）/ 51

图 2-21　前三届电商教指委委员编写电子商务类教材出版数量（按时间分类，考虑不同年份出版的多版次情况）/51

图 2-22　"十二五""十三五"时期普通高等教育本科国家级规划电子商务类教材版次统计（考虑不同年份出版的多版次情况）/ 53

图 2-23　前三届高校电商教指委委员编写电子商务类教材版次统计（考虑不同年份出版的多版次情况）/ 53

图 2-24　1996—2022 年间三大出版社出版的电子商务类相关书籍数量 / 54

图 2-25　国内主流电子商务教材出版社出品数量统计饼状图 / 56

图 2-26　国内主流电子商务教材出版社内容分类饼状图 / 56

图 2-27　国内主流出版社各时期出版电子商务教材数量及内容分类 / 57

图 2-28　2000—2022 年清华大学出版社电子商务类教材出版数量占比统计 / 58

图 2-29　清华大学出版社各时期出版电子商务教材数量及内容分类 / 58

图 2-30　2000—2022 年电子工业出版社电子商务类教材出版数量占比统计 / 59

图 2-31　电子工业出版社各时期出版电子商务教材数量及内容分类堆积柱形图 / 60

图 2-32　2000—2022 年高等教育出版社电子商务类教材出版数量占比统计 / 61

图 2-33　高等教育出版社各时期出版电子商务教材数量及内容分类 / 61

图 2-34　哈佛大学图书馆馆藏电子商务相关书籍主流作者（六位）主要涉猎领域（考虑不同年份出版的多版次情况）/ 63

图 2-35　清华大学图书馆电子商务相关书籍词云图 / 65

图 2-36　哈佛大学图书馆电子商务相关书籍词云图 / 66

图 2-37　1996—2022 年期间中国电子商务数字教材出版情况 / 67

图 2-38　1996—2022 年期间中国电子商务纸质数字化教材出版情况 / 67

图 2-39　1996—2022 年期间国外电子商务纸质数字化教材出版情况 / 69

图 3-1　中国现代教学理念发展历程 / 73

图 3-2　中国电子商务教学理念 / 76

图 3-3　中国电子商务人才培养典型竞赛 / 79

图 3-4　国外电子商务教学理念 / 80

图 3-5　中国电子商务教材编写目的 / 83

图 3-6　国外电子商务教材编写目的 / 85

图 3-7　中国电子商务教材编写准则 / 87

图 3-8　国外电子商务教材编写准则 / 89

图 3-9　"十一五"时期普通高等教育本科国家级规划电子商务类教材饼状图 / 98

图 3-10　"十二五""十三五"时期普通高等教育本科国家级规划电子商务类教材饼状图（按内容分类）/ 102

图 3-11　"十四五"时期普通高等教育本科电子商务类优秀教材饼状图（按内容分类）/ 105

图 3-12　高校电商教指委委员编写电子商务类教材饼状图（按内容分类）/ 110

图 3-13　哈佛大学图书馆电子商务教学参考书籍内容分类饼状图 / 115

图 3-14　《电子商务（原书第 12 版）》各学科门类三级知识点数量 / 130

图 3-15　《电子商务（原书第 12 版）》各学科大类三级知识点数量 / 130

图 3-16　《电子商务概论（第 6 版）》各学科门类三级知识点数量 / 131

图 3-17　《电子商务概论（第 6 版）》各学科大类三级知识点数量 / 131

图 3-18　陈述性知识、程序性知识以及策略性知识的内在关系 / 132

图 3-19　《电子商务（原书第 12 版）》一级知识点习题数量 / 134

图 3-20　《电子商务（原书第 12 版）》一级知识点习题数量占比 / 134

图 3-21　《电子商务概论（第 6 版）》一级知识点习题数量 / 135

图 3-22　《电子商务概论（第 6 版）》一级知识点习题数量占比 / 135

图 3-23　《电子商务（原书第 12 版）》各类型习题数量占比 / 136

图 3-24　《电子商务概论(第 6 版)》各类型习题数量占比 / 137

图 4-1　电商运营专员岗位主要职责 / 144
图 4-2　电商客服岗位主要职责 / 144
图 4-3　电商物流专员岗位主要职责 / 144
图 4-4　电商网站美工人员岗位主要职责 / 145
图 4-5　技能型需求能力模型 / 145
图 4-6　管理型需求能力模型 / 148
图 4-7　电子商务平台设计主要职责 / 150
图 4-8　电子商务产品设计主要职责 / 151
图 4-9　电子商务人才培养主要职责 / 151
图 4-10　技术型能力需求模型 / 152
图 4-11　电子商务学术型科研工作岗位主要职责 / 154
图 4-12　学术型能力需求模型 / 154
图 4-13　中国电子商务教材编写时代需求 / 156
图 4-14　电子商务各类别教材发展需要 / 158
图 4-15　电子商务特色类教材 / 159
图 4-16　电子商务教材知识结构体系 / 161
图 4-17　电子商务教材内容深度与广度内在关系 / 162
图 4-18　电子商务教材与多学科知识融合逻辑关系 / 162
图 4-19　电子商务教材习题层次 / 163

图 5-1　电子商务生态系统 / 168
图 5-2　电子商务生态系统演化路径 / 168
图 5-3　电子商务经济活动四环节 / 169
图 5-4　电子商务经济活动中的"三流"互动 / 170
图 5-5　社交电商的本质 / 172
图 5-6　社交电商和传统电商推动电子商务发展的交易全流程对比 / 173
图 5-7　直播电商未来价值突围方向 / 177
图 5-8　品牌出海转化历程 / 181
图 5-9　垂直类跨境电商平台的数字化模式 / 182

图 5-10　大数据的"4V"特点 / 184
图 5-11　大数据在电子商务中的应用 / 184
图 5-12　电子商务人才所需的大数据能力 / 185
图 5-13　云计算在电子商务中的应用 / 187
图 5-14　电子商务人才所需的云计算能力 / 188
图 5-15　物联网在电子商务中的应用 / 189
图 5-16　电子商务人才所需的物联网能力 / 190
图 5-17　人工智能在电子商务中的应用 / 191
图 5-18　电子商务人才所需的人工智能能力 / 193
图 5-19　区块链的特征 / 193
图 5-20　区块链在电子商务中的应用 / 194
图 5-21　电子商务人才所需的区块链能力 / 195
图 5-22　元宇宙在电子商务中的应用 / 196
图 5-23　电子商务人才所需的元宇宙能力 / 197

二、表清单

表 1-1　国外电子商务专业知识体系与建议课程对应表 / 8
表 1-2　国家级电子商务一流专业建设点高校名单(2019—2021 年)/ 10
表 1-3　中国电子商务专业知识体系与建议课程对应表 / 13
表 1-4　实践教学类课程的教学内容、相关课程及项目 / 15

表 2-1　各时期国外电子商务相关书籍出版数量 / 39
表 2-2　国内主流出版社各时期出版电子商务教材数量及内容分类 / 57
表 2-3　清华大学出版社各时期出版电子商务教材数量及内容分类 / 59
表 2-4　电子工业出版社各时期出版电子商务教材数量及内容分类 / 60
表 2-5　高等教育出版社各时期出版电子商务教材数量及内容分类 / 61
表 2-6　哈佛大学图书馆馆藏电子商务相关书籍主流作者(六位)主要涉猎领域(考虑不同年份出版的多版次情况) / 62
表 2-7　中文书名高频词 / 65
表 2-8　1996—2022 年期间中国电子商务纸质数字化教材出版情况 / 68

表2-9　1996—2022年期间国外电子商务纸质数字化教材出版情况 / 69

表3-1　中国高校电子商务专业建设问卷信息统计表 / 77
表3-2　"十一五"时期普通高等教育本科国家级规划电子商务类教材一览表（按内容分类）/ 95
表3-3　"十二五""十三五"时期普通高等教育本科国家级规划电子商务类教材一览表（按内容分类）/ 100
表3-4　"十四五"时期普通高等教育本科电子商务类优秀教材一览表（按内容分类）/ 103
表3-5　高校电商教指委委员编写电子商务类教材一览表（按内容分类）/ 106
表3-6　哈佛大学图书馆电子商务教材分类数量及部分示例 / 112
表3-7　两本教材信息对比 / 117
表3-8　《电子商务（原书第12版）》知识结构表 / 119
表3-9　《电子商务概论（第6版）》知识结构表 / 123
表3-10　两本教材各级知识点数量对比 / 126
表3-11　学科门类及学科大类划分标准（不含军事学）/ 128
表3-12　两本教材习题总数对比 / 133
表3-13　两本教材习题覆盖面对比 / 136

表4-1　"十四五"时期电子商务发展总规模指标 / 141
表4-2　电子商务技能型典型岗位需求和岗位职责 / 143
表4-3　电子商务管理型人才所从事岗位具体职责 / 147
表4-4　电子商务管理型典型岗位需求和岗位职责 / 148
表4-5　电子商务技术型典型岗位需求和岗位职责 / 150
表4-6　电子商务学术型典型岗位需求和岗位职责 / 153

表5-1　图文、短视频以及直播的特性对比 / 175

参考文献

[1] 高燕.课程思政建设的关键问题与解决路径[J].中国高等教育,2017(15):11-14.

[2] 李蕉,方霁.课程思政中的"思政":内核、路径与意蕴[J].思想教育研究,2021(11):108-113.

[3] 杨琰.知识·能力·素质·素养:教育价值追求的不同阶段转向[J].教育理论与实践,2018,38(28):13-16.

[4] 袁勤勇.产学结合开发面向新兴专业的教材:以"新一代高等学校电子商务实践与创新系列规划教材"为例[J].出版广角,2021(9):49-51.

[5] 薛晓.电子商务人才培养模式研究与实践[M].北京:北京交通大学出版社,2017.

[6] 杨捷,闫羽.当前我国一流本科课程建设研究的计量分析与展望[J].中国大学教学,2022(5):4-12,22,2.

[7] 商玮,童红斌.电子商务基础[M].北京:电子工业出版社,2018.

[8] 齐佳音,张国锋,吴联仁.人工智能背景下的商科教育变革[J].中国大学教学,2019(Z1):58-62.

[9] 丰佳栋.知识动态能力视角的电商平台大数据分析价值链战略[J].中国流通经济,2021,35(2):37-48.

[10] 教育部高等学校教学指导委员会.普通高等学校本科专业类教学质量国家标准(下)[M].北京:高等教育出版社,2018:889-895.

[11] 韩双淼,谢静.国外教育研究方法的应用特征:基于2000—2019年34本教育学SSCI收录期刊的文献计量分析[J].高等教育研究,2021,42(1):68-76.

[12] 王晶晶,兰玉杰,杜晶晶.全球著名商学院工商管理硕士人才培养模式的比较及其启示[J].教育与现代化,2010(2):84-90.

[13] 苏芃,王小芳.国外大学本科荣誉学位发展、现状及借鉴[J].清华大学教育研究,2017,38(4):73-77,86.

[14] 孔祥维,王明征,陈熹.数字经济下"新商科"数智化本科课程建设的实践与探索[J].中国大学教学,2022(8):31-36.

[15] 江怡.如何摆正教与学的辩证关系:对一流本科课程建设的反思[J].中国大

学教学,2020(11):11-16.

[16] 赵叶珠,程海霞.欧洲新学位制度下"商科"能力标准及课程体系[J].中国大学教学,2016(8):89-93.

[17] Center for Educational Effectiveness. Generalized bservation and eflection platform(GORP).[EB/OL](2020-12-05)[2022-09-25]. https://cee.ucdavis.edu/tools.

[18] 梅萍,韩静文.建党百年来高校思政课教师队伍建设的历程、经验与启示[J].大学教育科学,2022(4):54-63.

[19] Brendan Cantwel,Simon Marginson,Anna Smolentseva,et al. High participation systems of higher education[M]. Oxford:Oxford University Press,2018:15-107.

[20] Huang C,Yang C,Wang S,et al. Evolution of topics in education research:a systematic review using bibliometric analysis[J]. Educational Review,2019,72(1):1-17.

[21] Adrianna J. Kezar,Elizabeth M. Holcombe. Barriers to organizational learning in a multi-institutional initiative[J]. Higher Education,2020(79):1119-1138.

[22] 别敦荣,齐恬雨.国外一流大学本科教学改革与建设动向[J].中国高教研究,2016(7):7-13.

[23] 战双鹃,李盛兵.美国常春藤大学本科教育的基本特征[J].高等教育研究,2019,40(5):92-99.

[24] 林姬伶,卓泽林.美国本科STEM教育改革系统性策略:基于美国大学协会《本科STEM教育计划》分析[J].比较教育研究,2021,43(2):90-97.

[25] Association of American Universities (AAU). Five-year initiative for improving undergraduate STEM education (discussion draft) [EB/OL]. (2011-10-14)[2022-09-15]. https:// www.aau.edu/sites/default/files/STEM%20Scholarship/AAU_STEM_Initiative_Discussion_Draft.pdf.

[26] 波特·埃里斯曼.全球电商进化史[M].李文远,译.杭州:浙江大学出版社,2018.

[27] 教育部.普通高等学校本科专业目录(2020年版)[J].考试与招生,2022(6):60-75.

[28] 中华人民共和国教育部高等教育司.教育部高等教育司2021年工作要点[EB/OL].(2021-02-14)[2022-09-17]. http://www.moe.gov.cn/

s78/A08/tongzhi/202102/W020210205296023179639. pdf.

[29] 中共中央办公厅.中共中央国务院关于深化教育改革全面推进素质教育的决定[J].中华人民共和国国务院公报,1999(21):868-878.

[30] 中华人民共和国教育部.教育部关于印发《关于"十五"期间普通高等教育教材建设与改革的意见》的通知(已失效)[EB/OL].(2001-02-06)[2022-09-14]. http://www. moe. gov. cn/srcsite/A08/s7056/200102/t20010206_162632. html.

[31] 中华人民共和国教育部.普通高等学校本科专业目录(1998年颁布)(已失效)[EB/OL].(1998-07-06)[2022-09-14]. http://www. moe. gov. cn/srcsite/A08/moe_1034/s3882/199807/t19980706_109699. html.

[32] 中华人民共和国教育部.中宣部 教育部关于加强和改进高等学校哲学社会科学学科体系与教材体系建设的意见[EB/OL].(2005-05-08)[2022-09-14]. http://www. moe. gov. cn/jyb_xxgk/gk_gbgg/moe_0/moe_495/moe_1079/tnull_12345. html.

[33] 中华人民共和国教育部.教育部关于印发《关于进一步加强高等学校本科教学工作的若干意见》和周济部长在第二次全国普通高等学校本科教学工作会议上的讲话的通知[EB/OL].(2005-01-07)[2022-09-14]. http://www. moe. gov. cn/srcsite/A08/s7056/200501/t20050107_80315. html.

[34] 中华人民共和国国务院办公厅.国务院办公厅关于加快电子商务发展的若干意见[EB/OL].(2005-01-08)[2022-09-14]. http://www. gov. cn/zhuanti/2015-06/13/content_2879020. htm.

[35] 中华人民共和国教育部.教育部关于进一步深化本科教学改革全面提高教学质量的若干意见[EB/OL].(2007-02-17)[2022-09-14]. http://www. moe. gov. cn/srcsite/A08/s7056/200702/t20070217_79865. html.

[36] 国家发展改革委.国务院信息办.关于印发电子商务发展"十一五"规划的通知[EB/OL].(2007-06-01)[2022-09-14]. https://www. ndrc. gov. cn/xxgk/zcfb/ghwb/200706/t20070620_962073. html? code=&state=123.

[37] 教育部高等学校电子商务专业教学指导委员会.普通高等学校电子商务本科专业知识体系[M].北京:高等教育出版社,2008.

[38] 国家中长期教育改革和发展规划纲要工作小组办公室.国家中长期教育改革和发展规划纲要(2010—2020年)[EB/OL].(2010-07-29)[2022-09-14]. https://www. moe. gov. cn/srcsite/A01/s7048/201007/t20100729_171904. html.

[39] 新华社.国家中长期人才发展规划纲要(2010—2020年)发布[EB/OL].

(2010-06-06)[2022-09-14]. http://www.gov.cn/jrzg/2010-06/06/content_1621777.htm.

[40] 教育部高等教育司. 关于印发《教育部高等教育司 2011 年工作要点》的函[EB/OL]. (2011-02-17)[2022-09-14]. http://www.moe.gov.cn/srcsite/A08/s7056/201102/t20110217_115148.html.

[41] 中华人民共和国教育部. 教育部关于印发《高等学校"十二五"科学和技术发展规划》的通知[EB/OL]. (2012-03-14)[2022-09-14]. http://www.moe.gov.cn/srcsite/A16/s7062/201203/t20120314_172768.html.

[42] 中华人民共和国教育部. 教育部关于切实加强和改进高等学校学风建设的实施意见[EB/OL]. (2011-12-02)[2022-09-14]. http://www.moe.gov.cn/srcsite/A16/kjs_xfjs/201112/t20111202_172770.html.

[43] 中华人民共和国教育部. 教育部关于国家精品开放课程建设的实施意见[EB/OL]. (2011-10-12)[2022-09-14]. http://www.moe.gov.cn/srcsite/A08/s5664/moe_1623/s3843/201110/t20111012_126346.html.

[44] 教育部办公厅,财政部办公厅. 教育部办公厅 财政部办公厅关于做好 2014、2015 年高等学校本科教学改革与教学质量工程工作的指导意见[EB/OL]. (2014-05-14)[2022-09-14]. http://www.moe.gov.cn/srcsite/A08/s5664/moe_1623/s3843/201405/t20140514_169464.html.

[45] 中华人民共和国教育部. 教育部关于印发《教育部 2012 年工作要点》的通知[EB/OL]. (2012-01-20)[2022-09-14]. http://www.moe.gov.cn/srcsite/A02/s7049/201201/t20120120_170524.html.

[46] 教育部. 教育部关于印发《教育部 2013 年工作要点》的通知[EB/OL]. (2013-01-24)[2022-09-14]. http://www.moe.gov.cn/srcsite/A02/s7049/201301/t20130124_170522.html.

[47] 中华人民共和国教育部. 教育部关于印发《教育部 2014 年工作要点》的通知[EB/OL]. (2014-01-23)[2022-09-14]. http://www.moe.gov.cn/srcsite/A02/s7049/201401/t20140123_163889.html.

[48] 教育部办公厅. 教育部办公厅关于印发《2015 年教育信息化工作要点》的通知[EB/OL]. (2015-02-15)[2022-09-14]. http://www.moe.gov.cn/srcsite/A16/s3342/201502/t20150215_189356.html.

[49] 教育部. 全面提高高等教育质量工作会议强调 转变观念 真抓实干 开拓进取 推动我国高等教育实现由大到强的历史新跨越[EB/OL]. (2012-03-24)[2022-09-14]. http://www.moe.gov.cn/jyb_xwfb/gzdt_gzdt/moe_1485/201203/t20120324_132987.html.

[50] 中华人民共和国教育部. 教育部关于"十二五"普通高等教育本科教材建设的若干意见[EB/OL]. (2011-04-28)[2022-09-14]. http://www.moe.gov.cn/srcsite/A08/moe_736/s3885/201104/t20110428_120136.html.

[51] 新华社. 教育部:首批120门中国大学资源共享课正式上线[EB/OL]. (2013-06-26)[2022-09-14]. http://www.gov.cn/jrzg/2013-06/26/content_2434763.htm.

[52] 中华人民共和国教育部. 教育部关于批准实施"十二五"期间"高等学校本科教学质量与教学改革工程"2012年建设项目的通知[EB/OL]. (2012-01-20)[2022-09-14]. http://www.moe.gov.cn/srcsite/A08/s5664/moe_1623/s3845/201201/t20120120_130542.html.

[53] 中华人民共和国教育部. 教育部关于印发《教育信息化"十三五"规划》的通知[EB/OL]. (2016-06-07)[2022-09-14]. http://www.moe.gov.cn/srcsite/A16/s3342/201606/t20160622_269367.html.

[54] 国家教材委员会. 国家教材委员会关于印发《习近平新时代中国特色社会主义思想进课程教材指南》的通知[EB/OL]. (2021-07-23)[2022-09-14]. http://www.moe.gov.cn/srcsite/A26/s8001/202107/t20210723_546307.html.

[55] 中共中央宣传部,教育部. 中共中央宣传部 教育部关于印发《新时代学校思想政治理论课改革创新实施方案》的通知[EB/OL]. (2020-12-22)[2022-09-14]. http://www.moe.gov.cn/srcsite/A26/jcj_kcjcgh/202012/t20201231_508361.html.

[56] 中华人民共和国教育部. 教育部关于印发《中小学教材管理办法》《职业院校教材管理办法》和《普通高等学校教材管理办法》的通知[EB/OL]. (2019-12-19)[2022-09-14]. http://www.moe.gov.cn/srcsite/A26/moe_714/202001/t20200107_414578.html.

[57] 中华人民共和国教育部. 教育部关于印发《高等学校"十三五"科学和技术发展规划》的通知[EB/OL]. (2016-11-24)[2022-09-14]. http://www.moe.gov.cn/srcsite/A16/moe_784/201612/t20161219_292387.html.

[58] 国务院办公厅. 国务院办公厅关于成立国家教材委员会的通知[EB/OL]. (2017-07-03)[2022-09-14]. http://www.moe.gov.cn/jyb_xxgk/moe_1777/moe_1778/201707/t20170706_308824.html.

[59] 教育部. 建设高水平专家队伍 振兴新时代本科教育 2018—2022年教育部高等学校教学指导委员会成立会议召开[EB/OL]. (2018-11-01)[2022-09-14]. http://www.moe.gov.cn/jyb_xwfb/gzdt_gzdt/moe_1485/201811/t20181101_353413.html.

[60] 教育部高等教育司.关于推荐新一届教育部高等学校教学指导委员会委员的通知[EB/OL].(2005-04-18)[2022-09-14].http://www.moe.gov.cn/srcsite/A08/s7056/200504/t20050418_124825.html.

[61] 光明日报.转变方式,推进高等教育内涵发展和质量提升[EB/OL].(2016-02-25)[2022-09-14].http://www.moe.gov.cn/jyb_xwfb/s5148/201602/t20160225_230509.html.

[62] 人民日报.全国教材建设规划和四个教材管理办法印发:为学生打好成长底色[EB/OL].(2020-01-09)[2022-09-14].http://www.gov.cn/zhengce/2020-01/09/content_5467703.htm.

[63] 国家教材委员会.国家教材委员会关于开展首届全国教材建设奖评选工作的通知[EB/OL].(2020-10-27)[2022-09-14].http://www.moe.gov.cn/srcsite/A26/s8001/202012/t20201211_504993.html.

[64] 教育部发展规划司."数"看"十三五":教育改革发展成就概述[EB/OL].(2020-12-01)[2022-09-14].http://www.moe.gov.cn/fbh/live/2020/52692/sfcl/202012/t20201201_502591.html.

[65] 新华社.中共中央 国务院印发《深化新时代教育评价改革总体方案》[EB/OL].(2020-10-13)[2022-09-14].http://www.moe.gov.cn/jyb_xxgk/moe_1777/moe_1778/202010/t20201013_494381.html.

[66] 国家教材委员会办公室.关于开展全国大中小学教材调查统计工作的通知[EB/OL].(2019-10-31)[2022-09-14].http://www.moe.gov.cn/srcsite/A26/moe_714/201911/t20191115_408462.html.

[67] 教育部.国家教材委员会、教育部印发全国教材建设规划和四个教材管理办法 部署推进大中小学教材建设[EB/OL].(2020-01-07)[2022-09-14].http://www.moe.gov.cn/jyb_xwfb/gzdt_gzdt/s5987/202001/t20200107_414564.html.

[68] 中华人民共和国教育部.教育部关于设立课程教材研究所的通知[EB/OL].(2017-12-27)[2022-09-14].http://www.moe.gov.cn/srcsite/A04/s7051/201801/t20180123_325313.html.

[69] 中华人民共和国教育部.教育部关于首批国家教材建设重点研究基地认定结果的通知[EB/OL].(2019-02-11)[2022-09-14].http://www.moe.gov.cn/srcsite/A26/s8001/201902/t20190225_371059.html.

[70] 光明日报.立足新时代 培养一流"新工科"卓越人才[EB/OL].(2017-10-31)[2022-09-14].https://news.gmw.cn/2017-10/31/content_26652677.htm.

[71] 中华人民共和国教育部.关于政协十三届全国委员会第三次会议第2563号

（工交邮电类 250 号）、B061 号提案答复的函[EB/OL].(2020-09-15)[2022-09-14].http://www.moe.gov.cn/jyb_xxgk/xxgk_jyta/jyta_kjs/202009/t20200927_491781.html.

[72] 教育部.对十三届全国人大四次会议第 4656 号建议的答复[EB/OL].(2021-09-01)[2022-09-14].http://www.moe.gov.cn/jyb_xxgk/xxgk_jyta/jyta_gaojiaosi/202201/t20220106_592726.html.

[73] 光明日报.新工科 新医科 新农科 新文科 指向科技经济前沿 瞄向未来发展需求[EB/OL].(2020-12-29)[2022-09-14].https://news.gmw.cn/2020-12/29/content_34501013.htm.

[74] 教育部教材局.坚持加强党的领导 整体构建"五大体系"全面推进大中小学教材建设:"十三五"期间教材建设总体情况介绍[EB/OL].(2020-12-24)[2022-09-14].http://www.moe.gov.cn/fbh/live/2020/52842/sfcl/202012/t20201224_507267.html.

[75] 教育部高等教育司.历史性成就,格局性变化:高等教育十年改革发展成效[EB/OL].(2022-05-17)[2022-09-14].http://www.moe.gov.cn/fbh/live/2022/54453/sfcl/202205/t20220517_627973.html.

[76] 教育部高等教育司.价值引领 质量为本 改革创新 监督保障:"十三五"期间高校教材建设有关情况介绍[EB/OL].(2020-12-24)[2022-09-14].http://www.moe.gov.cn/fbh/live/2020/52842/sfcl/202012/t20201224_507266.html.

[77] 教育部教材局.关于印发《教育部教材局 2021 年工作要点》的通知[EB/OL].(2021-02-26)[2022-09-14].http://www.moe.gov.cn/s78/A26/tongzhi/202103/t20210302_516599.html.

[78] 光明日报."十四五":高等教育立足当下 更将引领未来[EB/OL].(2020-11-22)[2022-09-14].http://www.moe.gov.cn/jyb_xwfb/s5147/202011/t20201123_501229.html.

[79] 中国教育报."十四五"规划和 2035 年远景目标纲要提出建设高质量教育体系[EB/OL].(2021-03-13)[2022-09-14].http://www.moe.gov.cn/jyb_xwfb/xw_zt/moe_357/2021/2021_zt01/yw/202103/t20210314_519710.html.

[80] 教育部.深化新时代教育评价改革 全面提升本科教育教学质量:教育部教育督导局负责人就《普通高等学校本科教育教学审核评估实施方案(2021—2025 年)》答记者问[EB/OL].(2021-02-07)[2022-09-14].http://www.moe.gov.cn/jyb_xwfb/s271/202102/t20210207_512832.html.

[81] 新华社.中共中央关于制定国民经济和社会发展第十四个五年规划和二〇三

五年远景目标的建议[EB/OL].(2020-11-03)[2022-09-14].http://www.gov.cn/zhengce/2020-11/03/content_5556991.htm.

[82] 光明日报.教育系统:奋力开创教育高质量发展新局面[EB/OL].(2020-11-08)[2022-09-14].http://www.moe.gov.cn/jyb_xwfb/s5147/202011/t20201109_498906.html.

[83] 新华社.中共中央、国务院印发《中国教育现代化2035》[EB/OL].(2019-02-23)[2022-09-14].http://www.gov.cn/zhengce/2019-02/23/content_5367987.htm.

[84] 中国教育报.与时俱进的教育规划宜突出"五个"意识:高质量编制"十四五"教育规划系列评论之三[EB/OL].(2021-03-18)[2022-09-14].http://www.moe.gov.cn/jyb_xwfb/moe_2082/2021/2021_zl15/202103/t20210318_520490.html.

[85] 中国教育报.加快建设高质量教材体系[EB/OL].(2020-12-01)[2022-09-14].http://www.moe.gov.cn/jyb_xwfb/xw_zt/moe_357/jyzt_2020n/2020_zt25/bitan/202012/t20201201_502723.html.

[86] 国务院.国务院关于印发深化标准化工作改革方案的通知[EB/OL].(2015-03-26)[2022-09-14].http://www.gov.cn/zhengce/content/2015-03/26/content_9557.htm.

[87] 中华人民共和国国务院.国务院关于大力发展电子商务加快培育经济新动力的意见[EB/OL].(2015-05-07)[2022-09-14].http://www.gov.cn/zhengce/content/2015-05/07/content_9707.htm.

[88] 国务院办公厅.国务院办公厅发布关于印发贯彻实施质量发展纲要2016年行动计划的通知[EB/OL].(2016-04-19)[2022-09-14].http://www.gov.cn/zhengce/content/2016-04/19/content_5065730.htm.

[89] 教育部.关于政协十二届全国委员会第五次会议第2526号(教育类233号)提案答复的函.[EB/OL].(2017-10-16)[2022-09-14].http://www.moe.gov.cn/jyb_xxgk/xxgk_jyta/jyta_zcs/201803/t20180306_329005.html.

[90] Kenneth W. Clarkon. West's business law: text, cases, legal, ethical, international, and e-commerce environment[M]. 8th ed. Reference and Research Book News, 2000, 15.

[91] 严明,郑昌兴.Python环境下的文本分词与词云制作[J].现代计算机(专业版),2018(34):86-89.

[92] 吴永聪.浅谈Python爬虫技术的网页数据抓取与分析[J].计算机时代,2019(8):94-96.

[93] 翟普.Python网络爬虫爬取策略对比分析[J].电脑知识与技术,2020,16(1):29-30,34.

[94] 王道俊,郭文安.教育学[M].北京:人民教育出版社,2009.

[95] 中国教育部.百年征程映初心:党的教育方针的历史变迁[EB/OL].(2021-05-27)[2022-09-13].http://www.moe.gov.cn/jyb_xwfb/s5147/202106/t20210608_536492.html.

[96] 人民政协网."好好学习,天天向上"的由来[EB/OL].(2017-06-01)[2022-09-25].https://www.rmzxb.com.cn/c/2017-06-01/1568326.shtml.

[97] 央视网.1957年2月27日关于正确处理人民内部矛盾的问题[EB/OL].(2002-09-16)[2022-09-25].https://www.cctv.com/special/756/1/50062.html.

[98] 中国教育报.新时代教育工作的根本方针[EB/OL].(2019-09-16)[2022-09-25].http://www.moe.gov.cn/jyb_xwfb/moe_2082/zl_2019n/2019_zl69/201909/t20190916_399243.html.

[99] 广安日报.教育要面向现代化,面向世界,面向未来[EB/OL].(2017-02-08)[2022-09-25].http://cpc.people.com.cn/n1/2017/0208/c69113-29066863.html.

[100] 中国教育报.百年征程映初心:党的教育方针的历史变迁[EB/OL].(2021-05-27)[2022-09-25].http://www.moe.gov.cn/jyb_xwfb/s5147/202106/t20210608_536492.html.

[101] 中国教育报.从党的教育方针看中国共产党的初心与使命[EB/OL].(2019-06-24)[2022-09-13].http://www.qstheory.cn/science/2019-06/24/c_1124662547.htm.

[102] 新华社.胡锦涛在中共第十七次全国代表大会上的报告全文[EB/OL].(2007-10-24)[2022-09-25].http://www.gov.cn/ldhd/2007-10/24/content_785431_8.htm.

[103] 中国教育报.立德树人是教育的根本任务:深入学习习近平总书记教育思想(三)[EB/OL].(2017-08-09)[2022-09-13].http://www.moe.gov.cn/jyb_xwfb/moe_2082/zl_2017n/2017_zl37/201708/t20170809_310862.html.

[104] 新华网.习近平在全国教育大会上强调坚持中国特色社会主义教育发展道路培养德智体美劳全面发展的社会主义建设者和接班人[EB/OL].(2018-09-10)[2022-09-17].http://www.moe.gov.cn/jyb_xwfb/s6052/moe_838/201809/t20180910_348145.html.

[105] 新华社.习近平主持召开教育文化卫生体育领域专家代表座谈会强调全面推进教育文化卫生体育事业发展不断增强人民群众获得感幸福感安全感[EB/OL].(2020-09-22)[2022-09-17].https://www.chinacourt.org/article/detail/2020/09/id/5468227.shtml.

[106] 新华社.习近平:更加重视科学精神创新能力批判性思维培养培育推进科技创新[EB/OL].(2021-06-01)[2022-09-09].http://www.cssn.cn/jjx_yyjjx/yyjjx_jsjjx/202106/t20210601_5337568.shtml.

[107] 光明日报.立德树人何以实现[EB/OL].(2019-07-31)[2022-09-09].http://theory.people.com.cn/n1/2019/0731/c40531-31265957.html.

[108] 人民日报.习近平主持召开学校思想政治理论课教师座谈会强调用新时代中国特色社会主义思想铸魂育人贯彻党的教育方针落实立德树人根本任务[EB/OL].(2019-03-19)[2022-09-09].http://politics.people.com.cn/n1/2019/0319/c1024-30982117.html.

[109] 王英娜.基于以人为本理念下高等教育教学管理模式分析[J].教育现代化,2020,7(37):159-161.

[110] 河南财经政法大学电子商务与物流管理学院.全国电子商务教育与发展联盟("50"人论坛)成立大会暨首届论坛"中国电子商务教育发展进程与展望"会议在我校隆重举行[EB/OL].(2022-07-19)[2022-09-09].http://dswl.huel.edu.cn/info/1018/4338.htm.

[111] 华南理工大学新闻网.协同创新是提高自主创新能力和效率的最佳形式和途径[EB/OL].(2011-09-26)[2022-09-09].https://news.scut.edu.cn/2014/0504/c107a1029/page.htm.

[112] 教育部.科教融合 创新发展 建设新型研究型大学[EB/OL].(2021-03-23)[2022-09-09].http://www.moe.gov.cn/jyb_xwfb/moe_2082/2021/2021_zl22/202103/t20210323_521955.html.

[113] 人民网.习近平出席全国教育大会并发表重要讲话[EB/OL].(2018-11-20)[2022-09-09].http://edu.qianlong.com/2018/1120/2953064.shtml.

[114] 姜燕.谈西方人文主义教育思想的演变[J].科技展望,2015,25(31):233.

[115] 伍慧萍.当前德国职业教育改革维度及其发展现状[J].比较教育研究,2021,43(10):38-46,54.

[116] 吴佳艳.日本电子商务市场发展现状、特点与启示[J].商业经济研究,2019(9):88-91.

[117] 周梦洁.大数据时代日本IT人才培养研究[J].国际观察,2016(5):143-154.

[118] 郑军,段少东.英国"本硕连读"拔尖创新人才培养的经验与启示:基于精英教育视角[J].教育与教学研究,2020,34(8):45-54.DOI:10.13627/j.cnki.cdjy.2020.08.006.

[119] 钞秋玲,王梦晨.英国创新人才培养体系探究及启示[J].西安交通大学学报(社会科学版),2015,35(2):119-123,128.DOI:10.15896/j.xjtuskxb.201502018.

[120] 国家教材委员会.国家教材委员会关于印发《习近平新时代中国特色社会主义思想进课程教材指南》的通知[EB/OL].(2021-07-21)[2022-09-14].http://www.moe.gov.cn/srcsite/A26/s8001/202107/t20210723_546307.html.

[121] 光明日报.中国特色高质量教材体系要坚定和彰显文化自信[EB/OL].(2021-12-07)[2022-09-13].http://www.moe.gov.cn/jyb_xwfb/s5148/202112/t20211207_585258.html.

[122] 中国教育报.加强教材建设 奠基教育强国[EB/OL].(2017-11-29)[2022-09-14].http://www.moe.gov.cn/jyb_xwfb/moe_2082/zl_2017n/2017_zl73/201711/t20171129_320175.html.

[123] 中国人大网.十二届全国人大常委会专题讲座第二十九讲 国内外电子商务的现状与发展[EB/OL].(2017-06-29)[2022-09-25].http://www.npc.gov.cn/zgrdw/npc/xinwen/2017-06/29/content_2024895.htm.

[124] 冯晓丽.兴趣-情境-创新:国外大学教材特点和功能的基本轨迹:以美国高校理工类教材为例[J].高教探索,2014(2):93-95.

[125] T.L.Bergman,A.Faghri,R.Viskanta.Frontiers in transport phenomena research and education:energy systems,biological systems,security,information technology and nanotechnology[J].International Journal of Heat and Mass Transfer,2008(51):4599-4613.

[126] 人民日报.把握时代要求 恪守责任担当[EB/OL].(2020-07-20)[2022-09-25].http://www.qstheory.cn/llwx/2020-07/20/c_1126259435.htm.

[127] 中华人民共和国教育部.教育部召开首届全国教材工作会议[EB/OL].(2020-09-24)[2022-09-14].http://www.gov.cn/xinwen/2020-09/24/content_5546615.htm.

[128] 中华人民共和国教育部.教育部关于一流本科课程建设的实施意见[EB/OL].(2019-10-24)[2022-09-25].http://www.moe.gov.cn/srcsite/A08/s7056/201910/t20191031_406269.html.

[129] 教育部教材局.教育部教材局关于开展义务教育国家课程教材检查工作的

通知[EB/OL].(2018-09-14)[2022-09-25].http://www.moe.gov.cn/s78/A26/tongzhi/201809/t20180918_349171.html.

[130] 中华人民共和国教育部.教育部与中国科学院会商科学教育工作[EB/OL].(2022-03-18)[2022-09-25].http://www.moe.gov.cn/jyb_zzjg/huodong/202203/t20220318_608745.html.

[131] 人民日报."十四五"期间分批建设1万种左右职业教育国家规划教材[EB/OL].(2021-12-15)[2022-09-25].http://www.moe.gov.cn/jyb_xwfb/s5147/202112/t20211215_587471.html.

[132] 中华人民共和国教育部.教育部部署"十四五"职业教育规划教材建设 加快构建中国特色高质量职业教育教材体系[EB/OL].(2021-12-13)[2022-09-25].http://www.moe.gov.cn/jyb_xwfb/gzdt_gzdt/s5987/202112/t20211213_586851.html.

[133] 中华人民共和国教育部.教育部关于印发《新时代马克思主义理论研究和建设工程教育部重点教材建设推进方案》的通知[EB/OL].(2022-02-19)[2022-09-25].http://www.moe.gov.cn/srcsite/A26/moe_714/202203/t20220308_605562.html.

[134] 中华人民共和国教育部.教育部印发《关于树立社会主义荣辱观进一步加强学术道德建设的意见》[EB/OL].(2006-05-10)[2022-09-25].http://www.moe.gov.cn/jyb_xwfb/gzdt_gzdt/moe_1485/tnull_14819.html.

[135] 新华网.习近平在中央政治局第二十五次集体学习时强调全面加强知识产权保护工作 激发创新活力推动构建新发展格局[EB/OL].(2020-12-01)[2022-09-25].http://www.moe.gov.cn/jyb_xwfb/s6052/moe_838/202012/t20201202_502826.html.

[136] 周嘉硕,杨玲.中外大学教材差异研究[J].首都经济贸易大学学报,2007(4):122-125.

[137] 张昊春,王洪杰,谈和平,等.美国与德国《工程热力学》教材的比较及启示[J].中国大学教学,2012,(2):86-88.

[138] 王诗平.国外优秀大学教材建设特点研究[J].教育教学论坛,2019,(46):239-241.

[139] 周嘉硕,杨玲.中外大学教材差异研究[J].首都经济贸易大学学报,2007(4):122-125.

[140] A. Bejan, New century, new methods, exergy [J]. An International Journal, 2011(2).

[141] Cunningsworth, A. Choosing your coursebook [M]. Oxford:

Heinemann,1995.

[141] 陈伟斌."双一流"建设背景下新兴交叉学科建设路径思考[J].中国大学教学,2021(9):80-86.

[143] 李辉.高等教育内涵式发展视界下的教材建设路径:基于美国大学教育教学改革的思考[J].高教探索,2014(6):128-131.

[144] 胡蕊,杜晓聪,王星星.信息技术对电子商务专业教学过程的优化[J].财富时代,2020(7):136.

[145] 张嘉恒.跨境电子商务物流模式的创新与发展趋势[J].中国商论,2022(16):22-24.

[146] 岳羽.新乡市农村电子商务发展影响因素及策略探析[J].山西农经,2022(16):94-96.

[147] 王洪.我国电子商务国际化进程中存在的问题及对策研究[J].开发研究,2014(4):142-144.

[148] 肖琦.基于"一带一路"视阈下电子商务专业国际化发展的分析[J].商场现代化,2021(18):45-47.

[149] 中华人民共和国教育部.教育部关于"十二五"普通高等教育本科教材建设的若干意见.[EB/OL].(2011-04-28)[2022-09-17].http://www.moe.gov.cn/srcsite/A08/moe_736/s3885/201104/t20110428_120136.html.

[150] 中华人民共和国教育部.教育部关于印发普通高等教育"十一五"国家级教材规划选题的通知[EB/OL].(2006-08-08)[2022-09-17].http://www.moe.gov.cn/srcsite/A08/moe_736/s3885/200608/t20060808_110210.html.

[151] 中华人民共和国教育部.教育部关于印发普通高等教育"十一五"国家级教材规划补充选题的通知[EB/OL].(2008-02-13)[2022-09-17].http://www.moe.gov.cn/srcsite/A08/moe_736/s3885/200802/t20080213_110208.html.

[152] 中华人民共和国教育部.教育部关于印发第一批"十二五"普通高等教育本科国家级规划教材书目的通知[EB/OL].(2012-11-27)[2022-09-17].http://www.moe.gov.cn/srcsite/A08/moe_736/s3885/201211/t20121127_145008.html.

[153] 中华人民共和国教育部.教育部关于印发《第二批"十二五"普通高等教育本科国家级规划教材书目》的通知[EB/OL].(2014-10-20)[2022-09-17].https://hudong.moe.gov.cn/srcsite/A08/moe_736/s3885/201410/t20141020_178340.html.

[154] 封面新闻.教育部:"十三五"期间高校新增教材数量达4.3万余种[EB/

OL].(2020-12-24)[2022-09-17].http://www.moe.gov.cn/fbh/live/2020/52842/mtbd/202012/t20201224_507462.html.

[155] 中国教育在线.教育部:将教材建设与选用纳入"双一流"高校考察范围[EB/OL].(2020-12-24)[2022-09-17].http://www.moe.gov.cn/fbh/live/2020/52842/mtbd/202012/t20201224_507443.html.

[156] 光明日报."十四五":高等教育立足当下 更将引领未来[EB/OL].(2020-11-22)[2022-09-17].http://www.moe.gov.cn/jyb_xwfb/s5147/202011/t20201123_501229.html.

[157] 杨晓茜,艾爽.基于网络计算机技术的电子商务信息安全[J].信息通信,2018(12):179-180.

[158] 卡米来,傅冬.电子商务视角下企业经济管理研究[J].质量与市场,2022(1):115-117.

[159] 韩巍.基于数据可视化的现代电子商务法律法规特征研究[J].中国管理信息化,2021,24(23):83-84.

[160] 加里·P.施奈德.电子商务(原书第12版)[M].张俊梅,袁勤俭,杨欣悦,等,译.北京:机械工业出版社.2020.

[161] 覃征.电子商务概论[M].6版.北京:高等教育出版社.2019.

[162] 丁朝蓬.教材评价指标体系的建立[J].课程.教材.教法,1998,(7):44-47.

[163] 任丹凤.论教材的知识结构[J].课程.教材.教法,2003(2):5-8.

[164] 范印哲.教材内容基本结构的继承与革新:教材知识应用结构与能力培养功能研究[J].中国大学教学,2000(5):24-26.

[165] 路甬祥.学科交叉与交叉科学的意义[J].中国科学院院刊,2005(1):58-60.

[166] 马廷奇.交叉学科建设与拔尖创新人才培养[J].高等教育研究,2011,32(6):73-77.

[167] 中华人民共和国教育部.关于公布2019年度普通高等学校本科专业备案和审批结果的通知[EB/OL].(2020-02-21)[2022-09-07].http://www.moe.gov.cn/srcsite/A08/moe_1034/s4930/202003/t20200303_426853.html.

[168] 国务院学位委员会,教育部.国务院学位委员会 教育部关于设置"交叉学科"门类、"集成电路科学与工程"和"国家安全学"一级学科的通知[EB/OL].(2020-12-30)[2022-09-07].http://www.moe.gov.cn/srcsite/A22/yjss_xwgl/xwgl_xwsy/202101/t20210113_509633.html.

[169] Anderson J.R. ACT:a simple theory of complex cognition[J]. American Psychologist,1996(4):355-365.

[170] Mayer,R. E. Learning strategies for making sense out expository test:SOI model for guiding three cognitive processes in knowledge construction[J]. Educational Psychology Review,1998(8):357-371.

[171] 陈芳,胡喆,温竞华,等.国家科技创新力的根本源泉在于人[N].人民日报,2022-05-31(1).

[172] 李伟.习近平总书记协调发展重要思想的理论和实践意义[J].党建研究,2017(7):24-27.

[173] 周济.智能制造:"中国制造2025"的主攻方向[J].中国机械工程,2015,26(17):2273-2284.

[174] 王奇,牛耕,赵国昌.电子商务发展与乡村振兴:中国经验[J].世界经济,2021,44(12):55-75.

[175] 郑淑蓉,吕庆华.中国电子商务20年演进[J].商业经济与管理,2013(11):5-16.

[176] 国家发展和改革委员会.《中华人民共和国国民经济和社会发展第十四个五年规划和2035年远景目标纲要》辅导读本[M].北京:人民出版社,2021.

[177] 黄首晶,杜晨阳.试析社会、高校、政府在高校创业教育中的主体功能:基于中美的比较分析[J].比较教育研究,2017,39(9):79-88,111.

[178] 邵兵家,刘晓钢,师蕾.我国企业网络营销人才核心技能需求研究[J].现代管理科学,2010,No.211(10):31-33,119.

[179] 何梓源.我国电子商务高速发展背景下的人才供需状况研究[D].上海:上海社会科学院,2013.

[180] 方玲玉.电子商务岗位与人才培养[J].电子商务世界,2005(7):82-83.

[181] 田帅辉,常兰.电子商务环境下复合型物流管理人才培养策略研究[J].价值工程,2014,33(35):269-271.DOI:10.14018/j.cnki.cn13-1085/n.2014.35.154.

[182] 王红军.跨境电子商务人才创业胜任力培养机制研究[D].杭州:浙江大学,2018.

[183] 郑晓梅.应用型人才与技术型人才之辨析:兼谈我国高等职业教育的培养目标[J].现代教育科学,2005(1):10-12.

[184] 张军霞.科学教材编写应回到原点[J].课程·教材·教法,2022,42(6):147-153.

[185] 张美静.中国共产党百年教材政策的发展脉络、演进逻辑与未来进路[J].当代教育论坛,2021(5):32-39.

[186] 人民日报.推进落实立德树人根本任务[EB/OL].(2021-03-17)[2022-09-25].http://www.qstheory.cn/qshyjx/2021-03/17/c_1127220869.htm.

[187] 中国共产党新闻网.习近平谈教育引导学生:为学生点亮理想的灯、照亮前行的路[EB/OL].(2019-04-22)[2022-09-25].http://cpc.people.com.cn/xuexi/n1/2019/0422/c385474-31041896.html.

[188] 人民日报.培根铸魂 启智增慧[EB/OL].(2021-02-19)[2022-09-25].http://www.moe.gov.cn/jyb_xwfb/s5148/202102/t20210219_513714.html.

[189] 西安交通大学本科招生网.电子商务.[EB/OL].(2021-12-09)[2022-06-26].http://zs.xjtu.edu.cn/yxsd/jjyjrxy/dzsw.htm.

[190] 求是杂志.习近平:深入实施新时代人才强国战略 加快建设世界重要人才中心和创新高地[EB/OL].(2021-12-15)[2022-09-25].http://www.gov.cn/xinwen/2021-12/15/content_5660938.htm.

[191] 核心素养研究课题组.中国学生发展核心素养[J].中国教育学刊,2016(10):1-3.

[192] 刘娜.新时代课程改革背景下基础教育精品教材编写思考[J].传播与版权,2022(9):29-31.

[193] 国家教材委员会.国家教材委员会关于印发《习近平新时代中国特色社会主义思想进课程教材指南》的通知[EB/OL].(2021-07-21)[2022-09-14].http://www.moe.gov.cn/srcsite/A26/s8001/202107/t20210723_546307.html.

[194] 求是杂志.习近平:加快建设科技强国 实现高水平科技自立自强[EB/OL].(2022-04-30)[2022-09-25].http://www.gov.cn/xinwen/2022-04/30/content_5688265.htm.

[195] 人民日报."十四五"时期经济社会发展必须遵循的原则[EB/OL].(2020-12-17)[2022-09-25].http://www.npc.gov.cn/npc/c30834/202012/0088fd0ab8e74570b06ca4c552feaad3.shtml.

[196] 中国教育报.加快建设高质量教材体系[EB/OL].(2020-12-01)[2022-09-15].http://www.moe.gov.cn/jyb_xwfb/moe_2082/zl_2020n/2020_zl61/202012/t20201201_502723.html.

[197] 教育部,财政部,国家发展改革委.教育部 财政部 国家发展改革委印发《关于高等学校加快"双一流"建设的指导意见》的通知[EB/OL].(2018-08-20)[2022-09-13].http://www.moe.gov.cn/srcsite/A22/moe_843/201808/t20180823_345987.html.

[198] 学习时报.胸怀国之大者 建设教育强国 推动教育事业发生格局性变化[EB/OL].(2022-05-06)[2022-09-14].http://www.moe.gov.cn/

jyb_xwfb/moe_176/202205/t20220506_625028.html.

[199] 中华人民共和国教育部.加快教育高质量发展 2022 年全国教育工作会议召开[EB/OL].(2022-01-17)[2022-09-14].http://www.moe.gov.cn/jyb_xwfb/gzdt_gzdt/moe_1485/202201/t20220117_594937.html.

[200] 教育部教材局.关于印发《教育部教材局 2022 年工作要点》的通知[EB/OL].(2022-02-15)[2022-09-14].http://www.moe.gov.cn/s78/A26/tongzhi/202202/t20220216_599816.html.

[201] 中国教育报.加强教材建设 奠基教育强国[EB/OL].(2017-11-29)[2022-09-14].http://www.moe.gov.cn/jyb_xwfb/moe_2082/zl_2017n/2017_zl73/201711/t20171129_320175.html.

[202] 中华人民共和国教育部.全面提升教材建设科学化水平教育部召开首届全国教材工作会议[EB/OL].(2020-09-23)[2022-09-14].http://www.moe.gov.cn/jyb_xwfb/gzdt_gzdt/moe_1485/202009/t20200923_490144.html.

[203] Moore James F. Predators and prey:a new ecology of competition[J]. Harvard Business Review,1993(3).

[204] 陆杉,高阳.供应链的协同合作:基于商业生态系统的分析[J].管理世界,2007(5):160-161.

[205] 胡岗岚,卢向华,黄丽华.电子商务生态系统及其演化路径[J].经济管理,2009,31(6):110-116.

[206] James F. Moore. Business ecosystems and the view from the firm[J]. The Antitrust Bulletin,2006,51(1):31-75.

[207] 逄锦聚.马克思生产、分配、交换和消费关系的原理及其在经济新常态下的现实意义[J].经济学家,2016(2):5-15.

[208] 李骏阳.电子商务环境下的流通模式创新[J].中国流通经济,2002(5):42-45.

[209] 陈伟斌."双一流"建设背景下新兴交叉学科建设路径思考[J].中国大学教学,2021(9):80-86.

[210] 姚乐野.以学科交叉融合赋能本科创新人才培养[J].四川大学学报(哲学社会科学版),2021(6):14-19.

[211] 朱华伟.我国高水平大学交叉学科建设与发展现状研究:基于 46 所研究生院调查分析[J].中国高教研究,2022(3):15-23.

[212] 王勇,刘乐易,迟熙,等.流量博弈与流量数据的最优定价:基于电子商务平台的视角[J].管理世界,2022,38(8):116-132.

[213] Xiaoxiao Luo, Minqiang Li, Haiyang Feng, et al. Intertemporal mixed bundling strategy of information products with network externality[J].

Computers & Industrial Engineering,2017,113.

[214] 胡凤英,周正龙.考虑社交关系的网购拼单研究[J].中国管理科学,2021,29(11):191-202.

[215] 商务部电子商务和信息化司.关于《社交电商经营规范》《电子合同在线订立流程规范》《轮胎电子商务交易服务经营规范》行业标准公开征求意见的函[EB/OL].(2018-07-06)[2022-06-29]. http://dzsws.mofcom.gov.cn/article/zcfb/201807/20180702763399.shtml.

[216] 邢小强,周平录,张竹,等.数字技术、BOP商业模式创新与包容性市场构建[J].管理世界,2019,35(12):116-136.

[217] Ming Hu, Mengze Shi, Jiahua Wu. Simultaneous vs. sequential group-buying mechanisms[J]. Management Science,2013,59(12).

[218] 胡凤英,周正龙,卢新元,等.考虑消费者细分的网购拼单机制研究[J].中国管理科学,2020,28(6):146-157.

[219] Heidhues Paul, Johnen Johannes, Kőszegi Botond. Browsing versus studying: a pro-market case for regulation[J]. The Review of Economic Studies. 2021(2).

[220] Yifan Wu, Ling Zhu. Joint quality and pricing decisions for service online group: buying strategy[J]. Electronic Commerce Research and Applications,2017,25.

[221] 陈兴有,白玉民,杨长富.国内基础教育课程结构的变革与反思[J].中国教育学刊,2020(S1):20-22.

[222] 人民网."直播+"为经济发展蓄势赋能[EB/OL].(2020-08-17)[2022-06-30]. https://baijiahao.baidu.com/s?id=1675232131124745346&wfr=spider&for=pc.

[223] 刘洋,李琪,殷猛.网络直播购物特征对消费者购买行为影响研究[J].软科学,2020,34(6):108-114.

[224] 王宝义.直播电商的本质、逻辑与趋势展望[J].中国流通经济,2021,35(4):48-57.

[225] 王志和."直播+电商"如何助力乡村振兴[J].人民论坛,2020(15):98-99.

[226] 孟艳华,罗仲伟,廖佳秋.网络直播内容价值感知与顾客契合[J].中国流通经济,2020,34(9):56-66.

[227] 韩雨彤,周季蕾,任菲.动态视角下实时评论内容对直播电商商品销量的影响[J].管理科学,2022,35(1):17-28.

[228] 苏郁锋,周翔."直播电商"情境下数字机会共创机制研究:基于数字可供性

视角的质性研究[J/OL].南开管理评论:1-20[2022-09-27].http://kns.cnki.net/kcms/detail/12.1288.f.20211005.0940.002.html.

[229] 孔祥维,王明征,陈熹.数字经济下"新商科"数智化本科课程建设的实践与探索[J].中国大学教学,2022(8):31-36.

[230] 江怡.如何摆正教与学的辩证关系:对一流本科课程建设的反思[J].中国大学教学,2020(11):11-16.

[231] 袁勤勇.产学结合开发面向新兴专业的教材:以"新一代高等学校电子商务实践与创新系列规划教材"为例[J].出版广角,2021(9):49-51.

[232] 新华社.政府工作报告[EB/OL].(2014-03-14)[2022-09-02].http://www.gov.cn/guowuyuan/2014-03/14/content_2638989.htm.

[233] 张夏恒.共生抑或迭代:再议跨境电子商务与全球数字贸易[J].当代经济管理,2020,42(11):43-50.

[234] 覃征.电子商务与国际贸易[M].北京:人民邮电出版社,2002.

[235] 徐学超,戴明锋.疫情冲击下我国跨境电商发展研究[J].国际贸易,2022(2):32-38.

[236] 宋晶,李琪,徐晓瑜.基于fsQCA的中国跨境电商品牌竞争优势影响因素及路径研究[J/OL].软科学:1-22[2022-09-27].http://kns.cnki.net/kcms/detail/51.1268.g3.20220713.1620.020.html.

[237] 沈国兵.新冠肺炎疫情全球蔓延对国际贸易的影响及纾解举措[J].人民论坛·学术前沿,2020(7):85-90.

[238] 李向阳.促进跨境电子商务物流发展的路径[J].中国流通经济,2014,28(10):107-112.

[239] 新华社.习近平出席中央人才工作会议并发表重要讲话[EB/OL](2021-09-28)[2022-09-15].http://www.gov.cn/xinwen/2021-09/28/content_5639868.htm.

[240] 冶进海.培养适应新时代要求的文科人才[J].中国高等教育,2022,No.685(Z1):52-54.

[241] 李立国,赵阔.从学科交叉到交叉学科:"四新"建设的知识逻辑与实践路径[J].厦门大学学报(哲学社会科学版),2022.

[242] 张国平,王开田,施杨."四位一体、四维融合"的新商科复合型人才培养模式探析[J].中国高等教育,2022(11):50-52.

[243] Viktor Mayer-Schonberger, Kenneth Cukier. Big data: a revolution that will transform how we live, work and think[M]. London: Hodder & Stoughton, 2013.

[244] 谭凤雨.大数据背景下企业电子商务运营探索[J].中国集体经济,2022(19):112-114.

[245] 王珊,王会举,覃雄派,等.架构大数据:挑战、现状与展望[J].计算机学报,2011,34(10):1741-1752.

[246] 陈冬梅,王俐珍,陈安霓.数字化与战略管理理论:回顾、挑战与展望[J].管理世界,2020,36(5):220-236.

[247] 王元卓,靳小龙,程学旗.网络大数据:现状与展望[J].计算机学报,2013,36(6):1125-1138.

[248] Peter M. Mell,Timothy Grance. The NIST definition of cloud computing. [EB/OL].(2011-09-28)[2022-06-22]. https://www.nist.gov/publications/nist-definition-cloud-computing.

[249] Michael Miller.云计算[M].姜进磊,孙瑞志,向勇,等译.北京:机械工业出版社,2009.

[250] 冯登国,张敏,张妍,等.云计算安全研究[J].软件学报,2011,22(1):71-83.

[251] 张欧.基于大数据的电子商务云平台建设与应用研究[J].中国商论,2019(16):16-17.

[252] 范嵩.大数据时代基于物联网和云计算的电子商务发展策略研究[J].中国市场,2017(12):279-280.

[253] Bill Gates. The road ahead[M]. New York:Viking Adult,1995.

[254] ITU. Internet reports 2005:the internet of things. [EB/OL].(2005-11-17)[2022-06-24]. https://www.itu.int/osg/spu/publications/internetofthings/.

[255] 刘强,崔莉,陈海明.物联网关键技术与应用[J].计算机科学,2010,37(6):1-4,10.

[256] 工业和信息化部办公厅.工业和信息化办公厅关于深入推进移动物联网全面发展的通知.[EB/OL].(2020-04-30)[2022-09-16]. http://www.gov.cn/zhengce/zhengceku/2020-05/08/content_5509672.htm.

[257] 邵泽华.物联网与电子商务[M].北京:中国经济出版社,2021.

[258] 刘强,崔莉,陈海明.物联网关键技术与应用[J].计算机科学,2010,37(6):1-4,10.

[259] 范嵩.大数据时代基于物联网和云计算的电子商务发展策略研究[J].中国市场,2017(12):279-280.

[260] 林剑宏.浅析人工智能技术在电子商务领域中的应用[J].中国商论,2019(2):19-20.

[261] 党婧.人工智能在提升电子商务营销技术服务的应用研究[J].现代工业经济和信息化,2020,10(10):66-68.

[262] 鞠晓玲,樊重俊,王梦媛,等.人工智能在电子商务中的应用探讨[J].电子商务,2020(10):21-22.

[263] 许涛,严骊,殷俊峰,等.创新创业教育视角下的"人工智能+新工科"发展模式和路径研究[J].远程教育杂志,2018,36(1):80-88.

[264] 工业和信息化部,中共网络安全和信息化委员会办公室.工业和信息化部中央网信办印发《关于加快推动区块链技术应用和产业发展的指导意见》.[EB/OL].(2021-05-27)[2022-06-27].http://www.cac.gov.cn/2021-06/07/c_1624629407537785.htm.

[265] 焦良.基于区块链技术的跨境电子商务平台体系构建[J].商业经济研究,2020(17):81-84.

[266] 欧阳丽炜,王帅,袁勇,等.智能合约:架构及进展[J].自动化学报,2019,45(3):445-457.

[267] 钱卫宁,邵奇峰,朱燕超,等.区块链与可信数据管理:问题与方法[J].软件学报,2018,29(1):150-159.

[268] 黄达明.区块链技术在教育领域的应用现状与展望[J].南京信息工程大学学报(自然科学版),2019,11(5):541-550.

[269] Neal Stephenson. Snow crash[M]. New York: Bantam Books,1992.

[270] 杨勇,窦尔翔,蔡文青.元宇宙电子商务的运行机理、风险与治理[J].电子政务,2022(7):16-29.

[271] 盘和林.三大协会发文规范 NFT 数字藏品投资需谨慎[N].每日经济新闻,2022-04-19(6).

[272] 祝秀萍,刘文峰,张海峰.人脸虚拟化妆系统的研究[J].计算机与信息技术,2008(8):38-39.

[273] 蔡苏,焦新月,宋伯钧.打开教育的另一扇门:教育元宇宙的应用、挑战与展望[J].现代教育技术,2022,32(1):16-26.